学院概况

　　长沙航空职业技术学院创办于1973年，1998年升格为高等职业院校，隶属空军装备部，是全军唯一一所国民教育性质的普通高校，是湖南省卓越高等职业院校、国家优质专科高等职业院校、中国特色高水平高职学校和专业群建设单位、军队定向培养军士定点高校，主要承担为军队培养定向军士，以及为军队航空装备修理和地方航空产业培养高素质技术技能人才的任务。

　　学院现有跳马、圭塘两个校区，占地面积60多万平方米，建筑面积30万平方米，固定资产7亿元，教学仪器设备总值1.88亿元，图书馆藏书73万余册。设有航空机电设备维修、军士教育管理等8个二级学院和2个教学（研）部。设有飞行器维修技术、空中乘务等22个专业。有中国特色高水平专业群1个，国家示范性职业教育集团1个，国家级骨干专业4个，职业教育示范专业点3个，教学资源库3个，协同创新中心1个，职业教育示范性虚拟仿真实训基地1个，省级一流特色专业群、实训基地、精品在线开放课程、名师空间课堂等建设项目50余个。建有集爱国主义教育、全民国防教育、航空科普教育于一体的湖南航空馆。

　　学院现有全日制高职在校生10 000余人（其中定向培养军士5 000余人）。现有专任教师近500人，其中教授、副教授等高级职称教师230余人；客座教授39人，企业技术骨干及能工巧匠等兼职教师175人。全国优秀教师1人，大国工匠1人，技能大师13人，国家技能人才培育突出贡献个人1人，国家级、省级技术能手21人，省教书育人楷模1人，省芙蓉学者2人，芙蓉教学名师2人，省级学科带头人、专业带头人12人，省青年骨干教师26人；"双师型"教师比例达90.4%；空军专家库专家2人，国内访问学者39人；国家级职业教育教师教学创新团队1个，省级教师技艺技能传承创新平台1个，省级"双师型"名师工作室2个，省级教学团队3个。

　　近年来，学院着力打造军队和航空特色品牌，先后获得"国家技能人才培育突出贡献奖""全国教育系统先进集体""全国职业教育先进单位""全国黄炎培职业教育优秀学校奖""全国毕业生就业典型经验高校""全国国防教育特色学校""空军装备修理系统先进单位""湖南省文明标兵校园""湖南省'三全育人'综合改革试点高校"等多项荣誉。

▲ 跳马校区东门

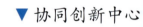

▼ 协同创新中心

升旗仪式 ▶

▼ 航空机电实训中心

▲ 跳马校区体育馆

▲ 跳马校区士官营区

▲ 跳马校区士官教学楼

▲ 跳马校区田径场

▲ 产教融合大楼

▲ 飞行器维修实训中心

▲ 波音飞机客舱服务实训中心

▲ 数控实训中心

▲ 飞机发动机维修实训中心

▲ 电子生产性实习实训中心

▲ 湖南航空馆

▲ 圭塘校区校门

▲ 圭塘校区教学楼

▲ 跳马校区图书馆

▲ 航空文化广场

（刘永忠、刘源供图）

我的航院 我的家

——长沙航空职业技术学院大学生入学教育

主　编：王俊

副主编：唐卫东　胡佳　李艳萍

参编人员（排名不分先后）：

都昌兵　许文斌　于乙涛　周涛
曹志刚　李祥　莫铭　彭熙
张少莉　贺雯　胡美丽　刘宗群
文敏　胡译文　李佳怡　王菲菲
陈冠华　王珂　任俊桦　王金霞
刘怡　蔡莉　郑敏

主　审：彭连刚

湖南大学出版社·长沙

图书在版编目（CIP）数据

我的航院我的家：长沙航空职业技术学院大学生入学教育/王俊主编. —长沙：
湖南大学出版社，2021.9（2024.9重印）

ISBN 978-7-5667-2305-5

Ⅰ.①我…　Ⅱ.①王…　Ⅲ.①大学生—入学教育—高等职业教育—
教材　Ⅳ.①G645.5

中国版本图书馆 CIP 数据核字（2021）第 181549 号

我的航院我的家——长沙航空职业技术学院大学生入学教育

WO DE HANGYUAN WO DE JIA

——CHANGSHA HANGKONG ZHIYE JISHU XUEYUAN DAXUESHENG RUXUE JIAOYU

主　　编：王　俊
责任编辑：王桂贞
特约编辑：周小喜
印　　装：长沙超峰印刷有限公司
开　　本：787 mm×1092 mm　1/16　　印　张：15.25　　字　数：274 千字
版　　次：2021 年 9 月第 1 版　　　　　印　次：2024 年 9 月第 4 次印刷
书　　号：ISBN 978-7-5667-2305-5
定　　价：48.00 元

出　版　人：李文邦
出版发行：湖南大学出版社
社　　址：湖南·长沙·岳麓山　　　邮　编：410082
电　　话：0731-88822559（营销部），88821594（编辑室），88821006（出版部）
传　　真：0731-88822264（总编室）
网　　址：http://press.hnu.edu.cn
电子邮箱：wanguia@126.com

前　言

新生入学教育是整个大学教育的起点，是大学生涯的第一课，发挥着"扬帆起航"的作用。为了帮助新同学们较快地实现从高中生活向大学生活的转变，由党委学生工作部组织具有丰富教育和学生管理经验的学工人员编写了《我的航院我的家——长沙航空职业技术学院大学生入学教育》一书。编者根据大学生的特点及发展需要，并结合学院的基本情况，通过反复讨论和修改，完成了本书的编写工作。本书的出版旨在使新生能尽快地了解和适应大学学习、生活环境，遵守学校的校风学风，热爱学校和所学专业，逐步树立科学的世界观和正确的人生观、价值观，树立坚定而正确的政治方向和远大的理想，争做合格大学生。

本书围绕关爱大学新生、服务大学新生、引导大学新生这个主题，主要内容包括职业教育概述、初识航院、在校学习、在校生活、安全教育、心理健康和情感发展、发展与提升、职业生涯规划共八个方面，系统地阐述了大学新生入学教育的内容和要求，帮助新生提升人文素养，提供有参考价值的信息和建议。

本书有如下特点：

（1）全面介绍学院情况，包括学院的专业设置、学校的各项规章制度等，使新生能够迅速了解学院情况，尽快融入大学的学习和生活。

（2）内容实用，针对性强，为大学生的学习、生活、个性成长等方面提供有益的指导。

（3）图文并茂，让学生如身临其境，欣赏美丽的校园风光，了解学校的成就和荣誉；领略学习生活的丰富多彩，增加对大学生活的热爱。

本书由彭连刚主审，王俊担任主编，唐卫东、周望平、李艳萍担任副主编。参加编写的成员有：彭熙、张少莉、贺雯、胡美丽、刘宗群、文敏、胡译文、李佳怡、王菲菲、陈冠华、王珂、王金霞、刘怡、蔡莉、郑敏。彩图由刘永忠、刘源提供。

由于时间苍促，编者水平有限，书中难免有疏漏之处，敬请读者指正！衷心地希望新同学们好好珍惜大学生活的每一天，早日实现心中的梦想！

编　者

2021 年 8 月

目　次

第一章

职业教育概述

职业教育是指让受教育者获得某种职业或生产劳动所需要的职业知识、技能和职业道德的教育，包括初等职业教育、中等职业教育、高等职业教育（专科层次职业教育、本科层次职业教育、研究生层次职业教育）。职业教育与普通教育虽然是两种不同的教育类型，但是具有同等重要的地位。职业教育是一种教育类型，而不是教育层次。

第一节　职业教育的概念

职业教育包括职业学校教育和职业培训。职业学校教育包括各种职业技术学校、技工学校、职业高中（职业中学）等学校教育。职业学校教育是学历型教育，分为初等、中等和高等职业学校教育。职业培训是非学历型教育，包括对职工的就业前培训、对下岗职工的再就业培训等。

职业教育的目的是培养应用型人才和具有一定文化水平以及专业知识技能的社会主义劳动者。与普通教育和成人教育相比较，职业教育侧重于实践技能和实际工作能力的培养。

一、职业教育的起源

职业教育的起源问题主要包括两方面的内容：其一是职业教育这种社会现象是如何出现的；其二是职业教育制度是在怎样的社会条件下形成的。

现在我们就职业教育的产生问题作一历史考察。我们知道，在人类社会的漫长历史进程中，不断地获取自己生活所必需的物质资料是人类维持自身生存与发展的最基本的条件。与此同时，人类获取自身生活资料活动的本身既是一种改造自然的活动，又是一种人类发展自身能力与个性的自我实现活动。正因如此，恩格斯才在《劳动在从猿到人转变中的作用》和《家庭、私有制和国家的起源》等经典著作中提出了"劳动创造了人"的著名论断。他指出，劳动是从制造工具开始的，即使是最简单的工具制造和使用，也已经包含着上辈向下一辈的某种形式和内容的指导与教育。从这个意义上讲，劳动不仅创造了人，而且同时伴随教育活动的出现。马克思在《资本论》第一卷第三篇第五章"1. 劳动过程"中也对此作出过精彩的论述。他指出，劳动首先是人和自然之间的过程，是人以自身的活动来引起、调整和控制人和自然之间的物质变换的过程，人自身作为一种自然力与自然物质相对立。为了在对自身生活有用的形式上占有自然物质，人就使他身上的自然力——臂和腿、头和手运动起来。当他通过这种运动作用于身外的自然并改变自然时，也就同时改变他自身的自然。他使自身的自然中沉睡着的潜力发挥出来，并且使这种力的活动受他自己控制。这种谋取人类自身生活所必需的物质生活资料和改变人类"自身的自然"，发展在人类"自身的自然中沉睡着的潜力"的社会性生产劳动乃是作为人类社会所特有的职业教育现象出现的根本动因。因此，我们可以说，职业教育作为一种社会现象，是随着人类社会的出现，随着人类劳动即人类为了维持自身发展需要而进行的社会活动的出现而产生的。

职业教育作为人类社会所特有的活动，是起源于人类社会营谋物质生活资料的需要和人类自身再生产的需要。由此可见，职业教育是和社会生活紧密联系在一起的，是以传授生产劳动经验和技术为主要内容的教育，也是一种使人由自然人转变成社会人的教育。

二、职业教育的定位

2019年1月，国务院印发《国家职业教育改革实施方案》（以下简称《方案》），开宗明义地指出，"职业教育与普通教育是两种不同教育类型，具有同等重要地位"，正式确定职业教育在我国教育体系中是一个单独种类的教育。这一重要定位，一方面，是对职业教育的重大理论贡献，明确了职业教育是一个教育类型，而不是教育层次，对于摆正职业教育的地位，发挥职业教育服务社会的能力，以及推进职业教育治理体系和治理能力现代化，具有重要的战略意义，极大地丰富了中国特色职业教育理论；另一方面，具有重要的政策指导和实践意义，明晰了职业教育和普通教育的联系与区别，指明了职业教育的发展方向，有利于职业教育系统更明确自己的功能和作用，其中高等职业教育中的专科层次、本科层次、研究生层次的职业教育也都拥有自己独特的定位与功能。下面将对比职业本科与职业专科、普通本科教育、应用本科教育的不同，来找准职业本科特色定位。牢固确立职业教育在国家人才培养体系中的重要位置，围绕建设现代职业教育体系，强化类型特色，坚定服务发展、促进就业的办学方向，不断深化产教融合、校企合作，工学结合、知行合一，走出一条中国特色的职业教育发展道路。

（一）职业本科与职业专科

在培养层次上，职业本科比职业专科更具创新性。职业本科是现代职业教育体系建设的领头羊，它不仅面向产业，更要对接产业中的高端领域，培养的是创新型高技能人才，这是区别于专科层次及其以下职业教育所在，也是体现职业本科"高等性"的必然。职业本科的突出特征是新技术，意味着要强化高新科技含量，是"用脑"的教育，而不再停留在职教的"操作"层面，也是在职业专科人才培养的基础上往上提升的方向所在。职业本科的位阶是本科层次，既处于职业教育的顶层，又是本科教育层次的一种，要与普通本科、应用本科共存共竞，同时又要有自身差异化发展优势。

在实践层面，职业专科主要是跟跑企业，而职业本科则从适应产业上升到适度超前引领产业发展；职业专科实施的是点对点双向合作，其合作对象是特定的，而职业本科则从校企合作上升到产教融合，实施的是面与面的深度融合，强调服务对象的普适性；职业专科的工学结合更多停留在技术操作层面，而职业本科则从工学结合上升到知行合一，强调手脑并用的创造性层面。

（二）职业本科与普通本科教育

职业本科比普通本科教育更具技能性。职业教育有两个特征：一是其学习的特定性，学习的是面向职业或行业的职业内容，而不是普适性的知识；二是相比于普通教育，这种学习的目的是"获得"，而非"发展"，意味着职业教育带有强烈的就业导向。

二者人才培养方案构建逻辑不同。普通本科是知识体系、结构；职业本科是从职业、岗位要求出发需要的知识、能力、素质；应用型本科是普通本科的改革，注重应用，加强应用，逻辑上并没有改变。

（三）职业本科与应用本科教育

一是职业本科是内生而非外生，即从普通本科教育中转型而来有相当的难度（如讲课教师转为能说会做的双师型教师、理论教学转为理实一体教学、知识教学资源转为实训装备条件、科教融合转为产教融合、校社合作转为校企合作、毕业论文转为毕业作品等），而优质职业专科的自然升格则比较顺畅（在产教融合中增加了科研，在实训实习中增加了实验，在生产、服务中增加了设计，在技术学习、掌握中增加了改进等）。由此可见，应用型本科转型为职业本科要难于职业专科升格为职业本科。

二是职业本科居于类型顶层而非体系底层，是职教类型的上升通道。在学术教育（培养科学家）—工程教育（培养工程师）—技术教育（培养技师技工）通行的三分法中，职业本科培养的是"技术工程师"。而应用型本科则主要培养技术密集产业的高级技术应用型人才，并担负培养生产第一线需要的管理者、组织者以及职业学校的师资等任务。

三是职业本科主要面向行业产业培养创新型高技能人才，而应用型本科主要面向区域或地方，为地方经济社会发展服务。

三、职业教育的内涵

职业教育是终身教育体系中在基础教育之上为引导学生掌握在某一特定职业或职业群中从业所需的实际技能、知识的教育服务，是使受教育者获得某种职业或生产劳动所需要的职业技能、知识、职业道德的教育，其目的是培养高素质技术技能人才和具有一定文化水平、专业知识技能的劳动者。

职业教育是社会发展的产物，是人类文明发展的产物，是人自身发展到某个特殊时期的产物。职业教育受益于社会，促进社会发展是职业教育的应有之义和神圣职责。职业教育应包括两种类型：第一类是职业技术学校教育，即学历型的职业教育，分为初等、中等、高等职业学校教育。中等职业学校教育是在完成九年义务教育的基础上，培养高素质劳动者；高等职业学校教育是在高中阶段教育的基础上，培养高技能专门人才。第二类是职业培训，是按照职业或劳动岗位对劳动者的要求，以开发和提高劳动者的职业技能为目的的教育和训练活动，是非学历型的短期职业教育。职业培训的形式多种多样。目前我国的职业培训包括：从业前培训、转业培训、学徒培训、在岗培训、转岗培训以及其他职业性培训。根据实际情况，职业培训又可分为初级、中级、高级职业培训。

无论是职业学校教育还是职业培训，都属于我国职业教育的主要体系，是贯穿于个人职业发展全过程的教育，在适应教育社会化、社会教育化的历程中，形成了纵向衔接、横向贯通的系统，成为各层次、各类型教育的连接点。

我们需从下面几个方面准确把握职业教育的内涵。

（一）职业教育是终身教育体系的一个组成部分

职业教育是相对于其他教育存在的，没有其他类型教育也就不存在职业教育。就个人而言，人对教育有基本需求、从业需求和闲暇需求，职业教育可以为人的从业需求做准备。因此，职业教育是人终身教育和人的全面发展的一个方面、一个阶段、一个重点。

（二）职业教育是建立在基础教育之上的

接受职业教育需要一定的普通文化科学知识基础。不同的普通教育水平是接受不同层次职业教育的重要准入依据。高等职业教育以普通高中教育为基础，中等职业教育以初中文化教育为基础，初等职业教育以小学文化为基础。

（三）职业教育是职业定向教育

职业定向教育即按以职业或职业群为主要依据的专业类别培养人才。无论是全日制职业教育、部分时间制职业教育，还是职业培训，都是给予学生或在业人员从事某种特定职业或职业群所需的实际知识、技能和态度的教育，是为就业、转业做准备的，是使"无业者有业，有业者乐业"。学习者完成职业教育课程后，可以获得所在国主管当局（教育部、雇主协会等）认可的在劳务市场上从业的资格。

（四）职业教育面向部分人群

职业教育主要面向技术型、技能型职业者。非技术型职业者、学术型职业者、工程型职业者等，无须接受职业教育。国家不同，时代不同，技术型、技能型职业的声望和社会地位不同，职业教育的地位、作用也不同。

（五）职业教育是一种服务

职业教育过程分别由教育、教学、管理和服务构成。职业教育的结果是转变学生。学生是"顾客"，职业教育机构向学生提供了学习、生活、劳动的设备设施，通过教职工的教育、教学、服务过程，为学生提供特定职业或职业群所需的知识、信息、方法，提高学生从业的实际技能、知识、认识，以及认识世界、改造世界的能力。因此，职业教育是一种高尚的服务业。

职业教育既需要学生掌握学习技能，也离不开基本的科学文化知识。过于强调理论学习，难免有"去职业化"之虞；过度重视"技能化"，也容易导致职业教育窄化为"就业培训"，缺乏长远发展的后劲。因此，平衡技能学习和文化知识学习两端，是提升职业教育质量的第一要义。

办好职业教育，师资是第一道关卡。职业教育尤其需要教师言传身教，教师不能只会"纸上谈兵"，还要具备相当的实操经验和能力。对此，《方案》提出"双师型"教师（同时具备理论教学和实践教学能力的教师）占专业课教师总数要超过一半，分专业建设一批国家级职业教育教师教学创新团队。从 2019 年起，职业院校、应用型本科高校相关专业教师原则上从具有 3 年以上企业工作经历并具有高职以上学历的人员中公开招聘；职业院校通过自主聘任兼职教师的办法，推动企业工程技术人员、高技能人才和职业院校教师双向流动。

办好职业教育，离不开社会力量的参与。职业教育直接服务于企业，新型学徒制度已经提出"企校双师"的培养模式，要求全面推行"招工即招生、入企即入校、企校双师联合培养"的模式。在此基础上，《方案》提出进一步促进产教融合、校企"双元"育人，要让企业深度参与到职业教育中来，到 2022 年，培育数以万计的产教融合型企业，推动建设 300 个具有辐射引领作用的高水平专业化产教融合实训基地。

四、职业素养

（一）职业素养的基本概念

职业素养是社会工作对人们个人素质培养的内在要求，是个人在职业过程中表现出来的综合品质，是职场成功的关键。职业素养由人们从事某种职业所具备的知识、素质和技能构成，包含专业知识、职业技能、职业习惯、职业道德、职业意识和职业态度等多个方面，是一个有机的整体。

（二）职业素养的基本特征

一般说来，职业素养高的人能顺利就业并取得成就，获得成功的机会多。做好自己的本职工作，就是具备了最好的职业素养。职业素养具有下列一些主要特征：

1. 职业性

不同的职业，职业素养是不同的。对建筑工人的职业素养要求，不同于对护士的职业素养要求；对商业服务人员的职业素养要求，不同于对教师的职业素养要求。

2. 稳定性

一个人的职业素养是在长期从业过程中日积月累形成的，它一旦形成，便产生相对的稳定性。例如一名教师，经过三年五载的教学生涯，就逐渐形成了怎样备课、讲课、热爱学生、为人师表等一系列教师职业素养，并保持相对的稳定性。随着教师的继续学习，以及工作和环境的影响，职业素养在相对的稳定中还可继续提高。

3. 内在性

从业人员在长期的职业活动中，经过学习、认识和亲身体验，知道怎样做是对的，怎样做是不对的。这种有意识地内化、积淀和升华的心理品质，就是职业素养的内在性。

4. 整体性

职业素养一个很重要的特点就是整体性。一个从业人员的职业素养与其整体素质有关。职业素质是指劳动者在一定的生理和心理条件的基础上，通过教育、劳动实践和自我修养等途径形成和发展起来的，在职业活动中发挥作用的一种基本品质，主要包括思想政治素质、职业道德素质、科学文化素质、专业技能素质和身体心理素质。说某人职业素养好，不仅指他的思想政治素质和职业道德素质好，而且还包括他的科学文化素质、专业技能素质和身体心理素质好，这就是职业素养的整体性。

5. 发展性

一个人的职业素养是通过教育、自身社会实践和社会影响逐步形成的，它具有相对性和稳定性。但是，随着社会发展对人们不断提出新的要求，人们为了更好地适应、满足、促进社会发展的需要，总是要不断提高自己的职业素养，所以，职业素养具有发展性。

（三）职业素养的基本要求

1. 职业素养的一般要求

职业素养是从事专门工作的人自身所具备的条件。尽管社会上职业千差万别，但是对人的素养要求有其共性的一面。每个劳动者，无论从事何种职业都必须具备一定的思想道德素养、科学文化素养、心理素养等。以下几种素养是对人的职业素养的一般要求。

（1）思想道德。思想是行动的先导，而道德是立身之本。在个人综合素养中，思想道德素养起主导作用。思想道德素养包括世界观、人生观、价值观、政治倾向、理想、道德、情操等，它好比人的灵魂，是一切活动的主宰，决定人们行动的目的和方向。近年来，用人单位对学生的思想道德素养越来越重视，他们认为思想道德素养高的学生不仅用起来放心，而且有利于单位文化的发展和进步。思想道德素养差的人不可能赢得别人的信任或与人良好合作，因此也很难取得事业上的成功。虽然这种素养很难测量，但会体现在人的一言一行中，这也是面试的主要目的之一。

（2）事业心和责任感。事业心是指干事业的决心。有事业心的人目光远大、心胸开阔、能克服常人难以克服的困难而成为社会上的佼佼者。责任感就是要求把个人利益同国家和社会的发展紧密联系起来，树立强烈的历史使命感和社会责任感。在公司里，为公司目标服务就是员工的责任；在国家机关单位，为社会为民众服务就是员工的责任。拥有强烈事业心和社会责任感的员工才能与单位同甘苦、共患难，才能将自己的知识和才能充分发挥出来，从而创造出效益。

近年来，由于"先就业、后择业"观念的流行，很多学生在找不到理想职业的情况下在自己不甚满意的单位工作，事业心不强，责任心缺乏，总觉得不能实现自己的个人价值，在工作中怨声载道，稍不顺心就"跳槽"，给用人单位留下极不好的印象。任何单位都不需要逃避责任的员工，同样，社会也不会善待逃避责任的人。因此，事业心和责任感的培养应引起大学毕业生的重视。

（3）职业道德。职业道德是指从业者在职业活动中应遵循的特定职业思想、行为准则和规范。随着现代社会分工的发展和专业化程度的增强，市场竞争日趋激烈，整个社会对从业人员的职业观念、职业态度、职业技能、职业纪律和职业作风的要求越来越高。

通过近几年的毕业生就业调查发现，超过两成的用人单位认为现阶段部分毕业生缺乏职业道德，而只有不足 4% 的学生意识到这一点，可见毕业生的职业道德状况不能令人满意。职业道德体现在每一个具体的职业中，每个职业都有自身的规范，这些规范的形成是人们对职业活动的客观要求。从业者必须对社会承担必要的职责，具体来说，就是热爱本职工作，恪尽职守，讲究职业信誉，刻苦钻研本职业务，对技术和专业精益求精，不计较个人得失，全心全意为人民服务，勤奋开拓、求实创新等。

（4）科学文化。良好的科学文化素养是学习和掌握职业技能的基础。生产力的发展、新兴产业的崛起、新技术的应用，对劳动者科学文化素养的要求越来越高。科学文化素养高，新知识、新科技就容易掌握；反之，就不容易掌握，学起来就十分困难。不同行业如工业、农业、商业、文化、教育等，对从业人员科学文化素养的要求是不同的。因此，每个同学入学后，都要努力学习本专业规定的各种科学文化知识课程，扎扎实实地提高自己的科学文化素养。

（5）专业基础。随着科技迅速发展，社会化大生产不断壮大，现代职业对从业人员专业基础的要求越来越高，专业化倾向越来越明显。"万金油"式的人才已经不能满足市场的需求，只有"一专多能"的人才，才能在求职过程中取胜。毕业生应该拥有深厚扎实的专业理论和广博精深的专业知识。基础知识、基本理论是知识结构的根基，是可持续学习和发展的基础和动力。专业知识是知识结构的核心部分，毕业生应对自己所从事专业的知识和技术精益求精，对学科的历史、现状和发展趋势有系统的了解和深刻的认识，并善于将其所学的专业和其他相关知识领域密切联系起来。

（6）学习能力。某研究发现，一个毕业生在学校获得的知识只占其一生工作所需知识的 10%，其余知识需通过毕业后的继续学习不断获取。徐匡迪院士提醒我们，大家所学的大部分知识需要重新学习和更新，只有知道怎么学习和不断学习，才有可能不被社会淘汰。在现代社会中，政治、经济、文化、科技之间有着千丝万缕的联系，只懂得某一方面的知识是不行的，只有知识面宽的人，才能触类旁通，快速进入角色。因此，大学生在学好专业知识和提高动手能力的同时，更要培养和提高自己的学习能力，根据工作的需要不断调整自己的知识结构，加速知识的更新换代，以适应社会需要。

（7）创新精神。创新能力是指利用所学知识主动参与科学研究和技术革新，或提出新的见解的一种业务素养，它是动手能力、观察能力、分析能力和思维能力的综合运用。

现代社会日新月异，我们不能墨守成规。在市场经济条件下，各企业都需要参与激烈的市场竞争。用人单位迫切需要毕业生运用创新精神和专业知识来帮助其改造技术，加强管理，使产品不断更新和发展，给企业带来新的活力。科利华软件集团总裁宋朝弟认为信息时代是物资极弱的时代，非物资需求成为人类的重要需求，信息网络的全球构架使人类生活的秩序和结构发生了根本变化。人才，尤其是信息时代的人才更需要创新精神。

（8）人际交往能力。人际交往能力就是与人相处的能力。随着社会分工的日益精细以及个人能力的限制，单打独斗已经很难完成工作任务，人际间的合作和沟通是必不可少的。美国科学史学家朱克曾做过统计，1901 年至 1975 年，全世界获得诺贝尔奖的 286 人中，185 人是与别人合作共同研究的。其中，第一个 25 年中合作获奖人数占 41%，第二个 25 年和第三个 25 年合作获奖人数分别占 65% 和 79%，合作的重要性不言而喻。然而，很多毕业生刚刚走上工作岗位时阅历较浅，缺乏经验，在各种错综复杂的人际关系面前茫然失措，常常感叹"工作好搞，关系难处"。大学生们应该积极主动参与人际交往，不仅要做到诚实守信、以诚待人，还要努力培养团队协作精神，这样才能逐步提高自己的人际交往能力。

（9）身心素养。身体素养是从业人员体格和精力的统称。它是由人的自然生理结构、生理机能、人体运动状况构成的，如力量、速度、耐力、灵活性、平衡、柔韧性等，还包括劳动后消除疲劳的能力。不同职业对从业人员的身体素养要求是不同的，如从事铸造、建筑、搬运等劳动强度大的职业，对力量、耐力等要求较高；从事脑力劳动的职业，对智力、思考力等方面要求较高。良好的身体素养是我们选择职业、服务社会的本钱。心理素养包括的范围比较广，主要包括人的情感、意志、性格、兴趣、气质、情操等。良好的心理素养如积极进取的拼搏精神和顽强的学习意志等，不仅是我们学好专业知识和专业技能的有利条件，而且有助于自身高尚道德情操的培养，有助于应对各种挑战和挫折。反之，心理素养差的人经常忧愁困苦，不能很好地适应环境，最终影响工作，甚至带来身体上的疾病。

身体素养和心理素养对一个人的学习、工作、事业是十分重要的。大学生必须高度重视自己的身心健康，积极锻炼，注意生理、心理卫生，养成良好的生活习惯；培养高雅的兴趣，积极乐观地处理好各种关系，主动适应环境的变化。

2. 职业素养的特殊要求

由于社会分工日趋精细，同学们在策划个人职业生涯时，面临着职业选择。职业选择是个人对所从事工作的选择，它是职业活动的前提。要做好职业选择，必须了解不同性质单位以及不同职业对职业素养的不同要求。

（1）维修护理类职业。随着我国经济水平的不断发展，我国汽车等交通工具的私人占有率不断地提高，对汽车等交通工具的维修和护理方面的社会需求越来越大；同时随着飞机等交通工具技术的不断进步，飞机等交通工具本身的技术含量也在不断地提高，对从事飞机等交通工具维修护理的从业人员的综合素质提出了更高的要求。因此具有专业理论知识和实践操作能力的高校毕业生将会是这个行业的主力从业者。

（2）加工制造类职业。高质量的工业产品的生产离不开具有专业知识和技能的劳动者队伍。目前我国很多加工制造类企业都需要高素质的劳动者，如模具设计与数控加工专业人才，需要掌握很高、很全面的知识和技能，有这样的人才，一家制造类企业的产品质量才会好、生产效率才会高、经济效益才会好。而高校毕业生有一定的专业理论知识，并在学校的学习中培养了一定的操作经验，因此有能力的高校毕业生自然是就业市场上的热门人才。

（3）计算机技术类职业。随着计算机技术的发展和广泛应用，具有一定的计算机知识和操作能力是现代人才所必备的基本素质。职业专科教育中会学习到基本的计算机硬件、软件的开发、应用和维护，计算机软硬件方面的安装、调试和维护，计算机网络的安装、调试、运用等各方面的基本知识，能满足社会对计算机人才的需求。在现实生活中，有计算机知识的人才在就业等各方面都会具有一定的优势。

（4）物流运输类职业。据调查显示，我国物流人才缺口巨大。现在物流行业中高级职位普遍紧缺，不少企业在招聘物流配送总监、市场拓展总监、仓储经理、采购经理、国际货代销售主管等职位时都遇到困难，招聘条件虽然十分诱人，但合适的人才少。同样，在基层岗位上，物流行业也非常缺乏相对应的人才。

第二节　职业教育的性质与特点

职业教育是我国教育事业的重要组成部分，在构建现代国民教育体系和终身教育体系、建设人力资源强国中具有十分重要的作用。我国职业教育的方针指出："坚持育人为本、德育为先、全面实施素质教育，以服务为宗旨、以就业为导向，培养高素质劳动者和技能型、应用型人才。"在这个方针指导下，我们要不断深化职业教育改革，形成以学校为主体，企业和学校共同教育、管理和训练学生的教学模式；积极推进校企合作，充分发挥企业、行业的积极作用；完善管理办法，推进"订单培养""工学结合""顶岗实习"等多种办学模式，为社会培养适应经济发展的新型技术人才。

鉴于职业教育的特殊性，职业教育应划归于技术学科。随着职业教育的发展、现代职业教育体系的构建和研究水平的进一步提升，学科知识积累不断丰富，职业教育应该突破教学的框架，而不是简单地被视作简单的职业学科。

一、职业教育的性质

职业教育理论界对职业教育的性质的认识还比较模糊，理论上的缺失成为职业教育建设的困境，也使得职业教育性质的定位带有明显的滞后性和曲折性。基于此认识，职业教育的性质可从六个方面加以规定：一是职业教育具有科学特质和人文特质，应介于社会科学和人文科学之间，但更偏向于人文科学的一端，是一门介于社会科学与人文科学之间的跨界性学科。二是职业教育产生和发展的内在逻辑，决定了其内在的学术性来源于教育实践，脱胎于教育学，发展于职业教育实践，但它必须高于实践。三是职业教育产生和发展的动力及职业技术领域中需要解决的各种理论的、政策的和现实的问题，决定了其必然具有实践性和应用性。四是职业教育不是技术与教育学的相互结合，它是一个整体，能有效地从其他学科"取其精华"，能借鉴学科范式进行自我完善，丰富多彩、不断发展的职业教育实践预示着未来研究范式的多元化和交融性。五是职业教育以教育为载体实现个体获得职业能力，决定了其具有教育性和职业性。六是职业教育的研究对象和发展需要决定了其具有内在的人文性和开放性。

二、职业教育的特点

职业教育的特点主要包括适应性、中介性、个体性、历史性、实用性。

（一）适应性①

职业教育的这种适应性表现在：

1. 职业教育制度的适应

中国发展职业教育，应建立健全适应社会主义市场经济和社会进步需要的职业教育制度，它包括办学方向、办学层次、教学内容、职业培训机构及职业教育管理等，都要始终处于主动适应的位置，适应社会经济发展需要。

2. 职业教育对象的适应

瞬息万变的时代要求受教育者不应束缚于狭隘的职业性质或局限于一种技能的掌握，未来职业教育的主要目的包括必须使青年有很强的适应性。

3. 职业教育办学模式的适应

为适应市场需要，职业教育要由传统意义上的以学校职业教育为主的封闭的办学模式转向以企事业单位、公民个人及学校等多元化办学的混合办学模式。

（二）中介性②

职业教育中介性就是指职业教育在人的发展和社会发展之间、教育和职业之间的特殊位置。就是说，职业教育促进人的个性发展和社会进步，不是"普通性"或者"特殊对象性"的，而是直接对应于社会需要和个人生存的，是促进科学精神与人文精神的结合，促进社会发展需要的个性素质的提高，是使人的个性更适应社会直接需要的发展、提高和更新的中介加工，是其间最基本的桥梁。基础教育和高等教育都担负着将"自然人"培养成为"社会人"的中介职责，但社会人的一个重要

---

① https：//baijiahao. baidu. com/s? id=16752479396464912938.wfr=spider&for=pc.
② https：//baijiahao. baidu. com/s? id=16752479396464912938.wfr=spider&for=pc.

标志就是职业化。

(三)个体性[1]

职业教育的立足点只能是现实中的"个体存在",从事职业教育的主体、接受职业教育的主体都是现实生活中的人,他们的现实生活的需要和能力决定了职业教育的教育目的、内容、方法、形式、水平等。也只有立足现实生活的人,才能客观地分析职业教育的外在现象和内在规律。无论是理想的职业教育还是现实的职业教育,如果离开它的基本的逻辑起点,即现实生活中的人,都是不科学的。

(四)历史性

职业教育是历史性与超越性的矛盾统一体。历史性是职业教育的内在环节,职业教育总要受到一定历史前提的牵引与制约,职业教育不可能在"真空"中存在和发展。职业教育从来就是受到限制的职业教育,承认职业教育的历史性,就意味着职业教育的有限性与非至上性,但这绝非说职业教育因此失去超越性,恰恰相反,正是职业教育历史性及其导致的有限性和非至上性,为人们发展职业教育提供真正的自由和可能,可以说,职业教育的历史性为它的无限开放性提供真实的可能,职业教育就是不断在有限性中超越有限性并在不断敞开自我超越的空间的过程中发展的。

这种有限性与无限性、非至上性与至上性、历史性与超越性的否定性统一,正好构成职业教育的辩证法。它表明:首先,职业教育的历史性意味着职业教育不是绝对自由意志的产物,不能脱离于现实社会。如果否认职业教育的历史性,就等于把职业教育提升到"上帝""救世主"的地位,结果只能是对职业教育的遮蔽和抽象。其次,社会发展的历史性制约了职业教育的历史性,社会的发展水平和发展阶段制约着职业教育的发展速度、规模、程度。再次,职业教育的历史性、有限性并不意味着人的宿命与无为,相反,承认职业教育的这一现实正是人不断超越、创造新职业教育的前提和基础。超越性同样是职业教育的本质规定之一,这意味着,职业教育是要决定人们会成为什么,就是着眼于明天。最后,正是职业教育的这种历史性与超越性之间的否定性统一,才构成职业教育的现实性与理想性。现实性指向现在,理想性则指向将来。现实性与理想性互为依存,互为目的,互为环节,互为递进。现实以理想为动力和发展目标,若无理想,职业教育将是一潭死水;而理想须以现实为基础和前提,理想的职业教育需要通过人立足现实的创造性活动,才能

---

[1] https://baijiahao.baidu.com/s?id=16752479396466491293&wfr=spider&for=pc.

获得真正的"现实性"品格。

（五）实用性

职业教育是在理性指导下的实践，其理性又可分为实用理性和诗意理性两种。

职业教育的实用理性注重教育方法、技术和经验，注重职业教育的效益（包括经济效益、社会效益等），关注学生个体的现实存在，立足和回归现实生活。

职业教育的诗意理性则强调"以人为本""终极关怀"等，具体来讲，就是注重人的"潜能"是否得到充分发挥，人的个性是否得到充分张扬，人的主体人格是否得到自由发展等。职业教育的诗意理性可以说是职业教育的最终理念。

职业教育的实用理性不是仅仅为了生存、牟利而选择的手段，而是千百年来人类生存博弈的结果，职业教育的实用理性是职业教育发展博弈的历史选择；职业教育的诗意理性也不是纯粹的"海市蜃楼"，它是一种超功利的理想价值追求，而且对实用理性有着引领和制约作用。总之，职业教育的实用理性与诗意理性相异互补、相互影响、相互制约。

对于职业教育的特点，一些专家学者提出了不同的意见，认为现在的职业教育属于现代职业教育，现代职业教育的特点主要有职业性、技术性、社会性、实践性、大众性、终身性、市场性、多样性、直接性、适应性、中介性、产业性等十二类。

第三节　职业教育的重要性与发展趋势

一、职业教育的重要性

（一）职业教育是发展地区经济和文化的生力军[①]

职业教育量大面广，遍布于各国大中小城镇。其专业一般都是根据本地区社会实际需要而设立，目标明确，专业对口，量体裁衣，学以致用，因此毕业生很受社会欢迎。开展职业教育对发展该地区特色的经济和文化至关重要。职业教育的普及有利于各地繁荣富裕。职业教育的毕业生已经是、将来也是该地区经济和文化发展的重要力量。

---

① https://baike.baidu.com/item/职业教育/1903668? fr＝aladdin.

（二）职业教育对高等教育走向大众化起着不可替代的重要作用①

高等教育学生总数中，职业教育学生数量所占百分比很大。职业教育入学门槛低，使高等教育对大多数的普通百姓来说成为可能。

高等教育大众化就是使适龄青年接受高等教育的比例达到或超过15%。高等教育只有在考虑到传统的精英教育的同时，也考虑到大多数普通百姓的教育需求，吸引他们进入高等学校，才能真正走向大众化。职业教育正是满足了这样的需求。职业教育是国家高等教育中不可或缺的重要部分，是促使高等教育加速进入大众化的重要因素。

（三）职业教育是从工业社会到信息与服务社会的深刻转变的重要参与者②

社会在变革，社会对职业教育的需求也在不断变化。一些传统的工作和工作岗位逐渐消亡，另一些新技术和新工种雨后春笋般地出现，例如计算机网络、信息技术、无线通信、多媒体、图形设计等。即使是一些貌似传统的工作岗位，也要求工作人员掌握计算机技术和分析技能。在这样的形势下，职业教育一方面要对已有的劳动力加强继续教育，使他们能够适应社会的进步和工作性质的变化；另一方面要改革教育，以培养新一代的劳动力。

二、职业教育的发展趋势③

在国际发展竞争日趋激烈和我国发展动力转换的形势下，我国职业教育在未来将呈现怎样的发展态势呢？

从国际上看，树立终身教育理念，运用终身教育理念指导、规划本国教育战略，已成为世界教育改革与发展的共同趋势。未来社会的多样化、复杂化、现代化对就业者受教育的程度要求不断提高，以往那种一次职前受教终身受用的劳动格局已被打破，社会要求人们通过不断学习来改造、发展自己的知识能力结构，以便能够适应日新月异的社会及日益复杂的工作知识和能力结构。职业教育作为培养个体形成某种专业技能与素质的教育，必然成为实现终身教育的重要途径。尤其是随着世界范畴内各种新工种的出现，每一个劳动者均面临着知识更新的压力，提高技能、更新知识成为劳动者重点思考的问题，而职业教育作为培养个体形成专业技能的途径，突出地发挥其作用，将终身教育的价值理念渗透到社会发展过程中，强调职业教育

---

① https：//baike. baidu. com/item/职业教育/1903668? fr＝aladdin.
② https：//baike. baidu. com/item/职业教育/1903668? fr＝aladdin.
③ 李向东，卢双盈. 职业教育学新编［M］. 北京：高等教育出版社，2005.

的基础教育属性的价值。

未来社会发展对人才素质的依赖，科技发展和生产力进步对劳动者技能提升的诉求，要求职业教育加快发展；经济发展与工业化进程将对职业教育的需求持续增加，层次逐步提升，要求职业教育大力发展；信息技术的快速发展必然推动职业教育的教学模式转型，要求职业教育内涵发展；城市化进程推动职业教育，合作化、多元化职业教育形态和开放成为职教改革的必然趋势；市场经济发展必然推动政府体制改革，推动职业教育管理体制的完善；经济全球化进程推动技能型人才走出国门，职业教育必须走国际化的路子；职业教育融入产业、行业与企业等要素，成为其发展的外部推动力和刚性需求；国家战略选择与政策法规对于职业教育发展趋势，具有决定性意义。针对发展中的需求，未来职业教育将根据社会发展的需要，权衡各级各类教育的需求情况，加快、大力发展。

（一）未来职业教育在改革中十分重视通识教育

这里说的通识教育包括文学和人文科学、数学和自然科学以及社会科学三个方面。职业教育一方面为学生打下比以往更宽的通识教育基础，另一方面在培养专业技能方面也放宽了口径，既要使学生掌握适应当今社会的专门职业技能，又要使学生具有终身学习能力，在出了校门以后，能够持续提高职业技能，能够灵活地自我调整，能够独立思考。只有这样，才能够以比较宽的路子应对一个开放的社会、一个比以往变化得快变化得多的人才市场。

（二）未来职业教育内容更新是整体性的

首先，调整学科知识内容，摒弃那些已被科学发展超越的而今还残存在教科书里的东西，补充现代与未来科学中具有基础意义的新内容。其次，改变学科结构，向服务学生全面发展和人人成才发展转变。再次，改变课程设置，增加实践课，减少必修课，增加选修课，增加自学和课外学习活动。

（三）未来职业教育手段更加现代化

未来加速职业教育技术的现代化，并促使其在职业教育中的广泛应用成为职业教育的一个特征，教育广播、教育电视、教育通信卫星将得以普遍使用；幻灯、投影、电影、录像、语言实验室、实训实验室、计算机辅助等教学手段将逐渐取代传统教学手段。教学手段的现代化，同时将带来职业教育形式的多样化。改变时空限制，伸到更加宽广的地域和人群，实现近距离教育向远距离教育的转变，实现教育个别化、自主化、家庭化。

（四）未来教育发展将高度重视师资队伍的建设

1. 改革教师资格和编制制度

根据职业教育的特点完善教师资格标准、专业技术职务（职称）评聘办法。在职业学校设置正高级教师职务（职称）。比照普通高中和普通高等学校，根据职业教育特点核定公办职业院校教职工编制。

2. 改革职业院校用人制度

落实职业院校用人自主权。实行符合职业院校特点的教师绩效评价标准。实行行业企业举办的职业院校和民办职业院校教师年金制度；完善教师培养制度。加强职业技术师范院校建设。

3. 建立"双师型"职业教育师资培养基地

实行职业教育师资定向培养制度和"学历教育＋企业实训"的培养办法。

4. 加强职业教育教师队伍师德建设，完善教师培训制度

职业院校教师实行轮训制度，建立职业教育教师实践企业基地，鼓励职业院校教师加入行业协会组织。

（五）未来职业院校办学自主权更加灵活

进行职业教育管办评分离改革。完善分级管理、地方为主、政府统筹、社会参与的管理体制，行业在提供政策咨询服务、发布行业人才需求、推进校企合作、参与指导教育教学、开展质量评价等方面，作用得到发挥。

（六）未来职业教育改革将更加完善法律体系和标准体系

依法确立现代职业教育体系基本架构，明确各级政府的职责，规范职业院校、行业、企业等主体的权利、义务。完善促进校企合作和职业教育集团化发展的法律法规；建立健全职业教育标准体系，明确符合职业教育特点、适应经济发展和产业升级要求的各类职业院校办学标准。

1. 建立政府、企业和其他社会力量共同发挥办学主体作用，公办和民办职业院校共同发展的职业教育办学体制

政府实行统一的准入制度，办好骨干职业院校，支持社会力量办学。各类主体兴办的职业院校具有同等法律地位，依法公平、公开竞争；增加非全日制职业教育在职业教育中的比重，发展工学交替、双元制、学徒制、半工半读、远程教育等各种灵活学习方式的职业教育。通过改革学制、学籍和学分管理制度，实现全日制职业教育和非全日制职业教育的统筹管理；开展学历职业教育和非学历职业教育，满

足行业、企业和社区的多样化需求。通过质量认证体系、学分积累和转换制度、学分银行和职业资格考试进行学历认证。

2. 按照"市场导向、利益共享、合作互赢"的原则，吸引各类主体参与职业教育集团建设

通过中央企业和行业龙头企业牵头、骨干职业院校牵头、行业和职业院校联合、地方政府整合职业教育资源、区域内职业院校资源共享等方式，多样化发展职业教育集团。鼓励各地在重大产业建设工程中，同步规划覆盖全产业链的职业教育集团。

（七）未来职业教育的发展，经费来源更加广泛

通过落实财政性职业教育经费投入，利用社会资本发展现代职业教育，使社会力量通过资金、土地、装备、技术、人才等多种要素投资职业教育。鼓励社会力量捐资、出资兴办职业教育，拓宽办学筹资渠道。通过公益性社会团体，或者县级以上人民政府及其部门向职业院校进行捐赠的，其捐赠按照现行税收法律规定在税前扣除。完善财政贴息贷款等政策，健全民办职业院校融资机制。企业依法履行职工教育培训和足额提取教育培训经费的责任。通过政府为职业院校向银行贷款提供担保。利用地方职业教育专项基金。营利性职业教育机构通过金融手段和资本市场融资。境内外企业积极参与职业教育中外合作办学。

第二章

初识航院

第一节　历史沿革

　　长沙航空职业技术学院创建于 1973 年，1998 年升格为高等职业院校，隶属空军装备部。

　　长沙航空职业技术学院原名"中国人民解放军空军航空工程部第二航空工程学校"，1994 年 4 月改名为"中国人民解放军空军长沙航空工程学校"。空军第二职工大学创建于 1983 年 2 月，原名"空军航空修理第二职工大学"，1986 年从成都迁入长沙空军第二航空工程学校内，1994 年 9 月改名为"空军第二职工大学"，与空军长沙航空工程学校共处同一校园，共享教育资源，实行统一领导、区别管理的模式。1998 年 3 月，经原国家教育委员会批准，两校合并改建为高等职业技术学院，校名为"长沙航空职业技术学院"，原中国人民解放军总后勤部批准军队校名为"空军航空维修技术学院"。2002 年 7 月，经空军装备部和湖南省人民政府批准，原长沙工业学校整体并入学院。目前长沙航院形成两区三点的办学格局，即跳马、圭塘两个校区和洞井培训中心。

第二节　发展现状

　　学院现有跳马、圭塘两个校区和洞井培训中心，占地面积 60 多万平方米，建筑面积 30 万平方米，固定资产 7 亿元，教学仪器设备总值 1.88 亿元，图书馆藏书 73 万余册。设有航空机电设备维修、航空电子设备维修、航空机械制造、航空服务与管理、基础教育、士官教育、继续教育、创新创业等 8 个二级学院和思想政治理论课教研部、体育工作（教学）部。设有飞行器维修技术、飞行器制造技术、飞机电子设备维修、空中乘务等 22 个专业。有中国特色高水平专业群 1 个，国家示范性职业教育集团 1 个，国家级骨干专业 4 个，职业教育示范专业点 3 个，教学资源库 3 个，"双师型"教师培养培训基地 1 个，协同创新中心 1 个，职业教育示范性虚拟仿真实训基地 1 个，省级一流特色专业群、实训基地、精品在线开放课程、名师空间课堂等建设项目 50 余个。建有集爱国主义教育、全民国防教育、航空科普教育于一体的湖南航空馆。

　　全国首个航空职业教育与技术协同创新中心、全国航空工业飞行器维修技术专业教学指导委员会、全国航空工业航空文化育人专门指导委员会、湖南省飞机维修工程技术研究中心、湖南省导弹维修工程技术研究中心、湖南省高校思想政治工作创新发展中心、湖南省思想政治工作研究基地、湖南省"十三五"教育科学研究高职院校"双一流"建设研究基地、湖南省通用航空协会、空军航空修理系统教育培训中心、从业人员资格考核认证中心等设于学院。

　　学院现有全日制高职在校生 10 000 余人（其中定向培养士官生 5 000 余人），职业培训年均超过 20 万人次。现有专任教师近 500 人，教授、副教授等高级职称教师 230 余人；客座教授 39 人，企业技术骨干及能工巧匠等兼职教师 175 人；全国优秀教师 1 人，大国工匠 1 人，技能大师 13 人，国家技能人才培育突出贡献个人 1 人，国家级、省级技术能手 21 人，省芙蓉学者 2 人，芙蓉教学名师 2 人，省级学科带头人、专业带头人 12 人，省青年骨干教师 26 人；"双师型"教师比例达 90.4%；空军专家库专家 2 人，国内访问学者 39 人；国家级职业教育教师教学创新团队 1 个，省级教师技艺技能传承创新平台 1 个，省级"双师型"名师工作室 2 个，省级教学团队 3 个。

　　近年来，学院坚持以立德树人为根本，以服务发展为宗旨，以促进就业为导向，对接产业、产教融合、校企合作、协同创新，着力打造军队和航空特色品牌，先后获得"国家技能人才培育突出贡献奖""全国教育系统先进集体""全国职业教育先进单位""全国黄炎培职业教育优秀学校奖""全国毕业生就业典型经验高校""全国国防教育特色学校""空军装备修理系统先进单位""空军装备修理系统先进党委""湖南省文明标兵单位""湖南省文明标兵校园""湖南省党建示范高校""湖南'三全育人'综合改革试点高校""湖南省依法治校示范学校""湖南省思想政治工作优秀集体""湖南省文明窗口单位""湖南省直模范职工之家"等多项荣誉。

雄鹰高飞，逐梦蓝天！面向未来，长沙航院将始终秉承"自强不息，止于至善"的校训，"匠心铸魂，航空报国"的核心价值理念，矢志一流目标，争创一流业绩，大力推进中国特色、世界知名的一流航空高职学院建设，为职教兴邦，为实现中华民族伟大复兴的"中国梦"做出新的更大贡献！

第三节　校园文化

健康向上的校园文化是学校教育一个重要的不可缺少的组成部分，是学校教育过程中正规课堂教学一个重要的、有力的补充，同正规课堂教学相辅相成，共同达成既定的教育目的，从而促进我国教育事业的现代化，培养和造就一代又一代适应社会主义现代化建设要求的、全面发展的"四有"新人。

凝练"匠心铸魂"理念文化。学校坚持立德树人、德技并修，在长期的办学治校育人过程中，精准领会国家政策，精准对接产业行业，精准确定办学定位和办学理念，构建了具有军队特质、航空特色的理念文化体系，凝练形成了"匠心铸魂，航空报国"的核心价值观，培养具有"忠诚奉献"品质、"三敬零无"素养的航空工匠新生代。理念文化还包括校训（自强不息，止于至善）、校风（团结、紧张、严肃、活泼）、教风（敬业爱生、博学善教）、学风（求真务实、勤学苦练）、使命任务（育人至上，筑梦蓝天，培养具有忠诚奉献品质、航空报国精神、"三敬零无"素养的航空工匠新生代）、航院精神（勤勉敬业、团结奋进）、航院传统（勤俭办学、从严治校）、人才培养质量观（政治合格、诚实守信、技能过硬、身心健康）、愿景（建设最适合高素质技术技能人才成长的、最适合教职员工事业发展的、军队与航空特色鲜明的全国一流高职学院）等。同时，在学院建设发展过程中，与时俱进地提出了若干应用理念，包括作风理念（干部作风是第一民生）、"四个始终"（始终不忘航院情怀、始终牢记使命责任、始终保持奋发有为的精神状态、始终坚守真抓实干的工作作风)、"四有航院人"(有植根于内心的修养、有无须提醒的自觉、有以约束为前提的自由、有为别人着想的善良)、工匠精神(爱岗敬业、严谨专注、精益求精)、"三敬零无"素养(敬仰航空、敬重装备、敬畏生命,零缺陷、无差错)等。

一、校训

自强不息　止于至善

二、校风

团结　紧张　严肃　活泼

三、学院校徽

四、校旗

五、校歌

航院晨光

1=G 2/4

（简谱曲谱）

吹响了航院晨光，鲜活的青春托起朝阳。晨光里朗读妈妈的

嘱咐，奔跑中放飞蓝色的梦想，蓝色的梦想。我们是空军

装备的主力军，纪律严明,爱岗敬业,技艺精良；我们是担负蓝天的大学

生，朝气蓬勃,开拓进取,威武雄壮。

军号吹响了航院晨光,鲜活的青春托起朝阳。晨光里朗读妈妈的嘱咐,奔跑中

放飞蓝色的梦想。热血沸腾了航院晨光,时代的骄子振翅飞翔。晨光里追逐战斗的

雄鹰,跨越中紧握未来的向往。我们是空军装备主力军,纪律严明,爱岗敬业,技艺

精良；我们是担负蓝天的大学生朝气蓬勃,开拓进取,威武雄壮。爱岗敬业,

技艺精良，开拓进取,威武雄壮。

六、航修文化

(一)航修精神

敬仰航空　敬重装备　敬畏生命

(二)工匠精神

爱岗敬业　严谨专注　精益求精

(三)航院"四个始终"

始终不忘航院情怀

始终牢记使命责任

始终保持奋发有为的精神状态

始终坚守真抓实干的工作作风

(四)航院建设目标

军地融合　特色鲜明　省内引领　国内一流　国际知名的卓越高职学院

(五)四有航院人

有植根于内心的修养

有无须提醒的自觉

有以约束为前提的自由

有为别人着想的善良

七、培养理念

跨界、包容、创新。培养具有开阔视野、有思辨能力、有系统观、富有责任感和社会担当的应用型创意设计人才。

第四节　主要管理部门

一、政治部

是学院党委的办事机构,主要充当参谋助手作用,贯彻落实上级党委、机关和学院党委的决议、指示,协助党委推动党的方针、政策和党委决策在全院贯彻落实,为党委决策提供服务；指导和协调各党群机构工作，督促、检查政治工作落实情况，及时向上级党委和学院党委反映情况，请示报告工作；负责学院党组织建设、机构设置、干部管理、全院思想政治教育与意识形态工作等，申请入党、党员组织关系接转都由政治部负责。

二、院长办公室

是学院行政工作综合管理、协调及服务的职能部门，主要负责组织制（修）订学院章程；制订学院年度工作要点和学院月度重点工作计划，定期检查学院重点工作完成情况，及时掌握新情况，发现新问题，总结新经验，为学院的科学决策提供依据，当好院领导的参谋；负责学院公文、档案、邮件收发、行政印章管理等工作；负责教育阳光网络服务平台和实体平台的建设与管理，群众来信来访、学生申诉、校友会管理等。

三、教务处

是学院教学工作的组织、协调、管理和指导职能部门，主要负责学院常规教学的组织、教学场所的管理、教材建设计划和规划的制订、学院专业和课程体系建设的统筹和推进以及教学质量的保障。学期教学进度编制、课程安排、学生考试和成绩管理等都由教务处负责。

四、党委学生工作部

党委学生工作部受学院党委领导，主要负责全院大学生思想政治教育、辅导员队伍建设、学生日常事务管理、学生资助管理，以及指导督促思想政治理论课部、团委、各教学二级学院等部门，积极培育和践行社会主义核心价值观，做好大学生理想信念、爱国主义、公民道德、法制法纪、学院理念文化、感恩励志教育等工作和开展相关活动。学生报到注册、转学、休学由学生工作处负责。

五、团委

团委是党委领导下的由先进青年组成的群众性组织，主要负责团员青年思想教育，积极培育社会主义核心价值观，做好大学生理想信念、爱国主义、集体主义教育；以校园文化艺术节为重点，组织开展有学院特色的校园文化活动；指导学生会独立自主地开展工作，抓好学生干部队伍的思想建设、组织建设；维护学生的正当权益，代表青年利益，及时向上级有关部门反映学生在学习、生活、课外活动等方面的意见和要求，并协助有关部门及时改进。

六、招生就业处

招生就业处是负责学院招生工作和大学生创新创业教育与实践，毕业生就业指导、就业推荐的职能部门。主要负责编制学院年度招生计划、分省分专业生源计划，招生工作的宣传、指导和实施；学院创新创业教育、就业指导、职业生涯规划课程建设并组织实施；毕业生就业市场建设、大学生创业孵化基地建设与管理；指导各专业二级学院就业创业工作开展，负责组织校园招聘、开展大学生就业创业主题活动等。

七、图书信息中心

图书信息中心是学院重要的教学科研服务机构，是文献信息中心，是为人才培养和科学研究服务的学术性机构，是学院信息化建设的重要组成部分，是校园文化和社会文化建设的重要基地，不仅可以为专业学习提供参考，还可以开阔视野，提高修养。

八、财务审计处

财务审计处是组织实施财务管理和内部审计工作的业务机关，主要负责学院财务预算编制、执行、控制和经费筹措；组织会计核算、收费及财务票据管理，实施会计监督；保证学院资金安全，管理学院银行账户、印鉴、票据和其他会计档案资料；参与大宗物资采购、基本建设与修缮项目的技术经济论证、招投标和合同拟制及签订等工作。参与学院重要财务、经济制度研究以及重大经济合同和经济改革方案的审订等。

九、后勤服务中心

后勤服务中心是学院组织实施后勤管理和服务工作的职能部门，负责全院生活服务及设施的管理，包括学生食堂、水电供应、生活设施故障维护、校园绿化等生活服务。下设学院卫生所，负责学院医疗服务及卫生防疫日常工作。

十、保卫处

保卫处是学院财产和全体师生员工、来宾人身、财物等的安全保卫职能部门，主要负责校园的安全保卫和稳定工作，包括学校门卫、消防、学生户口管理、学生宿舍管理、校园交通秩序管理、校园治安事件处理等。

第五节　专业二级学院、军士教育管理学院

一、航空机电设备维修学院

（一）学院简介

航空机电设备维修学院设有飞行器维修技术、飞行器维修技术（中外合作）、航空发动机维修技术、通用航空器维修、无人机应用技术、理化测试与质检技术（无损检测技术及应用方向）、复合材料工程技术（航空复合材料加工与应用技术）等 7 个专业（方向）。其中飞行器维修技术专业是中央财政支持的重点专业、湖南省精品专业、湖南省示范性特色专业和全国示范专业点；理化测试与质检技术（无损检测技术及应用方向）是湖南省精品专业；飞行器维修技术专业群为国家职业教育"双高"建设专业群，也是湖南省示范性特色专业群和一流专业群；飞行器维修技术专业是教育部首批现代学徒制试点专业。飞行器维修技术专业教学资源库是国家职业教育专业教学资源库。有省级在线精品开放课程 9 门。

学院现有技术技能大师工作室 4 个，建有飞机维修省级工程技术中心，实训实习设施完备。建有飞机维修实训中心、发动机维修实训中心、检测技术实训中心、航空复合材料实训中心等专业实训车间（室）31 个，其中飞机维修实训中心是湖南省重点建设实习实训基地。拥有不同型号军用、民用飞机 39 架，航空发动机 46 台，配套专业实习工装设备 800 余件，生均教学仪器设备值 8 万余元。

学院人才培养质量高，毕业生初次就业率连年保持在 96％以上，毕业生主要面向军队航空修理企业、航空兵部队、飞机及航空发动机制造厂、航空公司、民用飞机和航空发动机维修公司等企事业单位。现与四川航空股份有限责任公司，中国人民解放军第 5701、5702、5720 工厂，中国航发南方公司，中国商用飞机上海飞机制造有限公司等多家知名企业联合开展订单培养、现代学徒制培养等。学院注重教育教学改革和人才培养质量建设，近年来，共主持省厅级以上教学改革项目 10 项；获国家教学成果二等奖 1 项，湖南省高等教育省级教学成果三等奖 3 项，军队科技进步奖三等奖 1 项；在全国学生专业技能竞赛中获得一等奖 12 人次。2014、2015 年，学院先后获得全国职业教育先进单位和全国教育系统先进集体荣誉称号。2019 年，飞行器维修技术专业教学团队国家教师教学创新团队建设项目立项。

（二）专业介绍

1. 飞行器维修技术（中央财政支持的重点专业、湖南省示范性特色专业）

培养目标：培养掌握飞机各系统构造和工作原理，有较强实操技能和良好的职业道德，能从事飞机修理、组装、调试与维护及生产管理等工作的高素质技术技能型人才。

就业率：97.73%。

就业领域：军队装备保障系统企事业单位，航空兵部队，航空制造企业，民用、通用航空企事业单位和相关科研院所。

校企合作：与中国人民解放军第 5702 工厂、中国人民解放军第 5706 工厂、中国人民解放军第 5720 工厂等军队装备保障系统企业单位，深圳航空有限责任公司、四川航空股份有限公司、顺丰航空有限公司等民航企业单位，沈阳飞机工业（集团）有限公司等航空制造企业单位开展了合作及订单培养。

2. 航空发动机维修技术

培养目标：培养掌握航空发动机构造和工作原理，有较强实操技能和良好的职业道德，能从事航空发动机修理、装配、试车、故障诊断、产品质量检验及生产管理等工作的高素质技术技能型人才。

就业率：97.78%。

就业领域：军队装备保障系统企事业单位，航空兵部队，航空制造企业，民用、通用航空企事业单位和相关科研院所。

校企合作：与中国人民解放军第 5702 工厂、中国人民解放军第 5719 工厂等军队装备保障系统企业单位，深圳航空有限责任公司、四川航空股份有限公司、顺丰航空有限公司、珠海 MTU 等民航企业单位，株洲 331 厂、沈阳黎明发动机公司等航空制造企业单位开展了合作及订单培养。

3. 理化测试与质检技术（无损检测技术及应用方向）

培养目标：培养掌握各种常规无损检测技术和新型检测技术等必备理论知识，有较强实操技能和良好的职业道德，能在航空航天、承压设备、石油化工、机械、冶金、船舶、交通、电力及建筑等生产部门，从事关键构件无损检测工作的高素质技术技能型人才。

就业率：98.08%。

就业领域：航空制造企业，航空修理企业，石油化工，轨道交通，机械行业，特种设备行业，建筑业，检测行业，民用、通用航空企事业单位及相关科研院所。

校企合作：与厦门航空有限公司、海南航空有限公司、厦门太古发动机有限公司、湖南省电力公司试验研究院、长沙锅炉厂、长沙明鉴检测公司等企事业单位开展了合作及订单培养。

4. 通用航空器维修

培养目标：培养掌握通用航空器维修必备理论知识，有较强实操技能和良好的职业道德，能在通用航空器维修企业、通用航空公司从事航空器维护、定检、部附件修理、检测及生产管理等工作的高素质技术技能型人才。

就业率：99.24%。

就业领域：航空制造企业，航空修理企业，航空兵部队，民用、通用航空企事业单位和相关科研院所。

校企合作：与中电科芜湖钻石飞机制造有限公司、湖南华星通航、湖南通联航空技术有限公司等企业开展了合作及订单培养。

5. 无人机应用技术

培养目标：培养掌握无人机结构、组装调试、维护必备理论知识，有较强实操技能和良好的职业道德，能从事无人机的制造、组装、调试、分解、维修、地勤、航拍、航测及生产管理等工作的高素质技术技能型人才。

就业率：97.00%。

就业领域：航空制造企业，航空修理企业，民用、通用航空企事业单位和相关科研院所。

校企合作：与中航贵州飞机有限责任公司、湖南博航无人机技术有限公司、株洲斯凯航空科技有限公司等企业开展了合作及订单培养。

6. 复合材料工程技术（航空复合材料加工与应用技术）

培养目标：培养掌握典型航空复合材料零部件的制造、成型原理及加工工艺等必备理论知识，有较强实操技能和良好的职业道德，能在航空制造企业、航空维修企业从事复合材料零部件成型、加工，飞机复合材料零部件维修，产品质量检验及生产管理等工作的高素质技术技能型人才。

就业率：96.24%。

就业领域：航空制造企业，航空修理企业，民用、通用航空企事业单位和相关科研院所，与复合材料相关的汽车、建筑、电机、电子、信息通信、轻工、化工等企事业单位。

校企合作：与江西洪都航空工业股份有限公司、沈阳飞机工业（集团）有限公司、成都飞机工业（集团）有限责任公司、中国商飞上海飞机制造有限公司、湖南航天环宇信息科技有限公司等企业单位开展了合作及现代学徒制培养。

二、航空电子设备维修学院

（一）学院简介

航空电子设备维修学院开设有飞机电子设备维修、民航通信技术、应用电子技术、电气自动化技术、导弹维修等 5 个专业。现有教职工中，高级职称 51 人，硕士以上学位 52 人，国内访问学者 4 人，省级专业带头人 2 人，湖南省青年骨干教师 10 人，湖南省技术能手 4 人，双师素质教师达 96.15％，企业专家型兼职教师 20 人。宋烨老师入选首届"航空职业教育教学名师"。曾全胜教授领衔的飞机电子设备维修专业教学团队在 2020 年湖南省职业院校专业教学团队遴选中成功立项为首批湖南省职业院校专业教学团队建设项目。

学院高度重视以赛促学、以赛促建，助力专业建设和人才培养质量提升。在 2020 年"中成伟业杯"全国航空职业院校航空电子电气装调与维修技能大赛中，院飞机电子设备维修专业 1806 班惠伟东、李富奎团队和民航通信技术专业 1801 班刘强、孙溥一团队分别荣获一等奖、三等奖，电子学院教师林文、乐乐荣获"优秀指导老师"称号。

电子学院注重实践技能训练，已建成一批设备先进、条件完善的实训室和理实一体化教室。现有导弹分解与装配、电子创新设计、航空仪表、航空电气、智能控制、PLC 等 32 个实训室。

电子学院注重校企合作和产教融合，于 2020 年建成湖南省导弹维修工程技术研究中心。现拥有中央财政重点支持的应用电子技术实训基地、中国人民解放军装备通用保障系统电子技术与自动控制技术实训基地、湖南省电子技术与自动化技术专业课教师专业技能认证培训基地、湖南省企业高技能人才培训基地、湖南省水库移民就业转移技能培训基地，承担全国中职和高职专业教师、军队装备保障系统和航空修理系统员工、湖南省有关企业员工、航空电子设备维修专业群学生的技能考证的培训任务。

电子学院人才培养质量显著提升。近三年，毕业生初次就业率稳定在 96％以上。2019 年，学生获全国职业院校技能竞赛一等奖 2 个；全国大学生电子设计竞赛一等奖 1 个、二等奖 1 个；火箭军电工电子技能竞赛一等奖、二等奖和团体一等奖各 1 个；省级各类竞赛获一等奖 7 个、二等奖 4 个、三等奖 3 个；包揽第 46 届世界技能大赛长沙市电子技术选拔赛前三名。

（二）专业介绍

1. 飞机电子设备维修（中央财政支持的重点专业、湖南省示范性特色专业）

培养目标：培养具有航空电子设备的安装、调试、检测、维护等能力，能从事航空电子设备维修，航空电子产品的工艺实施、生产组织、技术管理等工作的高素质技术技能型人才。

就业率：96.76%。

就业领域：中航工业飞机制造企业、军航及民航维修企业、军用与民用电子产品制造及维修企业。

校企合作：与中国人民解放军空军二十三厂、中国航天科工集团二院二十三所、海航航空技术有限公司、江西洪都航空工业股份有限公司、中电科芜湖钻石飞机制造有限公司等企事业单位开展了合作。

2. 民航通信技术

培养目标：培养具备航空通信技术的专业基础知识和技能，能从事飞机机载通信导航与雷达设备的制造与维修、空管通信导航与雷达管理、通信产品生产与技术支持等工作的高素质技术技能型人才。

就业率：96.67%。

就业领域：中航工业飞机制造企业、军航及民航维修企业、军用与民用电子与通信产品制造及维修企业。

校企合作：与中国人民解放军第 5720 工厂、中国人民解放军第 5706 工厂、中国人民解放军第 6908 工厂（深圳电器公司）、维沃移动通信有限公司、中国航天科工集团四院武汉锐科光纤激光技术有限公司等企业单位开展了合作。

3. 导弹维修

培养目标：培养具有扎实的导弹修理、检测和装配能力，能在导弹维修和生产企业从事导弹装配、导弹测试与维修、导弹测试设备的开发、导弹质量检验、技术管理工作的高素质技术技能型人才。

就业率：98.34%。

就业领域：中航导弹设计与生产企业，空军、海军与中航导弹维修企业。

校企合作：与中国空空导弹研究院、中国人民解放军第 5718 工厂、中国人民解放军第 5715 工厂、中国人民解放军第 3606 工厂、中国人民解放军第 4808 工厂、中国人民解放军第 4801 工厂、中国人民解放军空军二十三厂、中国航天科工集团二院二十三所、江西洪都航空工业集团有限责任公司等企事业单位开展了合作。

4. 应用电子技术（湖南省特色专业）

培养目标：培养具有较强的 PCB 设计和制作能力，电子产品和设备安装、调试、检验、生产、维修及管理能力，能从事电子产品生产工艺、电子产品质量检测、PCB 设计和制作、电子设备维修、电子产品助理设计等工作的高素质技术技能型人才。

就业率：96.09%。

就业领域：中航工业飞机制造企业、军航及民航维修企业、军用与民用电子产品制造及维修企业。

校企合作：与中国人民解放军第 4724 工厂、中国人民解放军第 4723 工厂、昌河飞机工业（集团）有限责任公司、中国人民解放军第 5311 工厂、深圳旭昕微电子有限公司等合作共建生产性实训基地。

5. 电气自动化技术

培养目标：培养具有较强电子电气设备及其控制系统的设计、安装调试和维护维修能力，能从事航空电气设备与系统、电气自动化生产设备及控制系统的设计、安装调试、维护和运行管理等工作的高素质技术技能型人才。

就业率：94.23%。

就业领域：中航工业飞机制造企业、军航及民航维修企业、中国核工业企业、军用与民用电气产品制造及维修企业。

校企合作：与中国空空导弹研究院、中国人民解放军第 5720 工厂、中国人民解放军第 5702 工厂、中国人民解放军第 5721 工厂、中国核电秦山核电站、中国核电福清核电站等企事业单位开展了合作。

三、航空机械制造学院

（一）学院简介

航空机械制造学院开设有飞行器制造技术、航空发动机制造技术、数控技术、机电一体化技术、智能焊接技术、工业机器人技术等 6 个专业，其中飞行器制造技术专业为国家骨干专业，数控技术、机电一体化技术 2 个专业为湖南省精品专业。2018 年机电一体化专业湖南省中高职衔接项目以优秀等级通过验收。现有教职工 81 人，其中高级职称 33 人（教授 7 人、副教授 26 人），博士、硕士研究生（含在读）36 人，院级技能大师 3 人，芙蓉教学名师 1 人，省级专业带头人 4 人，国内访问学者 8 人，湖南省青年骨干教师 7 人，国家技术能手 8 人，湖南省技术能手 7 人，湖南省五一劳动奖章获得者 7 人，双师比例达 90% 以上。

学院专业实训实习设施完善，其中数控技术实训中心为国家级示范性教育实训基地，焊接实训中心为湖南省生产性实训基地。建有数控、机加、机械拆装、数控装调、液压气动、PLC、机电一体化技术综合实训室、工业机器人综合实训室、焊接实训车间等 17 个，其中数控实训车间为株洲 331、中航工业贵州飞机有限责任公司等企业员工技能培养与竞赛基地。拥有先进的五轴联动数控机床、数控铣削加工中心、数控车削加工中心、数控车、数控铣、电火花线切割、电火花成型等大型数控设备 50 余台（套），常规机加工设备 100 余台，焊接机器人、气保焊、氩弧焊等焊接设备 30 余台。有工具钳工、装配钳工、数控铣工、数控车工、数控加工中心、计算机辅助设计、焊接操作工等多个中高级职业技能等级培训和鉴定中心。近几年来，除满足学院正常教学需要外，还为军队装备修理系统、湖南省国防系统培养高级工、技师 600 余人。

学院注重教育教学建设和教学改革。近年来主持省厅级以上教学改革项目 20 余项，获湖南省教育教学改革发展优秀成果奖 1 项、湖南省高等教育省级教学成果二等奖 1 项，已建成 10 余门院级优质核心课程和 1 门省级精品在线课程。在全国和湖南省的各项专业技能比赛中硕果累累，共获得国家一等奖 8 个、二等奖 9 个、省级一等奖 23 个。人才培养针对性强，学生就业率高，专业对口率高，毕业生主要面向航空工业成都飞机工业（集团）有限责任公司、大新华飞机维修服务有限公司、中国航发南方工业有限公司、中航动力株洲航空零部件制造有限公司、陕西飞机工业（集团）有限公司、中国兵器江麓机电集团有限公司、凌云科技集团有限责任公司、中国商用飞机上海飞机制造有限公司、江西洪都航空工业集团有限责任公司、中国空空导弹研究院等企事业单位。

（二）专业介绍

1. 飞行器数字化制造技术

培养目标：培养掌握飞行器零部件制造、飞行器装配等理论知识，具备飞行器零部件加工操作、零件检测、飞行器部件和整机装配等能力，能从事飞行器零件加工、精密测量、飞行器部件装配和整机装配等相关工作的高素质技术技能型人才。

就业率：96.90%。

就业领域：在航空航天制造、维修等相关企业从事飞行器零部件加工、质量检测、飞行器装配等相关工作。

校企合作：与航空工业成都飞机工业（集团）有限责任公司、沈阳飞机工业（集团）有限公司、中国商飞上海飞机制造有限公司、中航贵州飞机有限责任公司、江西洪都航空工业集团有限责任公司、中国航发南方工业有限公司（331）、中航工业集团洛阳电光设备研究所（613所）等企业在人才培养、技术研发、员工培训等方面合作紧密，开展了成飞订单班、商飞订单班、昌飞订单班、331订单班等多个订单人才培养项目。

2．航空发动机制造技术

培养目标：培养掌握航空发动机制造与装配基本知识，具备扎实的航空发动机零部件多轴精密加工、精密测量以及特种加工等专业技能，从事航空发动机零件制造及部件装配相关工作的高素质技术技能型人才。

就业率：96.28％。

就业领域：在航空发动机制造、维修相关企业从事航空发动机零件制造、部件装配、发动机维护等相关工作。

校企合作：与中国航发南方工业有限公司（331）、中国航发成都发动机（集团）有限公司、航空工业昌河飞机工业（集团）有限责任公司、中国航发沈阳黎明航空发动机有限责任公司、湖南南方通用航空发动机有限公司、珠海摩天宇航空发动机维修有限责任公司、厦门太古发动机服务有限公司、中国人民解放军第5719工厂等航空发动机制造、维修相关企业在人才培养、员工培训等方面开展了紧密合作。

3．数控技术

培养目标：培养具有机械加工工艺编制、数控编程、数控精密加工操作及数控设备维护能力，能从事加工工艺编制、数控编程、数控机床操作和维护等工作的高素质技术技能型人才。

就业率：93.83％。

就业领域：在航空航天装备制造与维修、通用装备制造等行业企业从事产品工艺设计、数控设备编程与操作、零部件检测、技术生产管理等相关工作。

校企合作：与航空工业成都飞机工业（集团）有限责任公司、沈阳飞机工业（集团）有限公司、江西洪都航空工业集团有限责任公司、中国航发南方工业有限公司（331）、中航贵州飞机有限责任公司、湖南南方通用航空发动机有限公司、中国航发中传机械有限公司、中航飞机起落架有限责任公司、厦门太古发动机服务有限公司等航空航天制造相关企业在人才培养、技术研发、员工培训等方面一直有良好的合作，开展了成飞订单班、昌飞订单班、331订单班等多个订单人才培养项目。

4.工业机器人技术

培养目标：培养掌握机械、电子电气、PLC、传感技术、工业机器人自动控制等理论知识，能在航空航天、汽车制造、工程机械、船舶等产业或产业群，从事工业机器人的安装、编程、调试、维修、运行和管理等方面工作的高素质技术技能型人才。

就业率：97.22％。

就业领域：在航空制造、中国核电、工程机械装备、交通运输装备制造等行业企业从事工业机器人安装、编程、调试、维护维修和技术管理等。

校企合作：与成都飞机工业（集团）有限责任公司、中车株洲电力机车研究所有限公司、凌云科技集团有限责任公司、湖南南方宇航高精传动有限公司、东方电气（广州）重型机器有限公司、厦门船舶重工股份有限公司、三一重工、中联重科、上汽大众长沙分公司、广汽菲亚特等企业在人才培养、员工培训等方面开展了紧密合作。

5.焊接技术与自动化

培养目标：培养具有较扎实的焊接技术与自动化专业基础理论知识和焊接设备操作技术，能在航空航天、汽车制造、工程机械、船舶等产业或产业群，从事常规或特种材料焊接、焊接检验、焊接工艺编制与夹具设计、焊接生产组织与管理、焊接机器人编程与维护、自动焊接生产线管理等工作的高素质技术技能型人才。

就业率：88.31％。

就业领域：交通工具（汽车、船舶、工程机械）制造业、机械五金制造业、航空航天工业。

校企合作：与珠海摩天宇航空发动机维修有限公司、厦门太古发动机服务有限公司、中国航天科工集团二院二十三所、东方电气（广州）重型机器有限公司、厦门船舶重工股份有限公司、江西洪都航空工业集团有限责任公司、中国航发南方工业有限公司（331）、上汽大众长沙分公司、广汽菲亚特、三一重工、中联重科等在人才培养、技术研发、员工培训等方面合作紧密，开展了上海大众订单班、中联重科订单班等多个订单人才培养项目。

6.机电一体化技术（湖南省特色专业）

培养目标：培养具有机械加工、机电液气系统装调、机电产品维护维修能力，从事机电设备操作、机电设备装调、机电设备维护维修等工作，具有良好职业道德、优良专业技能及职业生涯发展基础的高素质技术技能型人才。

就业率：94.51%。

就业领域：在航空制造、中国核电、工程机械装备、交通运输装备制造等行业企业，从事机电设备操作、安装调试、维护维修、技术生产管理等相关工作。

校企合作：与航空工业昌河飞机工业（集团）有限责任公司、航空工业成都飞机工业（集团）有限责任公司、凌云科技集团有限责任公司、中国航发南方工业有限公司（331）、湖南南方通用航空发动机有限公司、海航航空技术股份有限公司、航空工业成飞民用飞机有限责任公司、中国核工业集团、中国航天科工集团、湖南山河科技股份有限公司、上汽大众长沙分公司等企业在人才培养、实训基地建设、员工培训等方面合作紧密，开展了上汽大众订单班、楚天订单班、昌飞订单班、331订单班等多个订单人才培养项目。

四、航空服务与管理学院

（一）学院简介

航空服务与管理学院是国家级骨干专业教师培训点、湖南省货运代理项目职业技能竞赛（集训）基地、湖南省关务技能竞赛（集训）基地。开设有空中乘务、机场运行、民航安全技术与管理、民航运输、通用航空航务技术等5个专业，其中空中乘务专业被教育部评为全国骨干专业、全国职业院校示范专业点。

学院现有教师45人，其中教授1人，副教授14人，客座教授5人，具有"双师素质"教师39人，技能大师1人，专业带头人10人，青年骨干教师9人，课程带头人10人，访问学者3人，外籍教师1人，博士、硕士学位研究生占全院教师的70%以上。

学院实训设施设备齐全，校内建有空中乘务、民航信息、地面服务、航空物流、形象设计、仪态沟通、语音、形体礼仪、民航安全技术管理、通航运控等10余个实训室，拥有B-737飞机1架，具备紧急撤离功能的B-738模拟客舱1座，有数十套和民航企业型号相同、功能相同的各型安检、物流、值机、票务等设备以及配套信息系统。

学院就业基地数量多、质量高，是世界五百强企业德国DHL公司国内院校唯一人才培养基地、湖南空港实业有限公司人才培养基地。现有南方航空、海航集团、四川航空、厦门航空、深圳航空、昆明航空、奥凯航空等10余家航空公司，长沙黄花国际机场、深圳宝安国际机场、厦门高崎国际机场、珠海机场、武冈机场等7家机场，顺丰航空货运、中外运敦豪、湖南空港实业有限公司、中外运湖南分公司、高捷航运物流等 10 余家航空货运公司，翔为通航、华星通航、株洲新芦淞产业发展集团等 7 家通航公司等多个就业基地。

（二）专业介绍

1. 空中乘务

培养目标：培养具有本专业基础理论知识，一定的分析问题、解决问题的能力，英语听说、客舱安全管理、民航旅客服务等能力，能够从事客舱服务等工作，适应现代航空产业发展要求，德、智、体、美、劳全面发展，具有较高人文素养，较强工匠精神、创新精神和创业意识的技术技能人才。

就业率：97.67%。

就业领域：航空公司乘务部门。

校企合作：校内已有川航订单班、金鹏订单班、奥凯航空订单班。2017 年与航空公司合作开设首个空中乘务现代学徒制试点班。

2. 机场运行

培养目标：培养具有本专业基础理论知识，一定的分析问题、解决问题的能力，机场岗位实操、机场运行管理、沟通协调等能力，能够从事民航机场值机、客票服务、配载平衡、客货安全检查服务、飞行区维护保障服务、机场运行指挥等工作，适应现代航空产业发展要求，德、智、体、美、劳全面发展，具有较高人文素养，较强工匠精神、创新精神和创业意识的技术技能人才。

就业率：98.89%。

就业领域：民航机场、通航机场、航空公司地勤及空中乘务领域。

校企合作：与深圳机场集团、湖南机场集团、珠港机场集团形成了战略合作关系，资源共享。

3. 民航安全技术与管理

培养目标：培养具有本专业基础理论知识，一定的分析问题、解决问题的能力，民航安全技术检查、航空安全保卫、航空安全管理等能力，能够从事民航安检、候机隔离区安全监控、机场现场指挥中心安全监护等工作，适应现代航空产业发展要求，德、智、体、美、劳全面发展，具有较高人文素养，较强工匠精神、创新精神和创业意识的技术技能人才。

就业率：98.08%。

就业领域：民航机场、通用机场、航空客货运公司的安检和管理。

校企合作：与湖南机场集团黄花国际机场、深圳宝安国际机场、珠海三灶国际机场、广州白云国际机场签订共建实习基地、共同培养安检员协议，取得安检员资格的毕业生供不应求。

4. 通用航空航务技术

培养目标：培养具有本专业基础理论知识，一定的分析问题、解决问题的能力，飞行计划制作与申报、航空气象与航行情报服务、通航文案处理、协调保障等能力，能够从事通航公司航务管理、通用机场运行保障等工作，适应现代航空产业发展要求，德、智、体、美、劳全面发展，具有较高人文素养，较强工匠精神、创新精神和创业意识的技术技能人才。

就业率：100%。

就业领域：通航公司航务管理、通用机场航务运控管理。

校企合作：与湖南华星通航公司、湖南翔为通航公司、湖南山河通航公司、长沙开慧通用机场形成了紧密合作关系。

5. 民航运输

培养目标：培养具有本专业基础理论知识，一定的分析问题、解决问题的能力，航空货物揽货、收运、交付、储存、配载、报关等能力，能够从事航空货运的进出港操作、货运配载、货运产品销售和报关等工作，适应现代航空产业发展要求，德、智、体、美、劳全面发展，具有较高人文素养，较强工匠精神、创新精神和创业意识的技术技能人才。

就业率：98.96%。

就业领域：航空公司和机场的货运部门、市场部门，国际航空快递公司、国内货运代理公司，铁路、公路、海运、空运的多式联运企业。

校企合作：是德国 DHL 公司中国区唯一人才培养基地，并与厦门航空、长沙黄花国际机场、顺丰航空、高捷航运物流、天地华宇物流等形成了紧密合作关系，每年可开办订单班 2 个以上，每年订单输出 80 人左右。聘请国内报关与国际货运顶级专家为技能大师，指导学生在世界技能竞赛、中国技能大赛中获得优异成绩。

五、军士教育管理学院

长沙航空职业技术学院是全国培养定向军士时间最早、规模最大、专业最多、军种最全、输送兵员最多的高校。2003 年，学院被确定为全国首批从非军事部门直接招收专业技术军士的试点高校，开始为空军部队培养军士；2012 年，被确定为全国首批定向培养军士试点高校；2014 年 8 月，单独成立军士教育管理学院。目前，学院面向全国招收陆、海、空、火箭军和武警部队定向培养军士，开设有飞行器制造技术、导弹维修、机电一体化技术、电气自动化技术、应用电子技术、通用航空器维修、飞机电子设备维修、飞行器维修技术和无人机应用技术等10个专业，在校军士规模5 000余人，为部队输送毕业学员突破5 000大关。军士教育管理学院拥有一支专业性强、经验丰富的教育管理队伍，现有教师48人，其中有23人为正营级以上转业干部或四级军士长。通过多年探索与实践，学院走出了一条以"三为"（思想政治教育为先、专业技能锤炼为重、军事素质培育为要）理念育人的路子，为军队培养了大批思想素质好、理论基础实、技术技能强、适应岗位快、发展潜力大的高素质技术军士人才。学院10余次在全国军种定向培养军士工作会议上作典型发言，先后接待30余所定向军士培养院校来院交流，《人民日报》《解放军报》及中央电视台等30多家主流媒体报道学院定向军士培养工作经验做法，学院定向培养士官工作品牌知名度和影响力不断提升。近年来先后获得全国国防教育特色学校、湖南省学生样板党支部等荣誉，在国家、军队和省级以上各类竞赛获奖56人次。

第三章

在校学习

在大学阶段，学习仍是主要任务。大学阶段与中学阶段在学习方面最大的不同在于，大学的学习具有很强的目的性、自主性与选择性。大学学习不是单纯为了学习而学习，而是为志趣而学、为发展而学、为未来而学。更为重要的是，大学阶段是青年人记忆、思维、行为反应的黄金时期。因此，当代大学生的学习，不仅是未来事业发展的基础，更是个体成长历程的关键。

第一节 专业课程学习

每个大学生在报考时都有很多的专业志愿，并最终选择一个专业进行学习。大部分大学生在毕业后都将从事与本专业相关的工作，所以专业学习尤为重要，学好专业知识将会为自己的职业生涯打下良好的基础。

一、了解、认识自己的专业

当大学生拿到录取通知书的时候，录取通知书上会说明，自己被录取到哪个学校，就读哪个专业。而大学生被录取的专业，有些是自己选的，有些是被调剂的，有些是父母帮忙选的，有些是随便填写的……情况有很多种。但不管是哪一种，想要学好自己的专业，都必须深入了解、认识自己的专业。

(一) 听取专家、老师的意见

入学之初，各高校都会有很多关于专业介绍的讲座，大学生能够通过讲座最宏观地感受所学专业。一般情况下，每个讲座都会有互动提问的环节，此时要抓住机会，将自己心中的疑问说出来，主讲人一般都是行业专家，其回答会比较权威，值得信赖。在参加专业介绍的讲座时，大学生要带着问题听讲座，这样做会让自己集中注意力，有明确的目标，效果会更好。如果疑问很多，也可以事先列一个问题清单，做好标记。

如果专家讲座没能完全解决自己的问题，想要进一步了解、认识自己的专业，专业老师是最好的资源之一，每个专业都有各个研究方向的老师，在开学初的老师见面会上，他们会一一做自我介绍。针对自己的疑问，可以选择几位老师分别进行咨询。在和老师的交流中，首先，要想清楚自己的问题，不能漫无目的地谈，否则老师无法指导。其次，问题不要太宽泛，越细致越好。

(二) 在专业的解读上听取学长的经验

专家和老师具有科学、宏观的指引作用。然而，在学习生活上，专家和老师与大学生的感受是有差别的，与自己同专业的高年级学长具有更贴近生活的指导优势。

1. 关于专业老师上课的特色

学习一门课程，了解老师的特色是适应老师教学方式的重要途径。学长在专业老师的课堂上学习过，他们更清楚每位专业老师的特点，听学长介绍能让自己对每位老师的特色有初步认识，也能让自己对这门课程的学习有所准备。

2. 关于学习课程的个人感受

在学习中，对于不同的课程，学长会有更为贴切的感受，具体体现在课程的难易程度、学科性质和学习内容等方面的综合体验。学长的学习经验是最直观和实际的，可以让自己迅速地进入专业学习的状态。

3. 关于专业学习的附加信息

每个专业都可能需要考取相应的证书或参加相应的比赛，考取过这些证书或参加过这些比赛的学长，更清楚其具体操作流程，因此，请教他们可以获得专业知识学习以外的很多附加信息。

在学长这里会得到很多的直接经验，虽然方便，但是也要注意以下两点：第一，不能偏听偏信。虽然他们的感受非常直观，但也比较主观，很多时候掺杂了较多的个人情感因素，比如对某一门课程或老师的偏见。第二，避免先入为主的观念。在听到他们的见解之后，自己要在心中搭建起一个基本的框架，但是不要先急于给专业定性，保持中立的客观态度对自己更清晰地了解专业尤为重要。

（三）发挥网络的优势

在专业认识上，网络上的丰富知识可以为大学生提供很大的便利。但是，想要在网络中寻找到合适的信息，需要注意以下几点：

1. 善于利用数据库

每个学校图书馆的数据库资源都是非常丰富的，在数据库中，可以查看最新最全的与专业相关的知识。数据库为我们提供了十分有效的检索方式，常用的中文数据库有中国知网、万方数据知识服务平台等，常用的英文数据库有 Sciene Direct、Cell Press 等。

2. 善于利用开放资源

很多国际知名的高校都有开放的公共资源，如哈佛大学的开放课程、牛津大学的免费学习资源等。对于专业的情况，可以看看世界排名前几名的几所学校是怎么介绍的。同时，在检索数据库等网络资源的时候，也会看到该专业经常提及的专家学者的名字。可以尝试检索他们的个人学术主页，很多著名的学者都会将自己最前沿的学术资源免费提供给想要了解该领域的人。除此之外，微课、慕课等网络资源也可以帮助大学生更好地了解专业。

二、专业课程的学习

专业课程的学习是大学学习中最为重要的部分之一，专业课是指高等学校根据人才培养目标所开设的专业知识和专门技能课程。专业课的任务，是使大学生掌握必要的基本专业理论、专业知识和专业技能，了解本专业的前沿科学技术和发展趋势，培养分析解决本专业范围内一般实际问题的能力。

学科性质决定了如何开始学习，以及选择怎样的学习方式、学习资源配比等。学科可以分为自然科学学科和社会科学学科两类，如物理学是自然科学，管理学是社会科学；也有一些交叉学科，比如经济学兼具自然科学和社会科学双重性质。

（一）自然科学的学习

1. 自主学习

自主学习是大学学习的主要形式之一，自主学习在专业课程的学习中体现为决定自己学什么、怎么学，自己总结和评价学习结果；自然科学的自主学习包括观察、提出问题和解决问题。

（1）观察。观察是认识世界的基础，在学习中，认识世界的主要方式就是观察，观察能让大学生在了解事物的本质之前有个感性的认识。例如，在学习汽车发动机的原理时，老师会让大学生先看发动机的模型或者视频，这个时候就是发挥大学生观察能力的契机。通过细致的观察和积极的思考，大学生会发现问题，并继续进行深入学习。

（2）提出问题。爱因斯坦说，一个问题的产生通常要比它结论的得出更为重要。这是因为，提出新的问题、新的可能性或从新的角度来分析一个老问题，需要带有创造性的想象力。在中学阶段，经常是教师提出问题，学生回答，学生处于被动服从的地位，缺少积极思考、主动提问的锻炼机会。而大学则不同，老师引导大学生学习，但是有很多的未知知识需要大学生自己去逐步发现和解决。例如，在学习调查员工满意度的时候，为什么要设置重复的问题？为什么要设置和满意度无关的问题？这些都是驱使大学生继续学习的原动力。

（3）解决问题。对于没有学过的问题，老师会给予解答。随后，大学生要学会举一反三、触类旁通。在自主学习的过程中，找到解决问题的方法，才算是真正学会了自主学习。

2. 合作学习

合作学习是指在小组或团队中为了完成共同的任务，有明确责任分工的互助性学习。合作动机和个人责任，是合作学习产生良好效果的关键。在进行专业实训和做课堂报告时，经常会运用这种学习方式。对于自然科学的学习，合作学习的方式尤其重要。

3. 探究学习

探究学习是指从理论知识或现实社会生活中发现和提出主题，通过调查、研究和解释来解决问题的学习过程。探究学习具有较强的问题性、实践性、参与性和开放性，可以帮助大学生获得理智和情感体验，构建知识脉络，掌握解决问题的方法，这也是探究学习所要达到的三个目标。

（二）社会科学的学习

1. 联系实际

社会科学的研究对象是社会、政治、经济、文化、生活中的各个方面，包括其中的性质、特点和规律等。社会科学是在学习和生活实践中，通过理性的思考、切身的体会而形成的认识。所以，学习社会科学要密切联系实际，例如，道路交通安全准则的修订，是通过之前的经验结合实际中出现的问题而不断完善的。在学习社会科学时，如果不注意联系实际，就不能深刻理解知识，今后也难以运用知识。

2. 理论性研究

对学科知识的深刻理解及运用，离不开理论上的深入认识与分析，专业课程教材所反映的学科知识具有一定的局限性，因为教材的编制一般只采用理论界普遍认可的观点，一些新锐的、有争议的观点并未收录。通过教材掌握基本的理论体系后，还需要通过广泛的阅读接触最新的理论研究成果。

3. 怀有质疑之心

所有的知识都是研究的成果，但是这个结果真的就是黄金法则吗？不尽然。因此在学习时，一定要怀有质疑之心，带着自己的思考去看专业书、论文，听讲座，进行逻辑思辨，进一步形成理论性认识。在社会科学领域，对某一现象、问题和观点的学习，要从基本理论和原理上去理解，以此为基础才能得到更为深刻的认识。质疑并不是对任何知识都不屑一顾，而是怀有求知善问的精神。例如，大学生在学习商务谈判的步骤时，就可以提问：操作步骤为什么是这样的？理解之后，可以再问：如果突然发生异常情况怎么办？最后，还可以思考：是否还有其他更好的操作步骤？在社会科学的学习中，经常质疑可以形成明确的观念，以此来锻炼自己的逻辑思维能力。

4. 掌握学科框架

每一个学科都有自己的框架结构，掌握学科的知识脉络，对于开展专业学习具有重要的作用。专业课程的学习都是依据该学科的框架设置的，例如，心理学专业，先要学习生理解剖学，掌握基础心理学和心理统计学，再学习实验心理学，最后学习各个不同方向的心理科学。学科框架有利于大学生了解专业学习的方向。掌握学科框架的方法有很多种，最简单的方法是询问专业负责老师，他们十分了解学科的建设和发展，对学科目前的水平有充分的认识，给出的建议也往往非常有效。

5. 把握研究方法

研究方法是指在研究中发现新现象、新事物，或提出新理论、新观点，揭示事物内在规律的工具和手段，这是运用智慧进行科学思维的技巧，一般包括文献调查法、观察法、思辨法、行为研究法、历史研究法、概念分析法、比较研究法等。研究方法是人们在从事科学研究过程中不断总结、提炼出来的，从某种意义上说，有什么样的研究方法，就有什么样的科学研究。如果说归纳法产生了经典科学，假说演绎法产生了相对论，那么系统方法则产生了复杂的科学。研究方法对于社会进步、学科建设和学术规范均有重要的作用。不同的学科有不同的研究方法，把握学科的研究方法对于学好该门专业课程具有重要意义，一般情况下，学习一门专业课程，老师会告知大学生研究方法，针对该研究方法确定个人的学习方式。研究方法不是一成不变的，大学生也可以有所创新，结合不同的情况创建出不同的方法。

第二节 技术技能学习

一、技能的学习

人们常用"知"与"会"来区分知识和技能。学习知识的目的在于理解和记忆事实、概念和原理等，涉及知不知道、懂不懂的问题；学习技能的目的在于掌握完成某种活动所要求的动作来解决问题，涉及会不会、熟不熟练的问题。

（一）什么是技能

技能是指掌握并运用专门技术的能力。对于高职学生而言，技能培养尤为重要。技能的学习和掌握，更多是通过身体动作获得，如打字、游泳、骑自行车这些简单的技能，再如控制卫星着陆、建筑设计和舞蹈、绘画这些较为复杂的技能。但不管是哪种技能，都需要通过意识去控制自己的身体，只有这样才能达到良好效果。

（二）技能的学习方法

1. 注重知识和经验的积累

在学习的过程中，人们一直强调知识的积累。之所以重视知识水平，是因为知识是指导行为发生的基础。学习者知识经验越丰富，技能的学习效果就越好。例如，对于计算机组装与维修这样的技术，首先要学习计算机的相关知识，了解计算机的工作原理，只有这样才能完成组装和维修的工作。知识的丰富自然会有益于技能的学习，但是除了知识以外，经验也是技能学习的重要部分。

如何获得经验呢？经验可以通过观察的方法来获得。在技能学习中，观察占有重要地位。老师在讲授技能的过程中基本都会实际操作或者播放操作视频，这就是让学生通过观察，获得间接的经验，例如，在学习如何进行报关操作时，老师除了讲解步骤以外，还会带领学生到模拟实训室和港口查看报关流程以获得经验。

2. 科学的指导和练习

大学学习虽然有很大的自主性，但是老师的指导仍旧是较为快捷的学习途径。很多学生在课堂中不知道如何找到重点，对于技能的学习来说，课堂的重点就是老师的示范和引导。每一次课程，老师都会强调这个技能的目标、程序、步骤以及需要注意的事项等。根据老师的指引，可以有效调控自己的行为，形成对自己的正确评估。

"熟能生巧"就是对技能学习的经典概括，这体现了练习在技能学习中的重要性。作为技能学习的重要组成部分，练习单靠勤奋还不够，还需要有科学的、符合学习规律的练习方法。所以针对练习，首先要制订合理的计划，明确练习的目标，提升学习的动机，排除干扰，提高练习效率。如果技能的各个部分独立性强、结构复杂，则适合部分练习；相反，则适合整体练习，另外，还可以在头脑中反复思考身体动作的进行过程，这样可以显著提高技能练习的效率。

二、学习策略

学习策略是关于如何学习的技能，是大学生提升学习效率重要的保障。大学生学习策略一般有以下几种。

（一）自学

大学生在校学习时间很短，在短短的几年时间里掌握本专业的所有知识确实不易，更何况知识还在不断更新。所以大学生要真正掌握好专业理论知识并跟上本专业的发展，就必须学会自学。

自学是指大学生在学习的过程中主动而独立地获取新知识、新技能的活动。自学能力是阅读能力，资料检索和整理能力，融会贯通能力及发现、分析、解决问题能力的综合。在自学过程中，要求大学生对所学知识技能进行独立的选择、综合和应用。

自学可以说是大学生最基本和最常见的学习活动，多数大学生能较快地适应，借助良好的智能水平较好地完成大学学习任务。

自学的关键要素是学习方法的自主决定和积极的学习态度，一般而言，大学的学习已不再是死记硬背老师整理过的东西，而是对所学知识自主性地理解和消化，因而自学是大学期间必须掌握的一项学习策略。

（二）元认知训练

元认知对人的学习活动很重要，对大学生掌握科学的学习方法和获得正确的学习策略，起到至关重要的作用。一个学习成绩差的大学生不可能拥有很多有关学习策略方面的知识，不会有好的学习方法，即其元认知水平低，不能很好地对自己的认知活动进行再思考、再认知和积极的监控。

元认知的实质就是人对认知活动的自我意识和自我监控与调节。自我意识是人们意识的最高形式，自我意识的成熟是人的意识的本质特征，它以主体及其活动为意识的对象，对人的认识活动起着监控作用，通过自我意识系统的监控，可以实现人脑对信息的输入、加工、储存、输出的自动控制系统的控制，这样人就能通过控制自己的意识而相应地调节自己的思维和行为。自我监控与调节，表现为主体根据活动的要求，选择适宜的解决问题的策略，监控认知活动的进行过程，不断获得、分析、反馈信息，及时调节自己的认知过程，坚持或更换解决问题的方法和手段。其中，主体主动地进行自我反馈是非常重要的，它使主体能及时发现认知活动的盲目性、冲动性，提高认知活动的效率与成功的可能性。

（三）非智力因素的培养

非智力因素是相对智力因素而言的，是指那些不直接参与认知过程，但对认知过程起直接制约作用的心理因素，主要包括动机、兴趣、情感、意志、气质和性格等，智力是一种潜在的智慧能量，非智力因素是智力活动的动力，环境和教育是智力开发的外部力量。在智力活动中，人的智力因素要想发挥最大效能，必须要有优良的非智力因素积极参与，否则其智慧潜能就不能有效地转化为智力行为。人类完全可以通过主观努力，能动地利用有限的外部条件开发自己的智力潜能，使之发挥至最大限度。家庭和学校教育对于非智力因素的形成和发展起重要作用，但并不能直接决定人的非智力因素，与之相比学生的自我教育则显得更为重要。

（四）创造性思维的培养

1. 学会发散思维

发散思维是指在解决问题的过程中，沿着各种不同的方向去思考，寻找多种可能的答案、结论或假说的思维方式。在创造性思维活动中，发散思维占据着主导地位。大学生在学习过程中应该自觉地、有意识地培养这种发散思维，以提高自己在学习过程中的创造性。

2. 学会逆向思维

逆向思维又称反向思维，即"反过来想一想"。我们在思考问题时，通常习惯于正向"顺推"，而往往忽视了事物之间的因果关系常常具有双向性和可逆性的特点。因此，我们在学习中应学会从相反的方向看问题，进行逆向思考，这对问题的解决往往能起到突破性的作用。

3. 重视直觉和灵感

正确地利用直觉和灵感是培养创造性思维的重要方法。爱因斯坦强调，在科学创造过程中,从经验材料到提出新问题之间,应有"逻辑的桥梁",必须认清直觉和灵感。直觉和灵感的产生又是建立在大量丰富的知识经验,长期的、紧张的思考和探索的基础之上的。可见,学习和思考是运用直觉与灵感的前提。

(五)正确对待考试

对考试要有正确态度,不作弊、不单纯追求高分,要把考试作为检验自己学习效果和培养独立解决问题能力的演练,从而及时找出薄弱环节、加以弥补。要明白考试只是衡量一段时期学习效果的手段之一,考试成绩不能全面反映一个人的学习能力和知识水平,更不能决定一个人的前途和命运,因此不必把考试成绩看得过重。

适度的考试焦虑是一种正常的心理反应。一般来说,在一定的应试情况下,产生一定的心理压力,引起适度的焦虑,会对个体产生一定的激励作用,使其在考试中较好地发挥自己的水平,取得较好的成绩。随着考试的结束,焦虑也会随之消除。如果对考试毫无焦虑,甚至满不在乎,是很难取得较好的成绩的;过度的考试焦虑则是不正常的。

过度考试焦虑表现为在一般的考试结束后,焦虑感仍然不能消除,并伴有紧张、恐惧、心烦意乱、情绪失常、失眠、注意力不集中等。过度的考试焦虑对学习有极大的危害,甚至对身心健康造成不良影响。

三、专业实践

(一)专业实训

专业实训是大学教学计划的一个有机部分,是大学学习阶段最重要的实践性教学环节之一,是专业实习的前奏。有针对性的、指导性较强的专业实训,不仅能够帮助大学生更好地将理论与实践相结合,强化专业知识,深入理解教育教学的目标和策略,而且能使大学生最大限度地发挥主观能动性,培养良好的学习习惯、探索精神和创新能力,通过教学实践中的摸索与探讨,专业老师的协助与指导,逐步获得实践工作的能力。

(二)顶岗实习

顶岗实习是指在基本上完成教学实习和学过大部分基础技术课之后,到专业对口的现场直接参与生产过程,综合运用本专业所学的知识和技能,以完成一定的生产任务,并进一步获得感性认识,掌握操作技能,学习企业管理,养成正确劳动态度的一种实践性教学形式。顶岗实习要求大学生履行其实习岗位的所有职责,独当一面,具有很大的挑战性,对大学生的能力锻炼有很大的帮助。

（三）毕业实习

毕业实习是指大学生在毕业之前，即在学完全部课程之后到实习现场参与一定实际工作，通过综合运用全部专业知识及有关基础知识解决专业技术问题，获取独立工作能力，在思想上、业务上得到全面锻炼，并进一步掌握专业技术的实践教学形式。毕业实习是与毕业设计（或毕业论文）相联系的一个准备性实践环节。

四、考取证书

大学生考证的过程就是督促自我学习的过程，给自己不断充电的过程，丰富和提升自己的过程。作为大学生，对考证一定要科学规划，要根据自己的兴趣爱好，结合自己的职业理想，考取适合自己的证书，要清楚所考取证书的用途和特性，以免浪费时间和金钱。

（一）常见的证书类型

1. 专业技术资格（职称）证书

从理论上讲，职称是指专业技术人员的学术和技术水平、能力，以及成就的等级称号；就学术而言，职称具有学衔的性质；就技术水平而言，职称具有岗位的性质。专业技术人员拥有何种专业技术职称，表明其具有何种学术水平或从事何种工作岗位。例如，中国物流职业经理资格证书、中国市场营销资格证书、调查分析师资格证书等。

2. 职业资格证书

职业资格是对从事某一职业所必备的学识、技术和能力的基本要求。职业资格证书是劳动者具有从事某一职业所必备的学识和技能的证明。它是劳动者求职、任职、开业的资格凭证，是用人单位招聘、录用劳动者的主要依据，也是境外就业、对外劳务合作人员办理技能水平公证的有效证件。职业资格证书与职业劳动活动密切相关，反映特定职业的实际工作标准和规范。例如，职业经理人资格证书、心理咨询师资格证书、人力资源管理师资格证书、营养师资格证书等。

3. 执业资格证书

执业资格是国家对特殊行业规定资格准入的凭证，即没有此类资格证书不能从事这一行业，这种资格归行业主管部门管理。例如，一级注册建筑师资格证书、注册设备工程师资格证书、注册电气工程师资格证书、注册监理工程师资格证书、注册造价师资格证书等。

4. 职业技能证书

职业技能证书是指在指定的职业培训活动结束后，经考核（考试）及格，由国家相应机关或由中央编制办公室直接认定的事业单位核发，证明其职业技术能力等级的证明文件，具有法律效力，各级机关、企事业单位在进行岗位聘任、加薪调级等方面给予承认，并优先录用，等级一般分为高级技师、技师、高级工、中级工、初级工等，例如，人力资源管理师证书、物流师证书、采购师证书、秘书证书、育婴师证书等。

（二）大学生可以考取的证书

1. 英语证书

全国高等学校英语应用能力考试证书。全国高等学校英语应用能力考试（PRETCO）是由教育部批准成立的高等学校英语应用能力考试委员会设计，供高职高专院校和成人高专院校学生参加的标准化考试。既测试语言知识也测试语言技能，既测试一般性语言内容也测试与涉外业务有关的应用性内容，同时为用人单位提供对高职高专毕业生英语水平的评价标准。分为英语 A 级和英语 B 级。

英语 A 级为高职高专学生应该达到的标准要求，B 级略低于 A 级。A 级相当于原来的大学英语三级，B 级相当于原来的大学英语二级。

英语 A 级考试覆盖《高职高专英语课程教学基本要求》的全部内容，需要掌握 3 400 个英语单词以及由这些单词构成的常用词组；B 级要求略低，需要掌握 2 500 个英语单词以及由这些单词构成的常用词组。考试一般在每年 6 月、12 月各举行一次，具体时间一般在大学英语四、六级考试的次日。考试按百分制计分，满分为 100 分，60 分及以上为及格，85 分及以上为优秀。顺利通过英语 B 级考试的学生，可自愿报考英语 A 级的考试；顺利通过英语 A 级考试的学生，可自愿报考全国大学英语四级考试。

全国大学英语四、六级考试。英语四级（CET－4）和英语六级（CET－6）是由教育部高等教育司主持的全国性教学考试，一般在每年 6 月、12 月各举行一次。满分为 710 分，不设及格线，四级 425 分以上可以报考六级。

2. 计算机证书

全国计算机等级考试是经原国家教育委员会（现教育部）批准，由教育部考试中心主办，面向社会，用于考查应试人员计算机应用知识与技能的全国性计算机水平考试体系。

全国计算机等级考试设四个等级。它不以评价教学为目的，考核内容不是按照学校要求设定，而是根据社会不同部门应用计算机的不同程度和需要、国内计算机技术的发展情况，以及中国计算机教育、教学和普及的现状而确定的。它以应用能力为主，划分等级，分别考核，为人员择业、人才流动提供计算机应用知识与能力水平的证明。

（1）计算机一级考试。

级别：操作技能级。考核计算机基础知识及计算机基本操作能力，包括 Office 办公软件、图形图像软件。

科目：计算机基础及 MS Office 应用、计算机基础及 WPS Ofice 应用、计算机基础及 Photoshop 应用三个科目。

形式：完全采取上机考试形式，各科上机考试时间均为 90 分钟，满分 100 分。

获证条件：总分不低于 60 分。

证书：一级证书表明持有人具有计算机的基础知识和初步应用能力，掌握文字、电子表格和演示文稿等办公自动化软件（MS Office、WPS Office）的使用及互联网应用的基本技能，具备从事机关、企事业单位文秘和办公信息计算机化工作的能力。

考核内容：三个科目的考核内容都包括计算机基础知识和操作技能两部分。各科目对基础知识的要求相同，以考查应知应会为主，题型为选择题，占全卷的 20%。

办公软件类考试，操作技能部分包括汉字录入、Windows 使用、文字排版、电子表格、演示文稿、IE 的简单应用及电子邮件收发。

Photoshop 考试，要求了解数字图像的基本知识，熟悉 Photoshop 的界面与基本操作方法，掌握并熟练运用绘图工具进行图像的绘制、编辑、修饰，会使用图层蒙版、样式以及文字工具。

（2）计算机二级考试。

级别：程序设计/办公软件高级应用级。考核内容包括计算机语言与基础程序设计能力，要求参试者掌握一门计算机语言，可选类别有高级语言程序设计类、数据库程序设计类、Web 程序设计类等；还包括办公软件高级应用能力，要求参试者具有计算机应用知识及 MS Office 办公软件的高级应用能力，能够在实际办公环境中开展具体应用。

科目：语言程序设计（C、C++、Java、Visual Basic、Web）、数据库程序设计（Visual FoxPro、Access、MySQL）、办公软件（MS Office 高级应用）共 9 个科目。

形式：完全采取上机考试形式。各科上机考试时间均为 120 分钟，满分 100 分。

获证条件：总分不低于 60 分，可以获得合格证书。没有获得合格证书的考生，不再安排补考，需以新考生身份报名参加考试。

证书：二级证书表明持有人具有计算机基础知识和基本应用能力，能够使用计算机高级语言编写程序，可以从事计算机程序的编制、初级计算机教学培训以及企业中与信息化有关的业务和营销服务工作。

考核内容：二级定位为程序员，考核内容包括公共基础知识和程序设计。所有科目对基础知识做统一要求，使用统一的公共基础知识考试大纲和教程。二级公共基础知识在各科考试的选择题中体现。程序设计部分主要考查考生对程序设计语言的使用和编程调试等基本能力，在选择题和操作题中加以体现。

五、专业素养的特殊要求

（一）制造大类

机电一体化技术是指在以微型计算机为代表的微电子技术、信息技术迅速向机械工业领域渗透并与机械电子技术深度结合的现代工业的基础上，综合应用机械技术、微电子技术、信息技术、自动控制技术、传感测试技术、电力电子技术、接口技术及软件编程技术等群体技术，从系统理论出发，根据系统功能目标和优化组织结构目标，以智力、动力、结构、运动和感知组成要素为基础，对各组成要素及其间的信息处理、接口耦合、运动传递、物质运动、能量变换进行研究，使得整个系统有机结合与综合集成，并在系统程序和微电子电路的有序信息流控制下，形成物质的和能量的有规则运动，在高功能、高质量、高精度、高可靠性、低能耗等诸方面实现多种技术功能复合的最佳功能价值系统工程技术。

数控技术即采用数字控制的方法对某一工作过程实现自动控制的技术。数控的产生依赖于数据载体和二进制形式数据运算的出现，它所控制的通常是位置、角度、速度等机械量和与机械能量流向有关的开关量。该专业主要学习机械制图、机械设计基础、数控加工技术、数控加工编程与操作、数控原理与系统、CAD/CAM 应用、数控机床使用及维修、数控机床电气控制、工业企业管理、制图测绘、PLC 实训、机械加工及 CAM 实训、数控机床操作技能实训等知识，掌握数控原理、数控编程和数控加工等方面的专业知识及机床操作技能实训等知识；培养数控设备的维修和技术管理的高级技术应用型专门人才。

自动化主要培养在电机及其控制、电器及其控制、电力系统电力电子技术、建筑电气等领域从事设计制造、研制开发、试验分析、系统运行、自动控制及电子与计算机技术应用的应用型高级工程技术人才。

（1）基本要求如下：

专业技术知识：具备机械识图、制图知识；掌握工程材料及公差配合知识；掌握金属切削刀具、量具和夹具、普通机床和数控机床的操作方法；掌握数控机床技术知识的原理与结构，手工编程和CAD/CAM自动编程，数据机床电气控制，数控机床维护保养、故障诊断及维修，机械加工技术参数选择和表面质里分析，机械加工与装配维修工艺的知识。

职业通用能力：①正确运用语言文字撰写业务计划、报告、总结及技术文件的能力。②英语阅读和理解能力。③应用计算机处理文字和图形以及利用互联网获取信息和知识的能力。④本专业所需的理论知识和计算能力。

职业核心能力：①编制机械加工工艺规程并组织实施的能力。②机械加工工装夹具的能力。③数控机床的安装、维护与保养、故障诊断及维修能力。④机电产品设计、技术改造的能力。⑤数控机床（如数控车、数控铣、加工中心等设备）的编程加工、操作能力。⑥车间生产管理能力。⑦机械制图能力、机械设计、机械制造、数控加工工艺、CAD/CAM以及计算机应用技术原理和方法。⑧数控设备营销和售后服务工作的技术。⑨数控编程的工程运算和机械制图能力。⑩数控机床编程能力与基本知识。⑪常规操作技术。

（2）专业能力证书有以下几种：

①电工证书。电工证书是劳动者从事电工行业必须具备的技能证书，劳动者需要持证上岗。电工证有三种：特种作业操作证、电工进网作业许可证和电工职业资格证书。电工职业资格证书分为五个等级：初级（五级）、中级（四级）、高级（三级）、技师（二级）和高级技师（一级）。

②车工证书。求职时，车工证书是一个能力的权威铁证，是录用车工的根据和确定工资的一个主要参考依据。车工证书分为中级和高级两种，在全国范围内有效，且受到社会认可。

③数控车床操作工证书。本证书共设四个等级，分别为中级（相当于国家职业资格四级）、高级（相当于国家职业资格三级）、技师（相当于国家职业资格二级）、高级技师（相当于国家职业资格一级）。需要从业人员具有较强的计算能力和空间感、形体知觉及色觉，手指、手臂灵活，动作协调。

（二）电子信息大类

网络技术与物联网应用专业是高职的热门专业，主要培养毕业生网络设备配置、网络管理和安全维护的基本能力，以及基于 Web 软件开发、嵌入式开发的应用能力。在掌握网络互联的相关理论知识基础上，毕业生通过学习、实训和顶岗实习，成为在企业单位从事网络集成与工程监理、网页设计与网站建设、信息安全与网络管理的互联网技术应用型人才。

网络技术与物联网应用专业毕业生要求具有较强的创新能力和良好的职业道德，以服务区域性社会、经济、发展为宗旨，适应地方经济社会发展需要，面向政府机关、企事业单位；具备网络技术、物联网应用和通信技术的基础理论、专业知识和技能，具有可持续发展能力，能从事网络规划、设计、实施、维护、运营以及网站建设与维护等工作；具有网络设备和通信系统的安装、调试能力以及技术支持能力，能进行网络系统的安全设置、管理与维护。网络技术与物联网应用专业的毕业生需要实现德、智、体、美等方面的全面发展，满足知识、能力、素质各项基本要求，并且考取相应的技能证书和职业资格证书。

（1）基本要求如下：

专业技术知识：常用网络设备的基本工作原理及其配置方法，中小型网络组建与维护知识，计算机网络安全基本知识，网络工程设计、施工、测试与验收基本知识以及计算机网络相关领域的新知识新技术。

职业通用能力：基本程序设计能力，计算机系统管理和维护能力，计算机网络基本应用能力，良好的沟通表达能力。

职业核心能力：网络环境下计算机操作与组装、维护、维修能力，网络设备配置与调试能力，网络设备故障诊断与排除能力，网络服务器架设能力，网络组建与维护能力，网络安全管理与防护能力，网站后台程序设计和网络数据库设计能力，网络应用开发技术能力。

职业拓展能力：计算机网络营销能力和企业应用电子商务能力；方法分析能力，包括分析问题与解决问题的能力、应用知识的能力；创新能力，工程实践能力；组织管理能力，包括人员管理、时间管理、技术管理和流程管理等能力。

（2）专业能力证书有以下几种：

①局域网管理证书。局域网管理证书是指通过全国计算机信息高新技术考试获得的由人力资源和社会保障部职业技能鉴定中心所颁发的职业资格证书。该证书获得者可从事局域网组建、管理和维护，网络故障排除以及网络系统维护工作。考试等级划分为五级、四级、三级、二级、一级，对应职业资格的初级、中级、高级、技师和高级技师，分别称为初级操作员、操作员、高级操作员、操作师和高级操作师。

②网页制作证书。网页制作证书是指参加全国计算机信息高新技术考试，考试通过者所获得的由人力资源和社会保障部职业技能鉴定中心所颁发的职业资格证书。该证书获得者可以在各类企事业单位中运用网页编辑软件进行网站的页面设计及美观优化、网站宣传广告和标语图片设计、协同其他技术部门提供前端开发技术支持工作。技能模块包括 Dreamweaver，Fireworks MX，Flash MX，Macromedia 等。考试等级划分为五级、四级、三级、二级、一级，对应职业资格的初级、中级、高级、技师和高级技师，分别称为初级操作员、操作员、高级操作员、操作师和高级操作师。

③综合布线工程师证书。依据《中华人民共和国劳动法》，按照国家职业（技能）标准，经过国家人力资源和社会保障部、工业和信息化部鉴定取得该职业资格证书。该证书获得者可以从事机房、办公环境、住宅楼等网络结构化布线设计、施工和监理工作。

（三）交通运输类

航空服务专业与国际、国内民航服务岗位接轨，学生通过民航运输与服务专业知识、专业技能的学习，掌握民航运输服务及航空延伸服务行业管理或服务专业技能，成为民航各种岗位需要的专业型、技能型、实用型、应用型人才。

航空服务专业毕业生要能适应民航现代化建设的需要，服务于民航服务与管理第一线。要通过综合职业能力训练和全面素质培养，掌握民航概论、航空市场营销、机场服务概论、航空运输地理、航空服务礼仪概论、民航安全与应急处理、民航服务心理学、民航专业英语等必要的航空服务专业基础知识和技能知识；具有灵活的协调和应变能力；掌握从事民航运输服务及航空延伸服务行业所需的管理与服务技能；掌握从事民航运输生产服务和机场运营管理所需的基本技能；适应民航企业发展需要，成为具有较高的政治素质及专业素质的机场运营服务与管理人员。航空服务专业的毕业生需要德、智、体、美等方面全面发展，满足知识、能力、素质各项基本要求，并且考取相应的技能证书和职业资格证书。

（1）基本要求如下：

专业技术知识：具备民航概论、航空市场营销、机场服务概论、航空运输地理、航空服务礼仪概论、民航安全与应急处理、民航服务心理学、民航专业英语、航空服务技能知识。

职业通用能力：具有较好的人文修养和艺术素质、较高的英语水平和语言表达能力、灵活的协调能力和应变能力，掌握服务心理分析技巧、相关乘务技能技巧和人力资源管理等方面的知识。

职业核心能力：掌握民航服务理论和相关技能，具有较强的公关能力、管理能力、协调能力和灵活应变能力；适应民航企业发展的需要，具备能从事国内外民航服务的复合型、技能型和应用型能力。

职业拓展能力：具备从事民航运输服务及航空延伸服务行业所需的管理与服务技能。

（2）专业能力证书有以下几种：

①民航乘务员职业资格证书。民航乘务员职业资格证书是由中国民用航空局飞行标准司监制颁发的，分为国家职业资格五级、四级、三级和二级等四个级别。考试分为理论知识和技能操作考核两部分，理论知识考试采用闭卷考试方式，技能操作考核采用模拟现场操作和口试等方式。各级民航乘务员技能操作考核成绩均要达到 60 分以上才为合格，二级民航乘务员还需要进行综合评审。获此证者，可根据空中服务程序、标准以及客舱安全管理规则从事在飞机客舱内为旅客服务的工作。

②民航安全员执照。民航安全员是指按照中国民用航空局公安局和科技教育司批准的培训大纲，经过专业训练、一年见习期工作，期满后经考核合格，由民航局公安局颁发航空安全员执照，负责对乘坐民用航空器的旅客及其行李、进入机场控制区的其他人员及其物品以及空运货物、航空邮件等实施安全检查工作的人员。航空安全员的职业技能等级划分为一级、二级、三级。

③普通话水平测试证书。普通话水平测试是指依据国家语言文字工作委员会和国家教育委员会、广播电影电视部颁布的《普通话水平测试等级标准（试行）》，对应试人运用普通话的规范程度、熟练程度的口语考试。考试形式为口试。等级划分为三级六等，即一、二、三级，每个级别再分出甲乙两个等次，一级甲等为最高，三级乙等为最低。有效的普通话水平测试等级证书全国通用。应试者经过测试，成绩达标即可获得国家普通话水平测试等级证书。根据行业规定，公共服务行业的特定岗位人员，普通话水平不得低于二级甲等。

第三节　学生资助

一、资助政策

高等学校学生资助政策是为了保证家庭经济困难学生能够顺利入学和完成学业

而出台的一项政策。党中央、国务院高度重视家庭经济困难学生资助工作。建立健全家庭经济困难学生资助政策体系，使家庭经济困难学生能够顺利入学和完成学业，是实施科教兴国和人才强国战略，优化教育结构，促进教育公平和社会公正的有效手段；是切实履行公共财政职能，推进基本公共服务均等化的必然要求。

（一）主要内容

国家在高等教育阶段建立起国家奖学金、国家励志奖学金、国家助学金、国家助学贷款（包括校园地国家助学贷款和生源地信用助学贷款）、师范生免费教育、退役士兵教育资助、学费补偿助学贷款代偿、勤工助学、学费减免等多种形式有机结合的高校家庭经济困难学生资助政策体系。家庭经济困难学生考入大学，首先可通过学校开设的"绿色通道"按时报到。入校后，学校对其家庭经济困难情况进行有效核实，采取不同措施给予资助。其中，解决学费、住宿费问题，以国家助学贷款为主，以国家励志奖学金等为辅；解决生活费问题，以国家助学金为主，以勤工助学等为辅。此外，国家还积极引导和鼓励社会团体、企业和个人面向高校设立奖学金、助学金，共同帮助高校家庭经济困难学生顺利入学并完成学业。

（二）高校资助政策实施范围

公办普通本科高校、高等职业学校和高等专科学校的全日制普通本专科（含高职、第二学士学位）在校学生，符合国家规定条件的，享受国家的资助政策。按照国家有关规定规范办学、从事业收入中足额提取4%～6%的经费用来资助家庭经济困难学生的民办高校（含独立学院）招收的全日制普通本专科（含高职、第二学士学位）学生，符合国家规定条件的，也可享受国家资助政策，具体办法由各省（自治区、直辖市）依据国家有关规定制定。在高等职业教育阶段，国家建立了国家奖学金、国家励志奖学金、国家助学金、国家助学贷款、基层就业学费补偿国家助学贷款代偿、服兵役国家教育资助、新生入学资助、勤工助学、校内奖助学金、困难补助、伙食补贴、学费减免及新生入学"绿色通道"等相结合的资助政策体系。国家对高职学生实行"奖贷助勤补免＋绿色通道"等多元混合资助。

1. 国家助学金

国家助学金是为了体现党和政府对普通本科高校、高等职业学校和高等专科学校家庭经济困难学生的关怀，由中央与地方政府共同出资设立的，用于资助家庭经济困难的全日制普通本专科（含高职、第二学士学位）在校学生的助学金。全国平均每人每年3 300元。具体标准，中央高校由财政部有关部门确定，地方高校由各省（自治区、直辖市）确定。同一学年内，申请并获得国家助学金的学生，可同时申请并获得国家奖学金或国家励志奖学金。试行免费教育的教育部直属师范院校师范类专业学生，不再同时获得国家助学金。

2. 国家励志奖学金

国家励志奖学金是为了激励普通本科高校、高等职业学校和高等专科学校的家庭经济困难学生勤奋学习、努力进取，在德、智、体、美等方面全面发展，由中央和地方政府共同出资设立的，奖励资助品学兼优的家庭经济困难学生的奖学金。每人每年 5 000 元。同一学年内，申请国家励志奖学金的学生可以同时申请并获得国家助学金，但不能同时获得国家奖学金。试行免费教育的教育部直属师范院校师范类专业学生不再同时获得国家励志奖学金。

3. 国家奖学金

国家奖学金是指为了激励普通本科高校、高等职业学校和高等专科学校学生勤奋学习、努力进取，在德、智、体、美等方面全面发展，由中央政府出资设立的用来奖励特别优秀学生的奖学金。每人每年 8 000 元。

4. 国家助学贷款

政府主导、金融机构向高校家庭经济困难学生提供的免担保、免抵押信用贷款，用于解决学生在校期间的学费和住宿费，每生每年最高不超过 12 000 元，在校学习期间利息全部由财政贴付。

5. 基层就业学费补偿代偿资助

对中央高校应届毕业生，自愿到中西部地区和艰苦边远地区基层单位就业、服务期达到 3 年以上（含 3 年）的，补偿学费或代偿国家助学贷款，每生每年不高于 8 000 元。地方高校毕业生学费补偿贷款代偿由各地参照中央政策制定执行。

6. 应征入伍服兵役国家教育资助

国家对应征入伍服义务兵役、招收为士官的高职院校学生实行学费补偿或国家助学贷款代偿。服义务兵役前正在就读的高职院校学生（含新生），按国家规定保留学籍或入学资格，退役后自愿复学或入学的实行学费减免。对退役一年以上，考入高职院校的自主就业退役士兵学生实行学费减免。资助标准为每生每年不高于 8 000元。

7. 新生入学资助项目

中西部生源的家庭经济困难新生可申请入学资助项目，解决入校报到的交通费和入学后短期生活费。就读本省院校的新生每人 500 元，就读省外院校的新生每人 1 000 元。学生可向当地县级教育部门咨询办理。

8．勤工助学

学校设置校内勤工助学岗位，并为学生提供校外勤工助学机会。家庭经济困难学生优先考虑。学生参加勤工助学原则上每周不超过8小时，每月不超过40小时，劳动报酬原则上不低于当地政府或有关部门制定的最低工资标准或居民最低生活保障标准。

9．其他资助政策与措施

（1）绿色通道。对于暂时筹集不齐学费和住宿费的家庭经济特别困难的新生，可在开学报到期间，通过高职院校开设的"绿色通道"先办理入学手续。入学后，高职院校资助部门根据学生具体情况开展困难认定，采取不同措施给予资助。

（2）学费减免。公办高职院校中家庭经济特别困难、无法缴纳学费的学生，特别是孤残学生、少数民族学生及烈士子女、优抚家庭子女等，可获得减免学费资助。具体办法由高职院校制定。

（3）辅助措施。各高职院校利用自有资金、社会组织和个人捐赠资金等，设立奖学金、助学金，对发生临时困难的学生发放特殊困难补助等。

二、家庭经济困难学生认定

家庭经济困难学生是指本人及其家庭的经济能力难以满足在校期间的学习、生活基本支出的学生。做好家庭经济困难学生认定工作，是贯彻落实党中央决策部署，全面推进精准资助，确保资助政策有效落实的迫切需要。

（一）做好高校家庭经济困难学生认定工作的重要性

1．家庭经济困难学生认定工作是开展资助工作的基础

家庭经济困难学生是资助工作的主要对象。近年来，国家对家庭经济困难学生资助规模不断扩大，目前，国家助学金已经基本实现了家庭经济困难学生全覆盖。根据2015—2019年中国学生资助发展报告，国家助学金资助金额一直以来占我国各类助学金资助金额的50％左右，自2015年以来，国家助学金帮助2 905.56万高校学生顺利完成学业。此外，目前已建立"全国学生资助信息管理系统"，在家庭经济困难学生认定过程中，高校会借助系统进行数据比对特别是建档立卡家庭学生、低保家庭学生等政策兜底类型家庭学生申请认定，确保不遗漏每一个困难学生。

2．家庭经济困难学生是各级各类奖助学金支持的主体

加大对家庭经济困难学生的资助力度，使其享有平等的受教育机会，通过有质量教育在贫困人口中的普及，从根源上切断贫困状态代际传递。我国大学生资助政策发展主要经历了三个阶段。第一阶段为 1952—1983 年以政府资助为主，第二阶段为 1983—1994 年奖学金与学生贷款并行，第三阶段为 1994 年至今形成了政府、国家、社会共同负担的多元化的大学生资助体系。高校在开展勤工助学工作时优先家庭经济困难学生。无论是具有普适性的国家助学金等政策，还是具有激励性质的各类奖助学金，家庭经济困难学生是资助工作的主要对象。

(二) 家庭经济困难学生认定依据

1. 家庭经济因素

主要包括家庭收入、财产、债务等情况。

2. 特殊群体因素

主要指是否属于建档立卡贫困家庭学生、最低生活保障家庭学生、特困供养学生、孤残学生、烈士子女、家庭经济困难残疾学生及残疾人子女等情况。

3. 地区经济社会发展水平因素

主要指生源地经济发展水平、城乡居民最低生活保障标准等情况。

4. 突发状况因素

主要指遭受重大自然灾害、重大突发意外事件等情况。

5. 学生消费因素

主要指学生消费的金额、结构等是否合理。

6. 其他影响家庭经济状况的有关因素

主要包括家庭负担、劳动力及职业状况等。

但有下列情况之一，不符合家庭困难学生认定：

（1）生活奢侈浪费，有高档消费行为者；

（2）经常自费外出旅游且消费较高者；

（3）有抽烟、酗酒等不良嗜好者；

（4）擅自在校外租房或经常出入营业性网吧者；

（5）由于家庭建房、购房、购车、投资等原因造成家庭经济暂时困难者；

（6）学生、监护人隐瞒家庭经济实际情况者；

（7）其他不符合认定条件的。

(三) 建立家庭经济困难学生认定的有效机制

1. 落实组织机构

学校领导应高度重视家庭经济困难学生认定工作，按要求足额配备人员，资金到位，做到职责明确。认定过程从提前告知、个人申请、班级评议小组评议、二级学院审核公示、学院公示以及动态跟踪调查等多方面加强管理和监控。

2. 构建困难程度评价模型

学院对困难学生认定的标准、机构、程序应有明确规定，积极探索"量化测评与民主评议"相结合的困难学生认定方法，建立"学生困难程度评价模型"。通过分析学生的家庭收入、家庭成员的健康状况、教育支出、家庭人口、个人消费水平等多项指标，来确定学生的困难程度，从而认定学生困难档次。这种指标化的管理方式，将客观条件与主观认定相结合，可大幅提高困难学生认定的准确性。

3. 全程监控，动态管理

第一，要先从源头抓起。家庭经济困难学生认定申请表是高校认定贫困生的重要依据，取消盖章，以学生诚信为主，学生只需如实填写后，携带相应证明材料到校即可。因此，做好学生诚信教育，把握好学生提供认定材料真实性、准确性尤其重要。从个人申请到困难认定备案的整个过程，要做好全程监控，政府、学校、社会多方联动，动态管理，做到学生精准认定。

第二，对认定工作的各个环节加强管理，合理、科学地界定贫困生。家庭经济困难学生认定不仅关系到贫困大学生自身的发展，而且也关系到社会阶层间的有效的融合。从社会学角度看，高校贫困生的贫困不仅是经济上的匮乏，更是机会和能力的被剥夺。应根据在校生人数和各二级学院贫困生实际人数，合理分配认定名额。强化认定程序，尽力做到公开、公平、科学、合理。不断改进评定办法，提高认定结果的准确性和时效性。

第三，检验评定结果，实行动态调整。检验评定结果准确与否的有效方法就是家庭走访。因此，每年按一定的比例深入困难学生家庭，全面细致地了解学生的家庭经济情况，认真听取家长对学校资助工作和学生发展的建议，是十分必要的。同时，也可以根据调查情况对我们的评定方法进行改进，对评定结果进行调整。

4. 加强诚信教育，增强责任意识

高校各层面要采取切实措施加强诚信教育，一方面让所有学生能积极地参与到贫困生评定与监督的行列，客观地反映周围同学生活实际情况，提高贫困生认定的准确率；另一方面，通过诚信教育使那些假贫困生增强诚实守信的意识，自觉避免与真正的贫困生争夺资助资源，从而降低认定成本，提高资助的效益。此外，通过诚信教育，还可以帮助同学树立起正确的人生观和价值观，在校园形成和谐、友善、互帮互助的良好氛围。

总之，家庭经济困难学生认定工作应该坚持实事求是、客观公平；坚持定量评价与定性评价相结合；坚持公开透明与保护隐私相结合；坚持积极引导与自愿申请相结合。以求真务实的科学态度，研究新情况，解决新问题。探索和建立新的工作思路和工作模式，健全工作制度，规范工作程序，不断提高认定工作的准确性，推进高校资助工作健康发展。

三、励志成才

高等教育最重要的核心是以学生发展为本，引导学生在知、情、意、行等方面全面协调发展，在这其中，资助工作始终发挥重要作用。在做好经济资助的同时，学校要把扶贫扶志扶智贯彻在日常生活、学习中，在帮困中育人、在育人中解困，加强学生诚信教育、感恩教育、励志教育，加强学生成才教育，让爱心、责任、奉献流淌在我们身边，为贫困生铺就成才之路，实现全过程育人。

（一）励志教育与高职学生成才的关系

按照高等教育发展的新形势新要求，高校在做好家庭经济困难学生资助工作的同时，要深入挖掘资助工作的育人功能，牢固树立"济困、励志、厚德、成才"的资助理念，积极构建经济资助与能力培养并重的多维资助模式，教育和引导广大学生励志成才、诚实守信、感恩社会。

1. 励志教育是引领高职学生成才的一种实践活动

励志教育作为一种社会实践活动，它的实施对大学生产生重要影响。当前，随着经济全球化的不断发展，大学生存在着喜欢追求个人享受、自私自利、理想信念不坚定、抗挫能力差等问题，面对这些问题，有必要对大学生进行励志教育。从实践层面来看，励志教育作为一种社会实践活动，是引领大学生走向成才不可或缺的。大学生可以参加一些具有励志意义的社会实践活动，积极地投身到社会主义建设中，树立自我理想，将自我理想和"中国梦"的伟大理想结合起来。"中国梦"作为提升大学生励志教育的新理念，对于激励学生自觉培养良好的政治素质和职业道德有重要的作用。

2. 高职学生成才需要励志教育的渗透

高职学生在成才之路上会遇到一些心理困惑，面对就业会茫然无措，不知道未来的路在何方。高职学生在思想上需要励志教育的渗透，部分高职学生受到社会不良风气的影响，利己观念重、玩乐心重，所以必须通过励志教育形成正确的思想观念。高职学生在行为上也需要励志教育的渗透，可以通过榜样的力量，让学生观察榜样的一言一行，从而起到潜移默化的教育作用。在当代，受经济社会的影响，许多学生崇尚功利主义，缺乏理想、信念和人生目标，在选择理想目标时，不能正确认识理想和现实的关系，对于理想也不能根据自身实际来选择。许多学生为自己树立目标时，出于自尊心，树立远超过自身实际的奋斗目标，到最后受伤的总是自己；而有些同学自信心不够，树立低于自己能力的目标：这两者在一定程度上都是脱离实际的选择。所以，我们必须加强励志教育，培养大学生坚定的理想信念，同时，引导大学生勇于树立"中国梦"的伟大理想，做出符合自身实际的决定，使他们在学习中避免盲目而不知所措。

（二）如何加强励志成才教育

（1）为受助学生举办成长成才励志报告，与学生分享榜样的学习成长、科学研究、管理工作经验历程，引导学生立远志、践其行，成就成才梦。

（2）开展形式多样的感恩励志教育活动，发挥榜样的力量，宣传助学成才典型，引导和激励学生刻苦学习、顽强拼搏、自强自立、励志成才、感恩社会。

（3）高校应从奖助经费中安排专项资金，专门资助家庭经济困难学生参加社会实践、志愿者服务、科技创新等，促进学生全面发展，不断提高学生的社会实践能力、科技创新能力和职业技能。

（4）构建立体化心理救助体系，为促进贫困大学生心理健康发展提供良好的心理保障机制。引导学生正视困难，积极主动参加社会实践和勤工助学活动，树立自强意识，形成积极向上的生活态度。

第四章

在校生活

第一节　自我管理

一、加强大学生自我管理

　　21世纪，随着社会的不断发展，社会对人才的需求越来越呈现出多样性和多变性的特点，这对高等学校和学生个人来说，都是一个不容回避的挑战。另外，人才就业市场的建立，毕业生分配制度的改革，带来在校大学生竞争的加剧以及就业压力的增大。不论是经济的竞争，还是科学技术的竞争，归根到底都是人才的竞争、国民素质的竞争。大学生是国家的未来，民族的希望，他们的素质高低不仅关系到个人的发展前途，而且也关系到整个中华民族的兴衰成败。著名心理学家阿尔波特认为，人的主动作用，就表现在人能自治，自己管理自己。我国著名教育家陶行知也在自己的躬身实践中大力倡导自我管理教育。无论是从适应现代教育的发展需要还是准备迎接未来的挑战，大学生自我管理都具有重要的意义。

　　大学生的自我管理，即大学生的自我教育活动，是指大学生为培养自己全面发展的素质而进行自我认识、自我评价、自我约束和自我激励的活动。

　　大学生自我管理的内容包括自我认识、自我评价、自我约束和自我激励。

　　自我认识是指认识主体对自己的言行及特点的感觉和了解，它是大学生自我管理的前提和基础。大学生能否有效地进行自我管理，首先要看他能否自觉发挥自我认识的能力。

自我评价是指在自我认识的基础上，用一定的世界观、人生观、伦理观和价值观来衡量自己，判断自己言行的正确与错误、先进与落后的一种方式。大学生要想正确地评价自己，进行有效的自我教育，需接受学校和社会的教育与管理，从中尽快获得正确的认识和评价标准，培养符合社会需要标准的自我评价能力。

自我约束是指为达到一定目的，对自己不符合目的的行为进行自我控制、自我克制、自我纠正和自我调节的行为，并按照评价标准，通过意志的作用，运用理智感、道德感、审美感等产生的情绪定向作用，约束、调节自己的相应行为，对不符合自我评价标准的行为自觉控制和制止，从而保证自我意识朝着正确的方向转化，使自我按预定的目的去实施。

自我激励是指个人由于内在的动机和愿望而产生的一种内在趋势行为，也是指自我向所期望的目标前进的心理活动过程。自我激励能力的大小与奋斗目标正确与否、理想远大与否、信念坚定与否直接相关。大学生如果奋斗目标正确、理想远大、信念坚定，其自我激励的能力就强；反之，其自我激励能力就弱。

目前的在校大学生正处在改革开放不断深化、社会主义市场经济体制不断完善、新旧观念交替的 21 世纪，能否形成正确的世界观、人生观、价值观，成为社会需要的高素质人才，这不仅与高校的教育管理紧密相连，而且与自我教育、自我管理的能力无法分割。自我管理能力是当代大学生今后立足社会、岗位的必备能力。

（一）大学生自我管理的意义

1. 良好的自我管理能力是适应当今社会改革发展的需要

社会主义市场经济体制的建立和逐步完善，社会各领域改革的深入与扩展，促使大学生的观念发生着深刻的变化。大学校园中出现的计算机热、外语热、考级热等，都是高校适应社会发展变化的反映。社会对高科技人才的需求以及对"综合型"人才争夺的日益白热化，大学生毕业后的职业自主选择和用人单位的聘用条件之高，要求人才所具备的才能之多、程度之高，是往届大学生从未遇到的。不可否认，当代大学生早已不满足于课堂和书本带给他们的知识，他们充分利用课余时间，努力培养各方面的能力，以迎接未来人才市场对他们的挑战。

随着知识经济时代的到来和科学技术的飞速发展，21 世纪注定是一个信息高度密集的世纪，是一个技术革命的世纪，是市场经济高度发展的世纪，也是人才竞争十分激烈的世纪。在目前经济全球化、社会组织多元化、生活方式多样化的背景下，关于人才的培养有了更高的标准和更严格的要求。只有具备高尚品德、高尚人格的人才，才能立足社会；只有具有较强的自我约束力、自我管理能力的人才，才能将自我很好地融合到社会之中，赢得他人的尊重和依赖，友善地与人合作共事，更快、更好地提高自我、发展自我。

2. 良好的自我管理能力有利于提高大学生的情商

大学生作为一个特殊的青年群体，他们风华正茂，思维敏捷，精力旺盛，充满激情和活力，绝大部分学生积极向上，奋发进取。但由于社会各种复杂因素的影响，更由于课业的繁重、就业竞争的激烈，也有相当一部分在校大学生产生了常见的消极情绪：忧虑、紧张、偏激、焦躁、灰心、迷惘和自卑等。极少数学生甚至还存在怨恨、妒忌、绝望等不良情绪。消极和不良情绪不但影响大学生正常的学习和生活，而且还摧残他们的身心，甚至可能夺去他们宝贵的生命。引导大学生转移情绪、控制情绪、调适情绪、升华情绪，把他们的情商提高到应有的水准，有利于促进他们健康成长。

自我管理、自我教育的重要价值还在于培养自己的自制力。具有较强自制力的人，可以掌握自己的行为，能够成为"自己命运的建筑师"。那些缺乏自制力的人，行为不听使唤，就只能被命运所捉弄。当代大学生面对历史的使命、社会的厚望和父母的期盼，他们当中的大多数人都能够正确认知，对于校纪校规，从内心深处认同它，知道什么该做，什么不可为。但在实际生活中，有些人往往成为语言的巨人，行动的矮子。当师长严格要求、谆谆叮嘱时，他们会做得好，一旦客观环境稍有变化，奉献精神、纪律观念便被置之脑后，忘乎所以，甚至为所欲为。自我管理和自我教育要坚持不懈和不断深入，每日三省吾身，自制能力就会越来越强，做到时刻掌握自己的"方向盘"，该做的事不想做也要做，不该做的事再想做也不做，用理智来控制行为。理智的力量是世界最强大的力量，能够自制的人就是拥有最强大力量的人。正如但丁所说："测量一个人的力量大小，应该看他的自制力如何。"只有自制，才能赢得高度的理智、完美的性格和美好的未来。

3. 良好的自我管理能力有利于学生的个性化发展

实施自我管理，可以让更多的学生有机会参与学校或班级的管理工作，学生干部也有较大的自由度和决策空间。实施自我管理，可以让更多的学生干部在自己所分管和参与的领域内有所作为，各方面能力都得到锻炼和提高。对于一般同学来讲，自我管理可以培养他们的自我意识，通过实践可以更加准确地认识自己，对自己有一个更准确的评价，促进自我发展。实践证明，在校期间参与过学生管理的毕业生，走上社会以后能较快适应环境，进入角色，颇受用人单位的欢迎。

4. 良好的自我管理能力有利于加快个体社会化进程

所谓个体社会化，是指个体通过学习社会文化和承担社会角色，逐渐由一个自然人转变为社会人的过程。自我管理强调的是自己教育自己，自己管理自己，要求高度自觉，主动地接受新观点、新思想，自觉地把它纳入自我价值的组成部分，客观地认识自我与社会，努力在实践中不断提高自我的管理能力，并不断修正发展轨迹，使自我与社会更有机地融合。自我管理能力越强，对角色体验就越深，内化程度就越高，就越能自觉地按社会发展的要求去适应、成长。此外，正确地开展大学生自我管理活动还有助于增强和巩固高校学生的日常管理，利于增强学生的学习动力和高校的精神文明建设等。

总之，在大学校园内，开展正确、良性的自我管理活动有利于当代大学生身心的健康成长，对于其今后走上社会，成为社会主义建设的有用之才也有着重要的作用和意义。

孙子说，"知己知彼，百战不殆"，那么，企业需要什么样的大学生呢？

（二）企业需要的大学生

社会经济在发展的不同时期，对企业从业人员的素质要求是有差异的。过去我们比较熟悉的说法是"又红又专""德才兼备"。红和专、德与才必须辩证统一、相辅相成，这一点是普遍适用的，也是经得起时间检验的。然而，随着社会的发展和进步，其内容则需与时俱进，不断充实和完善。

1. 企业需要复合型的大学生

企业需要复合型的大学生是由以下几个方面决定的：

（1）是社会发展的客观要求。首先，信息技术的进步，计算机网络的普遍应用，加剧了组织结构扁平化趋势，导致企业组织结构的大变革，企业在提高管理效率的同时，也会给员工带来职业生涯再选择的巨大压力。其次，人事制度改革的深化，人力资源管理的市场化、社会化和全球化，带给员工的压力也是巨大的，由此而产生的岗位压力也是巨大的、全方位的。据资料显示，盛极一时的美国华尔街证券从业人员和硅谷软件设计人员也面临就业挑战，不仅仅是因为华尔街丑闻和经济的不景气，还因为网络技术的应用，地域和时差不仅不再是障碍，甚至成为跨国公司提高竞争力的手段和有利条件，从而导致大量岗位向印度等国家和地区发生着快速的转移。

（2）是培育企业共同价值观念的客观要求。据有关资料显示，国际上的企业从创业开始，55％的中小企业在 5 年内失败，81％的中小企业将在 10 年内消失，原因不仅是体制问题，能否形成共同的核心价值观念以及对变化的反应速度也是重要的原因。《基业长青》通过对美国历史上持续增长的公司进行分析后提出，基业长青的公司不是有共同的正确的价值组合，而是有公司独特的前景保存的核心价值，这种价值的形成和延续源于企业的自身学习能力。作为企业员工，首先要感受并融合这种观念，还要学会如何传授，任何层级的员工均自觉不自觉地向下一层组织传授着信息。显然，复合型人才结构的员工，对公司价值的理解会更深刻，把握会更全面，融合会更自然，传授也会更有效。

（3）是减少企业协调成本，提高效率的客观要求。面对环境变化，人们会有三种典型反应：依据学识和性格的不同，积极地推动组织变革；置身事外，旁观组织的变革；惊讶甚至恐惧变革，形成了对组织变革起阻碍作用的力量。信息技术的普遍应用和国际化趋势，导致地域迅速变小，推动组织结构不断变革。在剧烈的变革趋势下，组织中大多数成员的价值取向对企业的战略制定及实施的影响是十分重大的，相对一致的价值取向和行动方向对组织变化的趋势和程度也是至关重要的。具有复合型知识结构，尤其是有共同哲学观念和价值取向的人，其视野相对更开阔，对趋势变化的预见性、主动性相对更强，相应地，遇到困难也会少些。

（4）是培养企业中高层骨干，培植企业持续经营能力的客观要求。从企业内部培植中高层骨干，对保持企业持续经营能力具有重要作用。内部产生中高层骨干，有利于企业核心价值的延续和良性循环。具备复合型知识结构能力及追求复合型知识结构意识的成员，是企业中高层骨干的人力资源基础。这一点通过知识结构对业务能力的影响就可以说明。

2. 企业需要懂规矩的大学生

何谓规矩？我们可以用一句俗语"没有规矩不成方圆"来概括，它常用来强调做任何事都要有一定的标准、规则和做法，否则无法成功。

企业，简单讲就是指以利润为价值导向的社会型组织。国有国法，家有家规，一个企业要想生存和发展，它就要遵循市场的原则和"游戏"规则，任何企业要想在这个圈子发展下去就必须按照规矩办事，无论是企业的高层管理者还是下属员工都应该知晓企业的生存法则。作为大学毕业生理应懂得这些规矩，包括企业"法规"、企业文化、商务礼仪等。

企业"法规"如同一个国家的宪法，企业在它成立之初就已确立它的发展方向和规章制度。首先是企业章程，它是一个企业的根本，它规定了企业法人、所有权的性质及注册方式，经营范围及宗旨，财务及审计等，这些都是根据国家《公司法》制定的，它对外发表公布，以便社会了解及监督，对内约束其员工行为。作为求职者，应了解目标企业的章程。其次是该企业内部的一些办公制度、规定，这些规定都是情理之中的。大学生应当注意培养自身情商，磨炼自身的性格，迎合社会发展的需要，如果对企业规章过多抱怨而不去改变自己，必然会被社会淘汰。

3. 企业需要认同其企业文化的大学生

企业文化是意识形态在企业中的具体表现，反映企业成员共同认可的价值观和逐渐形成的工作态度，又称"企业精神"。很多大学生在实习期间被淘汰出局的主要原因就是其价值观与企业文化不能很好地融合。

企业文化的内容主要有两个方面：从本质上说，它包括企业职工的价值观念、道德规范、思想意识和工作态度等；从外在表现上说，它包括企业的各种文化教育、技术培训、娱乐联谊活动等。企业文化就是这两个方面的内容有机联系而形成的企业风貌精神。企业文化也反映了一种管理方式，它强调企业内部各成员的行为通过价值取向来进行内化和优化控制。资本主义国家已把企业文化当作一种有效的管理工具，凭借这一工具把精心拟定的企业目标和策略变为具体的业绩。

社会主义企业文化具有以下特色：

（1）表现为物质文明和精神文明的结合。在发展社会主义生产的同时，企业内部形成文明、先进的经营管理制度和工作生活方式，激发企业成员积极进取。

（2）反映时代面貌。

（3）突出企业的特色，反映企业的个性，为实现企业的经营目标服务。

（4）激励职工的行为，达到内求团结、外求发展。

（5）调节企业与市场的关系，开拓市场，提高效益。

企业文化是企业宝贵的精神财富。培育良好的企业文化，可以做到决策精明、信息灵敏、团结融洽、配合默契、效率快捷和勇于进取，可以克服官僚主义、闭塞保守、腐败昏庸、拖拉疲沓、扯皮掣肘和臃肿松弛等弊端，可以在企业成员中形成强大的凝聚力和创业的动力。

一个社会有一个社会的文化，它代表了这个社会的核心价值观；一个民族有一个民族的文化，它的继承和发扬可以说关乎整个民族的生存和发展。同样，企业作为一种社会组织，它的文化也是不容忽视的，小到影响团队协作的效率，大到关系整个企业的对外形象（无形资产），从而最终影响到企业的根本利润。特别是中外合资企业，学习跨国企业的文化很重要。

综上所述，大学生应该在课余时间多接触知名企业的文化，以便今后更好地融入企业，以寻求个人的全面发展。

（三）不同企业的用人标准

不同企业由于其性质有所差别，所以用人标准也不一样。现就几种企业的要求做简要陈述。

1. 国有企业

国有企业是高校毕业生就业的主要目标之一。随着国企股份制改造进一步深入，就业压力日趋严峻。国有企业的要求在于各种证书要多，这是国有企业评价新手的主要依据；在态度的取向上，要求学生拥有自信、谦虚谨慎的态度，不必表现得太争强好胜；在着装仪表上，要求简单大方、干净，适合此行业的穿着；在价值取向上，要求对企业忠诚，政治上进步，遵守规章制度，乐于付出等；此外，还要求应聘者是在成绩和品德上都较好的"好学生"。

2. 民营企业

民营企业近些年发展快速，企业宽广的发展空间、灵活的薪金制度和日趋规范的管理，使其成为应届毕业生就业的主渠道。它唯能力，不唯学历而用。在面临激烈的市场竞争情况下，在实际工作中，民营企业往往看重员工的实际动手能力，文凭学历居其次。民营企业由于生存压力很大，所以要求员工能说会道，思维敏捷，这样才可帮企业解决棘手的问题。民营企业因竞争压力要求员工有很好的开拓创新能力，这样企业才能生机勃勃，拥有强大的生命力。民营企业一般是从家族式企业发展过来的，因此在招聘员工的时候，很希望他们从基层做起，形成对企业的认同感。民营企业要"通才"而非"专才"，往往需要多面手，一个人干多个人的活，特别是既懂管理又懂技术的人才。

3. 港、澳、台资企业

港、澳、台资企业由于深受欧美企业的管理理念的影响，在用人和选才方面有着独到的方式。首先，强调团队协作精神，如台资企业深受日本企业管理的影响，特别强调团队的力量。其次，诚信尤为重要。这些企业会对应聘者进行细致的考查，例如派专员去应聘者以往工作过的地方实地调查，看是否与其表述相符。再次，在英语及计算机能力方面，这些企业绝不会看证书说话，它们会实际进行测试，聘请符合自己企业需要的人才。最后，重视吃苦耐劳的精神，这些企业很注意本企业文化的传承和发扬，希望员工能从基层做起，扎扎实实打好基础，稳步成长。

4. 外资企业

外资企业招聘人才时，强调个人的潜质和团队参与能力，注意个人的职业发展与规划。具体来说，对于学历要求较高，一般硕士研究生学历以上的人就业概率较高；要求外语水平高，外资企业要求的不仅仅是四、六级，更注重听说能力的实际应用；互联网信息检索能力也很重要，因为信息时代意味着谁先掌握第一手资料，谁赢的机会就大，所以外资企业非常看重员工的互联网应用能力。

以上通过不同类型企业用人标准的对比可以看出，尽管用人标准略有不同，但都需要毕业生有真才实学，能刻苦努力，所以，当代大学生应当把握大学学习的机会，珍惜接受高等教育的机会，为个人的职业发展打好基础，为自己的前途负责，最终成为一个对社会有用的人。

（四）以计划促管理，塑造良好的自我形象

知道了企业的用人标准，又了解了企业文化，要想有一个好的职业发展机会，就要蓄势以发，加强自我管理，塑造良好的自我形象。制订个人计划是自我管理活动最重要和最基本的工作，是自己为未来确立目标和实现目标的方法和过程。它能使你明确两个基本问题，即干什么和怎么干。通过制订计划，为自己设计一个方向明确的行动蓝图，其意义重大。

1. 制订计划能更多地了解自己

认真制订计划，必定会思考目前各方面的状况，如文化知识基础、思维应变能力、身体健康状况、人际交往能力、时间利用、经济状况等。这些都是以后生活、学习发展的要素。明确了这些，就清楚了你的起点和今后生活、学习的着力点。

2. 制订计划使人目标明确

制订计划的第一要点就是要确立目标，不管是人生大计划还是某时期的阶段性计划都是如此。有了目标，人的心里才有方向，花费的努力才能铸造在成功上。在实际教学中我们了解到，很大一部分大学生入校后没有目标，觉得交了学费到时毕业证总应该有一个，于是跟着本能的感觉走，走进网吧不能自拔，走进情网不能自已，漫无边际地漂泊，最终迷失了方向。

3. 目标能激发人的潜能

达标的强烈愿望会给自己造成压力，有压力就有动力，它会促使人多动脑筋、多想办法，激发人的思维潜能。我们现在所享受的各种文明成果都是人类创造性思维的结果。人的大脑是一座无价的"金矿"，若不去开采它便与尘土无异。努力达标的人会不断开发这座"金矿"。

4. 有计划地办事有利于合理地利用时间和金钱

时间是不可再生的资源。时间对我们每个人是公平的，要想在有限的时间内取得好成绩，就要合理地安排时间。计划中的一个要素就是在规定的时间内完成相应的工作。学生花的钱基本上是父母的劳动所得，应加倍珍惜、计划使用，让它最终在达标上发挥效益。有的学生可不是这样，他们今朝有酒今朝醉，拿钱进网吧、吃

大餐、赶时尚，钱花完了就到处借，影响正常的学习和工作。这就是无计划的反映。

5. 个人计划有利于自我评估

工作评估是检查工作进展、纠正偏差、保证达标而采用的管理措施。在个人计划中有明确的目标、有目标分解的具体任务和时限，这些都是评估的依据。

6. 结合实际，确立目标

目标是计划的核心，也是我们活动的中心，所以必须结合实际综合思考而定。确立目标应把握两个原则：一是目标是可达到的，它不是口号；二是目标应具有挑战性，要通过努力才能达到。目标太低激发不出人的聪明才智，不能催人奋进。在大学里，要学的东西很多，综合素质的提高包括多个方面。为了确立简单、明确的目标，可按教育方针的德、智、体等方面确立主体目标。德育是教导人做人的教育，教育方针和学校都将它放在首位。以德立身才有人格的成功，人格的成功才有长久的成功。智育目标要综合自己的学习基础和学习能力而定。体育目标是增进健康的目标。

7. 计划中时间分配很重要

时限是计划的要素，学生时期的计划可以是学期计划、学年计划，也可以是整个大学期间的计划。没有时限的计划就不叫计划。制订计划的目的就是提高效率，效率是用时间来衡量的。要提高效率，充分利用时间，就应该做到：要有一张自己的作息时间表，表上要明确课余时间的安排，包括锻炼、早读、作业、社团活动、吃饭、处理个人内务的时间分配。课程的学习要有一个时间的分配和限额，重点课程、非重点课程、选修课程所花时间的比例要适当。充分利用节假日，学生期间不能有假就休。按一学年计算，寒暑假、"十一"长假、劳动节、清明节、双休日等加起来是 5 个月，这么多自由支配的时间，一定要纳入学年计划。有些学生没有利用这些时间，到头来还说时间不够用，这是时间无计划的表现。

8. 自我激励，执行计划

各种内外因素常常会干扰计划的落实，所以执行计划需要不断自我激励，用决心和毅力去排除干扰，这样计划才不会落空，理想才能变成现实。

第二节　人际交往

一、同学之间交往常见问题

(一) 不敢交往

大学生活中，最主要的部分之一便是人际交往。在这个小型社会里，人们都在扮演自己的角色，都在试图将自己完美的一面展示给众人。往往越是追求完美，越是会出现恐惧心理，只是每个人的反应程度不同。其中就会有一部分同学在这个方面反应尤为明显，自身原本就是自卑内向的性格，在与他人交往的时候，不敢正视对方，面红耳赤，说话支支吾吾，词不达意。尤其在人多的场合或者在集体生活中更加明显，严重者可能会出现社交恐惧症。

(二) 不会交往

在步入大学之前，每个人都对大学抱有各种各样的希望。有的希望能够学业更上一层楼，有的希望能交到更多的朋友。但是现实终究是现实，进入大学之后，大部分新生首先面临的最大困难往往就是人际交往，究其原因是大多数大学生在人际交往方面过于理想主义，他们以个人为中心，将友谊的理想模式作为标准来看待身边每一位同学，最后导致期待与挫折感共存，最终表现为大部分大学生依旧怀念大学之前的生活，并为之津津乐道，而对现在的人际交往直接表达出不满。他们不懂得实际中的交往是在长年累月中积累出来的，总希望别人主动关心自己，将自己放在一个被动的地位，或仅仅是在有事的时候才去主动和别人交流，这使得双方无论在精神还是物质层面，都达不到交往的目的。

(三) 不善交往

"两耳不闻窗外事，一心只读圣贤书"用来形容步入大学前的状况再合适不过，正因如此，绝大多数同学不了解交往的知识、技巧，在交谈中会显得过于生硬、木讷；不注重沟通方式，在劝说、批评以及拒绝他人时不讲究语言艺术。有些大学生在与人交往的过程中，不分场合地开玩笑，不注重交往的底线原则，不懂给他人留面子，或是谈吐粗鲁直接或间接伤了对方的自尊心，或是不懂尊重他人习惯，或是不懂装懂夸夸其谈等，这些一方面有损于自身形象的塑造，另一方面影响了同学之间的交往。

（四）不愿交往

有的大学生在经过高考之后，发现自己不再出类拔萃，因嫉妒心与自卑心造成心理障碍，认为自己低人一等，不如别人，怕别人瞧不起自己，缺少人际交往间必要的信任与理解，人际交往平淡；有的同学缺乏基本的合作精神，甚至视同学为敌手；有的同学自高自大，瞧不起别人；有的同学群体意识淡薄，以自我为中心，对周围的人与事漠不关心，我高兴、我开心就愿意理你，否则就拒人于千里之外；有的同学不懂宽容，经常会为一些鸡毛蒜皮的小事大打出手；有的人遇事总是回避退让，整日郁郁寡欢，缺乏交往的愿望和兴趣。归纳起来，这些同学一般都自我封闭、孤芳自赏但又特别敏感，心理承受力差，独往独来，不愿抛头露面，不愿与人交往。

（五）缺乏技巧

以上问题虽然在大学校园中普遍存在，但是，大学生一般都渴望交往，只是交往方法欠妥、交往能力有限、个性缺陷或交往心理障碍等，导致交往失败，而长期的交往失败，又使得一些学生把交往看成是一种负担，逐渐自闭。从心理咨询和大学生的日常生活中不难发现，缺乏人际交往技巧是大学生人际关系紧张的重要原因之一。

二、同学之间交往的原则

（一）尊重原则

墨子说："夫爱人者，人必从而爱之；利人者，人必从而利之；恶人者，人必从而恶之；害人者，人必从而害之。"孟子也说："敬人者人恒敬之。"尊重别人换来的是自己受到尊重。要做到这一点，我们应注意：第一，不要取笑别人。同学一时不慎，或偶然失恋，不要把它们当笑柄，时常拿出来取笑。现实生活中，人都有自己的"面子"，你若不尊重别人，别人也不会尊重你。第二，"己所不欲，勿施于人"。别人不愿意发表的意见，不情愿做的事，不要非让人家去说，去做。第三，不要失信于人。做人之道，信不可少，对别人有求于你的事，一旦答应就要尽全力去办，并要想法办好。第四，注意倾听。作为听者，在他人与你谈话时，要认真地听，如果你对他的话不感兴趣，也要在适当的时候有礼貌地发表你的观点避开话题。

（二）平等原则

做人要有人格，要如孟子所说，大丈夫"富贵不能淫，贫贱不能移，威武不能屈"。无论什么人，无论地位高低，渴求平等的心情是一样的。社会主义社会人与人之间的关系是平等的关系，人们之间只有社会分工和职责范围的差别，没有高低贵贱之分。

（三）真诚原则

真诚是人际交往的基本要求，所有的人际交往的手段、技巧都应该建立在真诚的基础之上。在交往中，只有彼此抱着心诚意善的动机和态度，才能相互理解、接纳、信任，产生感情上的共鸣，从而使交往关系巩固和发展。古人说："以诚感人者，人亦诚而应。"

（四）宽容原则

人际交往中，要学会待人以宽，豁达大度，只要不是原则性的问题，就不必过于计较。宽容有助于扩大交往空间，滋润人际关系，消除人际间的紧张和矛盾。雨果说过："世界上最宽阔的是海洋，比海洋更宽阔的是天空，比天空更宽阔的是人的胸怀。"

（五）互助原则

交往双方互相关心、互相帮助、互相支持，既可满足双方各自的需要，又可以促进相互的联系。一人有难，众人相帮；一方有难，八方支援。人在最需要帮助的时候得到帮助，他会将对方铭记于心。

三、优化同学关系的意义

（一）有利于更快地适应大学生活

大学就是一个小社会。同学们在步入大学生活之前，都在埋头寒窗苦读，不谙世事，来到这个五彩斑斓的小社会之后，身边充满了新鲜、好奇，还有各种各样的挑战和选择。进入大学，身边没有了父母的陪伴，更多是靠自己和身边的同学。和谐的同学关系能让自己尽快融入大学生活中来，能通过不一样的体验看到学习之外的风景，学到书本中没有的知识。

（二）有利于找到真正的友谊

大学阶段是人生交友、觅友的高峰阶段，也是最重友谊最重交往的阶段。很多学生都是第一次离开父母，远离家乡过集体生活，吃、住、行都和同学们在一块，大家一起去食堂吃饭，一起去教室上课，一起参加社团活动，这段时光非常美好且珍贵、纯粹。毕业之后，这种纯粹的友谊将很难再次觅到。所以在大学期间优化同学关系，有助于找到真正的友谊。

（三）有利于个人的心理健康

人都是社会的人，没有哪个人可以脱离社会而存在。现实生活中，没有正常的同学交往活动造成人际关系不协调，从而导致大学生心理不健康的现象日益严重。那些无法处理好同学关系的大学生，其内心大多是寂寞和孤独的；而那些同学关系融洽的大学生，其内心肯定是积极向上的。这是因为良好的同学关系意味着可以向同学倾诉衷肠，减少苦闷，避免心理疾病的发生，同时良好的同学关系也意味着彼此的信任，在理想、信念、态度、价值观等方面可以相互摄取，从而共同提高人生的精神境界。

（四）有利于全面认识自我

古人云："君子不镜于水而镜于人，镜于水，见面之容，镜于人，则知吉与凶。"大学生通过与人交流获取信息，获得知识，从而丰富经验，提高对自己的认知和对别人的认可。对别人了解全面，对自己认识深刻才能获得别人的理解、关怀和帮助，从而实现自我完善。全面、正确地认识自己的学生，既不过分悦纳自己也不妄自菲薄，他们能客观地认识别人，从而接受别人、宽容别人，赢得别人的认同和尊重。这样的人际环境就使大学生"奇文共欣赏，疑义相与析"，远离"独学而无友，则孤陋而寡闻"的境地，从而更好地完善自身。

（五）为今后步入社会奠定基础

在现代社会里，善于与人交往、合作建立良好的人际关系成为影响一个人成长，左右其学习、工作、事业能否成功的重要因素。正如泰戈尔所说："唯有具备强烈的合作精神的人，才能生存，并创造文明。"从近几年高校毕业生就业情况看，用人单位在招聘时最看重的是学生的综合素质，大学生的能力特别是人际交往能力备受用人单位的关注。而从毕业生的反馈信息看，相当一部分毕业生在走上工作岗位后都出现过人际交往障碍及缺乏人际交往经验的苦恼，甚至有的学生因不能很好地与人相处而直接影响了自身事业的发展。可见，一个不能很好与人交往的人，将难以获取信息和占有信息，难以得到他人的理解和支持，难以适应复杂多变的社会环境，自然就难以在激烈的竞争中胜出。因此大学中良好的同学关系也是为今后步入社会奠定基础。

四、如何优化同学关系

（一）有效沟通，换位思考

石油大王洛克菲勒说："如果人际沟通能力也是和咖啡或糖一样的商品的话，我愿意付出比太阳底下任何东西都珍贵的价格购买这种能力。"这足以说明沟通的重要性。对于大学生来说，有效的沟通对其生活、学习、工作有着重要的影响。沟通能促进人与人之间的交流，可以表达思想观念和态度，可以获取很多信息，可以化解很多矛盾。在沟通的同时也要注意技巧，学会换位思考，多站在他人的角度去考虑问题，设身处地去为他人着想，多一份理解与宽容，很多矛盾也就迎刃而解了。宽容的学生肯定也是一位会换位思考的学生。拉近同学之间的距离，从学会换位思考开始。

（二）掌握技巧，言行得当

与同学友好相处是需要小技巧的，那些受欢迎的学生在言行举止方面肯定是有相同的方法。有心的同学，不妨仔细去观察一下。有些同学注意在说话细节处关心对方的感受，比如说把"谢谢"换成"谢谢你"，把"你听懂了吗?"换成"我说明白了吗?"，把"不知道"换成"我马上学习/了解"等，换一种说法往往能起到意想不到的效果。有些学生在细小的行为上让同学感到暖心，比如主动让座给行动不便的同学，领书时帮同学拿回寝室等，一些小小的举动可能会让同学关系更加融洽和谐。言行得当，切忌在背后议论同学，喜欢背后嚼舌头的人是不会受到大家的喜爱的。

（三）学会尊重，与人为善

人与人的交往是建立在平等基础上的。与同学交往时，双方一定要懂得彼此尊重，尊重对方的兴趣爱好、生活习惯、个性差异。如果一方总是给人一种高高在上、目中无人的感觉，那么另一方就会有意无意地疏远他，最终导致同学关系越处越差。在交往过程中还要与人为善，有些同学家庭条件可能不好，身体可能存在缺陷，不要嘲笑这些同学，更不要以权压人、以势欺人，而要做一个内心善良的人，多帮助他人。顺境中的微笑容易让人忘记，而逆境中的微笑却让人刻骨铭心。一个善良的学生，同学关系肯定不差。

（四）修炼内在，不断进步

内在修养对个人的成长成才和发展具有决定性意义，一个人内在修养的好坏会通过外在言行传递给他人。俗话说"金无足赤，人无完人"，世界上没有完美的人，只有不断要求进步的人。大学生应该通过学习、读书、自我反省、社会实践、社团活动等方式不断积累经验，完善自己；学会控制自己的情绪、约束自己的言行，学会尊重他人、包容他人。增强内在修养是一生都需要去努力的事情，不是一时半会就可以实现的。所以当达不到想要的境界时也不要操之过急，沉下心慢慢来，只要每天都有一点进步，只要不断地完善自我，就是好样的！

五、同学间人际交往的技巧

（一）学会有效地赞美同学

"赞美是照在人心灵上的阳光。没有阳光，我们就不能生长。"这是莎士比亚说过的一句话。在人与人的交往过程中，适当地赞美对方，会增进双方的情感，同时会让对方的行为进入一种良性循环。有效的赞美要发自内心，要有理有据，如果言不由衷或者言过其实，对方就会怀疑赞美者的真实目的。生活中不是缺少美，而是缺少发现美的眼睛，所以要带着发现美的眼睛去发现对方的优点，这样的赞美会事半功倍，让人如沐春风。

（二）以微笑待人

微笑，是一种表情，但是，有时候，它又不仅仅是一种表情，还彰显出人的内心世界。微笑，是一种宽容，它可以使矛盾化解，怨恨消除。老师、父母和同学的一个微笑有时可能会改变我们的一生。微笑是人的一张非常重要的社交名片，它有着不可思议的魅力，会给人一种亲切感，能有效缩短同学间的距离，进而形成融洽的交往氛围。所以，不管遇见同学还是老师，我们都要以微笑待人。

（三）学会求同存异

求同存异不仅是同学之间和睦相处之道，也是一切人际交往的诀窍。所谓求同存异，首先，就是承认人与人之间一定存在差异；其次，是求同，即分别寻求与不同同学之间的共同点，如共同的兴趣爱好、共同的经历、共同的理想目标、共同的话题等，以此找到发展和维系友谊的纽带；最后，对找到共性的同学，允许和尊重他们与自己的不同点。在现实生活中，有些现象并不反映人与人之间在人格和法律地位上不平等，而只是反映经济状况的好坏、社会分工的不同、管理制度的必要规定、接受更适合自己的教育等。我们要承认这些差异，正确认识这些差异。

（四）学会理性处理矛盾

1. 正确面对

同学之间的矛盾一般有两种，一是积累性矛盾，即因长时间不合而分歧或者争论产生的矛盾。二是偶然产生分歧与争端。无论哪种矛盾都要一分为二，分清自己对错，并正确处理。

2. 认真反思

矛盾的产生是有原因的，首先要认真反思自己的行为和言论是否有过激或者错误，如果思考不出对错，可以请求他人指点，在别人的开导下充分认清自己的对错。

3. 主动沟通

如果对方有错，只要不是大问题，应该主动找其沟通恢复正常关系，不要将小错酿成大错，使矛盾加深。

4. 寻求同学帮助

如果对方错误较大，可以请求同学帮助解决，双方互让互解，和平解决问题。

5. 请求老师化解

同学帮助无果，可以请求老师化解，在老师的指导下把问题解决。

6. 团结共进

问题得到解决后，今后重要的一点就是搞好团结，共同进步。

当然，要想化解矛盾还必须双方互相谅解、互相忍让，不能针锋相对，不能一条道走到黑。

第三节　团学组织与学生社团

一、中国共产主义青年团——党的助手和后备军

（一）团组织建设

中国共产主义青年团（以下简称共青团）是中国共产党领导的先进青年的群众组织，是广大青年在实践中学习中国特色社会主义和共产主义的学校，是中国共产党的助手和后备军。

作为助手和后备军，党的奋斗目标、当代青年的历史使命，自然而然决定了共青团的光荣责任：坚定不移地贯彻党在社会主义初级阶段的基本路线，以经济建设为中心，坚持四项基本原则，坚持改革开放，在建设中国特色社会主义的伟大实践中，造就有理想、有道德、有文化、有纪律的接班人，努力为党输送新鲜血液，为国家培养青年建设人才，团结带领广大青年，自力更生，艰苦创业，积极推动社会主义物质文明、政治文明和精神文明建设，为全面建设小康社会、加快推进社会主义现代化贡献智慧和力量，为实现中华民族伟大复兴的中国梦而奋斗。

中国共产主义共青团团旗的旗面为红色，象征革命胜利；左上角缀黄色五角星，

周围环绕黄色圆圈，象征中国青年一代紧密团结在中国共产党周围。

团旗

中国共产主义青年团团徽的内容为团旗、齿轮、麦穗、初升的太阳及其光芒、写有"中国共青团"五字的绶带。它象征着共青团在马克思列宁主义、毛泽东思想的光辉照耀下，团结各族青年，朝着党所指引的方向奋勇前进。

团徽

共青团组织一般是以校团委、学院（系）分团委（团总支）、基层（班级）团支部为主线的组织。同时校团委还对学校各级学生会、学生社团有指导义务。

（二）工作任务

随着社会经济的发展，共青团的工作重心和工作方式也在不断地发生变化，以适应新的现实需要和自身发展。在新时期，共青团高扬服务的主旋律，把服务放在首位，构筑了共青团工作的基本框架，表现为三个方面：服务于经济发展，为经济增长转移到依靠科技进步和提高劳动者素质上服务；服务于社会，即服务于和谐社会，为人民群众的生产生活的基本需求服务；服务于青年，为青年在社会经济快速健康发展中建功立业、成长成才的根本利益服务。

共青团是学校党组织和行政组织对学生进行思政教育、实现教育目标、实施素质教育的广阔平台，其作用主要体现在以下几个方面。

1. 对学生进行思想政治教育，引导学生在实践中学习共产主义

团章中明确指出："（共青团）是广大青年在实践中学习中国特色社会主义和共产主义的学校，是中国共产党的助手和后备军。"由此决定了共青团在青年学生的思想教育中的重要作用，共青团的思想政治教育是高校德育的有机组成部分，共青团工作要贯彻学校教育的总体要求，紧紧围绕学校德育，注重在实践中，用共产主义理论和党的方针政策，培养团员、青年的思想觉悟和政治意识。

2. 引导大学生积极参与各种社会实践，走年轻知识分子正确的成长道路

多年的实践表明，由团组织倡导的社会实践活动，已成为大学生走向社会、服务社会、奉献社会的主要途径。通过实践活动，大学生的专业知识日趋丰富，有利于完善他们的知识结构；大学生社会化的速度日益加快，有利于他们尽快适应社会需求；大学生政治上日益成熟，有利于提高他们的政治素质。

3. 指导学生组织工作，帮助学生实现自我教育、自我管理和自我服务

学生会组织和学生社团组织是学生的群众组织，对活跃校园文化、提高学生全面素质有积极意义。共青团的指导主要是在学生社团的发展中形成导向，加强管理和完善社团的管理制度，加强对社团骨干的培训和教育，使学生社团健康有序地发展。

4. 帮助学生完成学校教育的任务，创造积极向上的校园环境

帮助学生完成学校教育的任务，这与共青团引导青年学生健康成长的根本任务是一致的。主要是做好倡导良好的校风、学风，协助学校改善和优化学习与生活环境，促进学生刻苦学习、遵纪守法、奋发向上。

（三）争做先进青年代表——做好党的助手和后备军

共青团作为党领导的先进青年的群众组织，在新的历史条件下，承担着不断巩固和扩大党的执政基础，带领广大青年为实现中华民族伟大复兴而奋斗的历史重任。

1. 推荐优秀团员作党的发展对象

推荐优秀团员作党的发展对象（以下简称"推优"），是党赋予共青团组织的一

项光荣任务，是党组织发展青年党员的主要渠道，28周岁以下青年入党，一般应从团员中发展，发展团员入党一般应经过团组织推荐。

2."推优"工作的时间

每学期的期初进行推荐，每学期的期末进行考核。

3."推优"比例

根据班级团员人数进行推荐，第一学期原则上不"推优"，第二学期为班级团员数的10%，第三至第五学期为班级团员数的5%。

4."推优"工作的条件

各级团组织在"推优"工作中，必须按照《党章》规定的党员条件，要把政治立场坚定，在工作、学习、生活中起先锋模范作用的优秀团员作为向党组织推荐对象。推荐对象的具体条件为：

（1）努力学习马列主义、毛泽东思想和邓小平理论及"三个代表"重要思想，拥护党的路线方针政策，在思想上、政治上与党中央保持一致，积极向党组织汇报思想状况，按时缴纳团费。

（2）热爱党，热爱祖国和人民，个人利益服从党和人民的利益，具有无私奉献、勇于牺牲的精神，能正确处理个人与集体的关系。

（3）积极参加社会活动和公益活动，关心集体，具有团队精神，服务态度好，在群众中有一定的威信，每学期参加（组织）团内活动不少于五次。

（4）前一个学期德育测评为优，劳动教育为优，学习认真刻苦，单科成绩不低于75分（含75分，学生干部可放宽到70分），无纪律处分。

（5）获得市级以上表彰的优秀团员，表现突出的先进个人、模范，院团委可优先向党组织推荐。

5."推优"工作的基本程序

（1）党、团理论知识考核通过。每学期期初参加院团委在学院易班上组织的"党、团理论知识"的考核并通过后，由个人进行申报。

（2）班级团支部支委会推选。根据推荐基本条件，讨论提出"推优"的初步名单。

（3）班级团支部大会评议。召开团支部大会，首先介绍推荐人选的基本情况，然后推荐人选向支部大会作简要的思想汇报，最后所有班级团员进行民主评议，无记名投票，超过半数的方可推荐。

（4）团总支审核推荐。各教学二级学院团总支根据班级团支部推荐意见，确定推荐正式名单之后，填写《推优入党登记表》报院团委审批。

（5）院团委审批及学期考核。院团委在综合各级团组织意见后，审定最终名单，并在每年的4月底和10月底向各教学二级学院学生党支部报送"推优"名单。如通过首次考核，整个大学期间都有效，首次考核通过之后每学期末填写一次《推优入党考核表》，要求参加（组织）学生活动不少于六次，如考核不通过，则停止推荐。

（四）团日活动——让我们的团组织生活更精彩

团日活动就是以团支部为单位进行的一系列有益于德智发展的活动，其活动围绕一定的主题展开。

团日活动的现实意义是团结支部成员，并扩大支部影响力，加强支部与社会的联系，提升成员的整体素质。好的团日活动可以让成员在体验乐趣的同时收获一定的社会认可，创造一定的社会价值。

作为一项集体活动，团日活动包含的内容绝对不仅仅是活动本身，从活动前的活动计划拟订、可行性分析、外联、经费预算、活动动员，到活动结束后的活动总结，每个步骤都包含许多技巧，想要开展一次出色的团日活动，方方面面都要考虑周到。

【案例分析】

低碳生活（low-carbon life）即减少二氧化碳的排放，是低能量、低消耗、低开支的生活。"节能减排"不仅是当今社会的流行语，更是关系到人类未来的战略选择。提升"节能减排"意识，对自己的生活方式或者消费习惯进行简单易行的改变，一起减少全球温室气体（主要是减少二氧化碳）排放，意义十分重大。"低碳生活"节能环保，有利于减缓全球气候变暖和环境恶化的速度，势在必行。减少二氧化碳排放，选择"低碳生活"，是每位公民应尽的责任。

活动主题："今日牵手低碳，明日绿色生活"

活动时间：11月

活动地点：待定

活动对象：本团支部全体团员

活动流程：

第一阶段：活动准备

1. 收集环保低碳方面的知识及近期的一些环保类新闻，在班级展示，提出低碳环保的主题。

2. 动员班级每一位同学参与这项活动，并讲解活动流程及其相关事项。

3. 做好活动宣传，调动同学积极性。

4. 邀请辅导员或者班助作为嘉宾亲临指导。

第二阶段：活动过程

1. 在活动开始时播放哥本哈根气候大会的开幕宣传片及其气候宣传片的视频。

2. 通过向大家介绍近几年温室效应的加剧和全球气候变化的反常来引入低碳生活的理念。

3. 凭借PPT向同学们展示相关图片，提出疑义，并让同学们畅谈自己对低碳生活的理解及日常生活中该如何去做。

4. 每个小组向同学和嘉宾展示自己小组的设计成果，宣扬自己的设计理念。每个小组收集利用自己身边的废品，确定设计的理念，然后利用这些废品，设计出环保产品。在班会中展示自己的创新产品，向同学老师阐述自己的设计理念，环保之处。

5. 设置投票环节，每个同学投出自己喜欢的作品，评出最优秀的作品。

6. 在活动即将结束之时，号召同学在条幅上签名。把同学们设计的产品在学校进行展示，让全校同学投票，评出最优秀的环保产品。

第三阶段：后期工作

1. 召开班会，交流各自的心得体会，以文字和图片的形式相互展示成果。

2. 班委会及团支部召开总结会议，点评本次活动，并上交活动总结。

3. 将活动成果发布在班级易班上，展示活动的成果以及班会的照片。

策划及总结：团支部书记

活动准备：全体团支委

活动宣传：宣传委员

网络信息维护：组织委员

二、学生会

（一）学生会的内涵

学生会是全国学生会的基层组织，也是学生自我教育、自我管理、自我服务、自我监督的组织，是在校党委和校团委的指导下，依照国家的法律、法规和《中华全国学生联合会章程》，独立自主地开展工作的学生自治团体。学生会的宗旨是全心全意为同学服务，促进学生全面发展。管理方式是实行民主集中制。

（二）学生会的基本任务

（1）遵循和贯彻党的教育方针，组织学生开展学习、科技、文体、社会实践、志愿服务等多种活动，促进学生全面发展。

（2）维护校规校纪，倡导良好的校风学风，促进同学之间、同学与教职工之间的团结，协助学校建设良好的教学秩序和学习、生活环境。

（3）组织学生开展勤工助学、校园公益劳动等自我服务活动，协助学校解决同学在学习和生活中遇到的实际问题。

（4）加强学校党政部门与广大同学的联系，通过各种正常渠道，反映同学的建议、意见和要求，参与涉及学生的学校事务的民主管理，维护同学的正当权益。

（5）指导院系学生会开展工作。

（6）积极加强本校与外校之间的联系和交流，促进各学生组织之间的交流。

（三）学生会的作用

（1）学生会是学校联系学生的桥梁和纽带，在学生工作当中发挥了重要作用。

（2）学生会是除了传统课堂之外，提供锻炼自我和素质拓展的另一个重要平台。

（四）学生会职能部门

在学生会组织中，在学生会主席团下设置若干个职能部门，包括办公室、学习部、纪检部、劳生部、保卫部、体育部等。每个部门都有自己的主要工作任务。

（1）办公室：汇总信息，综合服务。

（2）学习部：提高学生学习意识，营造良好的学习氛围，搭建师生之间的桥梁。

（3）纪检部：培养学生良好的学习、生活习惯，检查学生行为活动。

（4）劳生部：营造文明舒适的校园生活环境。

（5）保卫部：强化学生安全防范意识，维护正常的教学生活秩序。

（6）体育部：以组织体育活动为工作重心。

三、学生社团

（一）概念及分类

学生社团是指由学生依据兴趣爱好自愿组成，为实现成员共同意愿，按照其章程自主开展活动的群众性学生组织。它是校园文化建设的重要载体，是学校第二课堂的引领者，是学校课堂教育的补充和延伸。同时，它也丰富了大学生的课余生活，提高了大学生自我管理的能力，是大学生增长知识、培养技能、提高素质的一条重要途径。

各级党团组织都把学生社团作为学校党团组织工作"手臂"的延伸和拓展，并将其建设成为学校党团组织的外围阵地和学校党团组织团结引导广大学生的新渠道和新纽带。

学生社团根据形式及功能不同，可分为：

（1）学习教育类。如：习近平新时代中国特色社会主义思想青年学习社、读书社、外语协会等。

（2）文体艺术类。如：书画协会、武术协会、舞蹈社等。

（3）实践拓展类。如：电子协会、志愿者协会、创新创业协会等。

（二）成立学生社团的手续

成立学生社团需履行以下手续：

（1）由学生社团发起人向学校或者团委提出书面申请。

（2）学校或团委有权要求了解该社团的发起和筹备情况，决定是否准许成立。

（3）经同意成立后，学生社团应按照规定在学校团委进行注册登记。

（4）学生社团应在学校或团委指导下，制定社团章程和工作制度。

（5）学生社团负责人经选举产生后，由学校或团委正式确认，可开展工作。

（三）学生社团的职责

学生社团不仅是增强学生自主合作意识、自我发展与自助学习的重要平台，而且也是促进学生个性成长、增进主体间文化沟通的重要载体。在多元文化共存的校园文化建设中，学生社团正成为文化交融的集成与体现。

学生社团的职责是：

（1）定期组织社团活动，丰富社团成员和广大同学的生活。

（2）定期对社团中的学生干部进行考核，提高学生干部的自身素质。

（3）配合学生会或党团支部开展活动，扩大社团的影响力。

（4）完成学校或上级组织交给的各项任务。

（5）加强与外校社团的联谊与合作，扩大同学们的交际面、交际范围。

随着素质教育的不断推进，各高校学生社团发展迅猛，学生社团成为校园文化建设不可或缺的组成部分。

（四）学生社团在活动中需要注意的事项

（1）学生社团必须服从学校的领导和管理。学生社团在宪法、法律和校规校纪范围内活动，不得从事与本宗旨无关的活动。

（2）学生社团和个人创办面向校内的刊物，须经学校批准，并接受学校管理。

（3）学生社团邀请校外人员到学校进行社会政治和学术活动，须经学校同意。

（五）参加学生社团的相关事项

1. 可选择与自身专业相关的社团

参加专业技能型的学生社团，可以与更多兴趣相同的学生进行交流，同时也可以在社团活动中运用自己所学的专业知识，通过专业知识的实战演练，发现自己理论知识上的不足，从而加以弥补，也使技能不断熟练和提高，为应用型能力的形成创造条件。

2. 注意社团活动中的安全问题

有些学生社团举办活动时比较随意，认为活动小、时间短或参加人员少等，不会存在安全问题，活动前不向指导老师备案，也没想好安全应急预案等，忽视了社团活动中的安全问题。因此，在活动中，应发挥学生社团自我管理、自我教育的育人功能，加强学生社团的安全文化建设。学生个人也要加强安全意识。

3. 避免参加社团活动过多

选择社团时，要综合多方面的因素和条件，考虑清楚后再做决定，切不可草率。有些同学发现学校社团类型众多，每种类型都想参与尝试，其实并非所有的都适合自己；有些同学参加活动过多，但与自己正常的学习相冲突，反而本末倒置，影响了学习；有些同学觉得参加社团活动可以在综合测评时加分，带着功利的目的来参加社团：以上几种情况都是不可取的。

四、学生干部的培养

（一）概念

学生干部是在学生群体中担任某些职务，负责某项特定工作，肩负某些特定职责，协助学校进行管理工作的一种特殊学生身份。

（二）角色定位

1. 模范角色

学生干部的模范角色，指的是学生干部要自觉学习理论，积极向党组织靠拢；学习努力，成绩优秀；在工作面前要有高度的责任感，积极进取的精神状态和较好的自我教育、自我服务、自我管理的能力；在生活中能以身作则，谦和宽容，能在各个方面起到模范带头作用。

2. 管理角色

学生干部的管理角色，指的是学生干部是学生的代表，是学校、老师和同学之间的桥梁和纽带。因此学生干部要主动听取广大同学的呼声，了解他们对学校工作的意见和要求，及时反映学生的思想、学习、生活等各方面的情况，努力解决同学的困难和问题。另一方面，要积极了解、配合、围绕学校工作重心，组织学生开展活动。以高度的主人翁意识和责任感，带领同学创先争优，全面提高自身素质。

3. 服务角色

发扬奉献精神是学生干部担负的首要职责。学生干部是学生推选出来的，代表广大学生的根本利益，其权力来自学生，学生干部就必须诚心诚意为学生服务。在日常工作中，要用自己的先锋作用来体现为同学服务的思想，得到同学的拥戴和信任。要正确树立"领导者也是服务者"的意识。

(三) 基本要求

1. 思想品质

学生干部作为学生基层组织各种活动和工作的组织者和领导者，必须具有较高的政治觉悟和思想品质。严于律己，以身作则，把学生紧紧地吸引和团结在自己的周围，同时明确自己所肩负的重托，这一点是开展工作的前提。

2. 专业水平

学生干部要有较高的专业素质和合理的知识结构。学习成绩好的干部更容易赢得同学的尊敬和爱戴，更容易建立起自己的威信，对同学实行有效的领导。专业水平不仅只表现在本专业学科的学习成绩方面，还应包括一定的马克思主义的基本原理，以及与本职工作有关的自然、社会科学知识等。

3. 综合能力

学生干部应具备组织、表达、收集处理信息、社交和团结协作的能力。

(1) 组织能力

学生干部作为学生的骨干和带头人，经常是各种学生活动的策划者、组织者和实施者，需要把广大同学吸引、组织起来，这就要求学生干部能号召群众、发动群众、组织群众，具备一定的组织能力。

(2) 表达能力

它包括书面表达能力和口头表达能力两种。作为学生干部，经常要制订计划、写总结及各种材料，没有较好的文字表达能力是很难胜任的。此外，还要经常主持会议、发表讲话、传达文件，要经常对同学进行思想教育，没有良好的口头表达能力也是难以胜任的。

(3) 收集处理信息的能力

作为学生干部，应及时了解、掌握并反馈各种信息，及时做到上传下达，下情上达，通过收集信息、分析信息、发现问题，进而找到解决问题的办法。因此，学生干部应多看电视、报纸，深入同学当中，广泛听取同学意见。

（4）社交能力

学生干部不仅要经常和本班、本院系同学联系，而且还要与其他班级、其他院系乃至其他学校或社会上的单位进行交往，如组织班级活动、校级活动、社会实践活动等。因此，必须具备一定的交往能力，才能有利于工作的开展。

4. 心理素质

良好的心理素质是学生干部实现有效领导的又一重要因素。在工作中表现出主动精神和独立自主精神，勇于为自己的决定和行动承担责任。对工作中出现的挫折和干扰有坚强的自制力，善于控制自己的情绪，保持高度的自信心。

5. 团队观念

学生干部个体的素质固然十分重要，但如果集体素质不平衡，则会导致群体领导层的矛盾。各位学生干部应在性格、气质、能力上彼此取长补短，优化组合，从而形成集体的合力。

第四节　社会实践与志愿服务

一、大学生社会实践活动

（一）大学生社会实践的意义

大学生社会实践活动是大学生在校期间有目的、有计划、有组织地走上社会，深入实际、识国情、受教育、学知识、长才干、做贡献的一系列物质与精神活动过程的总称。几十年的实践证明，大学生社会实践活动对大学生的成长成才具有非常重要的意义。大学生社会实践活动可促使大学生与社会进行有机的沟通和融合，有助于大学生树立科学的世界观、人生观和价值观，促进大学生素质的全面发展，加速大学生的社会化进程。概括起来，大学生社会实践在培养人才方面所起的作用主要表现在以下几个方面。

1. 有利于促进大学生知识的转化和拓展

学生接受知识的主要方式是课堂学习，而课堂学习所获得的知识以间接的、系统的理论知识为主。这些知识对大学生来说固然是重要的，但是，从现实向理论转化的过程中，这些理论知识的许多丰富的内容被简化了，而且这些理论知识并不代表实际的技能，难以直接运用于现实生活之中。所以应该有一个实践的环节来弥补这种不足。社会实践可以使大学生接近社会和自然，获得大量的感性认识和许多有价值的新知识，学生头脑里、思想上的模糊认识得以澄清，校园里、课堂上争论不休的问题有了正确的答案。同时，促使他们将学到的理论知识与实践结合起来，掌握把抽象的理论知识转化为实际工作的方法。理论知识向实际能力的转化，对现实的工作和生活意义重大。实际生活中的问题并不像课堂练习那样，单靠某一方面的知识就能解决，它需要把各方面的知识糅合在一起，对问题进行综合处理，这样课堂上所学到的知识才能发挥作用，才能向实践进行转化。另外，在社会实践的过程中，大学生还能够发现问题，并且通过再学习来解决新问题，这样就形成了一个"学习—实践—再学习"的循环往复的逐渐提高的过程，实现知识的转化和拓展。

2. 有利于增强大学生的社会意识和社会技能

教育的过程是帮助大学生完成社会化，使大学生树立基本的社会意识，掌握基本的社会技能的过程。社会实践活动在这方面有着不可替代的作用。一方面，仅通过课堂上的学习，大学生对国情、社情的了解是很不够的，必须要深入到社会当中去，用活生生的场景激发他们的爱国热情和劳动创造意识，才能够使他们有为社会服务的动力。也就是说，只有通过社会实践，大学生才能够从封闭的课堂教学中走出来，走向社会，与社会融为一体，让自己感到自己是社会的一分子，有义务为社会服务。在社会实践中，大学生不仅可以直观地了解国情、社情，还能学习人际交往，增强语言表达能力，掌握基本的待人接物的方法和社会规范，同时增强法治意识和社会公德意识。另一方面，作为一名大学生，毕业后走向社会，必须有一定的社会技能。大学生的社会技能是其成功进行社会生活的基本能力，包括劳动的能力和技术、强健的身体和其他生活技能。社会实践是增长大学生社会技能的一个很好的途径，在社会实践中大学生不仅锻炼了体魄，还能学会一些专业知识的基本操作规范和操作技能。这些技能的增强，将有利于大学生尽早适应社会，充分发挥自己的特长为社会做贡献。

3. 有利于发展大学生的创造才能和组织才能

课堂教学的整个过程有较为固定的程序、对象和场地，同时还有教师的指导和帮助。而社会实践活动的环境比较开放，范围比较广，要面对各种各样的人和物，处理一些没有遇到过的事情，教师的帮助也显得比较弱。在社会实践活动中，大学生不再是一个被动的接受者，而是活动的主体，一个主动的参与者。在进行社会实践时，他们要自行组织，自行选择活动的方式，决定采取相应的措施。这样，大学生的积极性被调动起来，对现实的感受和认识会更加深刻，各种招数派上用场，创造性也就发挥了出来。那些有组织才能却在课堂教学中得不到施展机会的大学生也有了大显身手的机会，他们会想尽一切办法把活动办好，把能想到的各种因素都考虑到，组织能力和应变能力都会大大提高。社会实践给大学生提供了一个发挥其能动性的环境，在这个环境中，大学生的创造能力和组织能力得到拓展，能够为今后的工作奠定坚实的基础。

4．有利于大学生提高修养，完善个性品质

在社会实践活动中，大学生同各种各样的人打交道，这些人既包括参加活动的同伴、指导教师，也包括实践环境中的社会群众。面对这些关系，大学生要学会怎样与同学分工合作，怎样与教师、群众相互配合学习，如何处理人际关系，如何关心和尊重别人，如何与人和睦相处。实践活动现场成为提高大学生思想品德修养的绝好环境。社会实践活动并不是一帆风顺的，有时会面临一些难以克服的困难，甚至遇到危险，这就要求大学生不仅要有吃苦耐劳的劲头，还要具有勇往直前的品质。在这个过程中，大学生会逐渐养成坚韧、顽强、忍耐的优良品质，使自己的思想得到升华。

5．有利于促使大学生积极投身社会现实，加速社会化进程

青年大学生都抱有鸿鹄之志，只有充分地认准目标，热心祖国的现代化建设事业，积极投身于实现中华民族伟大复兴的大潮中去，虚心学习，拜群众为师，扎扎实实，讲求实效，参与到社会生活的各个角落，才能为社会化进程注入新的活力。

（二）大学生社会实践活动的类型

大学生开展社会实践活动的形式是多样的，就整体情况来看，主要包括两大块：教学计划内的社会实践活动和教学计划外的社会实践活动。前者体现在专业设置、课程安排、教学内容、教学方法等整个教学过程中，主要包括教学实践、专业实习、毕业设计（论文）、军事训练、生产见习、公益劳动及社会调查等。就后者而言，社会实践包括以下几种。

1．勤工助学型

这是以劳务、智能输出为特征，以经济效益为目的的社会实践活动，包括做家教、校内勤工俭学、企事业单位兼职及假期实习等。勤工助学不仅可以帮助学生在经济上实现部分自助，而且可以锻炼他们的管理能力，强化自我意识，在双向受益的过程中增强自己的群众观念、劳动观念、服务观念和自主意识，并内化为社会准则，健全社会性人格。

2. 社会事务活动型

大学生在一定条件下也可以主动参加社会运行管理工作的活动。例如在校园内组织大学生参与教学、科研、后勤及校园管理等，在一定区域参加文化建设、文明卫生、发展规划等，既能锻炼自己的能力，也可得到一定的报酬。

3. 社团活动型

高等学校的学生社团、学习兴趣小组（创新团队）、专业工作室等学生团体是校园文化建设的重要组成部分，是大学生认识社会、探究生活的桥梁。大学生们可以根据自己的兴趣特长进行多向选择，有针对性地取舍。这类社会实践具有较大的自主性与创造性，对完善大学生的知识结构、引导他们养成现代化的思维方式具有一定的导向作用。

4. 义务劳动、志愿服务型

新时期的大学生肩负着建设社会主义的历史重任，这种以社会为根本、以奉献为取向的高贵品质对大学生具有强烈的感染作用。在义务劳动或志愿服务活动中，大学生通过无私奉献，既为社会做出了个人的努力，同时也在劳动中使自己的意志得到了磨炼。只有经常化、制度化、连续性地开展这种活动，才能收到更好的效果。

5. 假期社会实践活动型

利用假期进行社会实践活动是近年来高校统一组织大学生社会实践活动的有效形式，目前正向着规范化、制度化、服务化的方向发展。它包括社会考察、红色寻访、参观访问、科技咨询、文化培训、社区挂职、"三下乡"、支教、社会调查等。本着"下基层、受教育、长才干、做贡献"的宗旨，各高校开展了丰富多彩的活动，取得了较大的人才效益、教育效益、经济效益和社会效益，为大学生认识、服务社会，了解、完善自我，成为社会主义现代化建设的合格人才开辟了新天地。

二、大学生校园勤工俭学

大学生在课余时间做兼职，除了部分经济上的原因外，还因为现在的社会环境迫使大学生早早就有了就业压力，很多人希望通过兼职取得一定的社会经验，为以后找工作做准备。

（一）兼职的好处

作为大学生，走出校门接触社会、了解社会、积累社会经验是非常有必要的。

做兼职是一个很好的途径。总结起来，大学生做兼职有以下好处。

1. 赚取生活费

"金钱不是万能的，但没有金钱却是万万不能的。"那些强调自主自立，尤其是来自贫困家庭的学子们不愿把学习费用和日常消费这笔巨大的开支让父母全部承担，于是选择兼职，因为兼职是大学生们解决庞大开支问题的一个重要途径。

2. 锻炼自我

当前，大学生面临的一个突出问题便是就业。这是一个不容回避的问题。为此，大学生们不再将锻炼自己的空间局限在校园内，而是更多地投身到丰富多彩的社会生活中去。做兼职可以锻炼能力，获得社会经验，为以后求职增加砝码。可以说，工作经验是我们在市场上的第二张"学历"，而且，随着市场的成熟和企业管理者用人理念的逐渐理性，这张"学历"的含金量将逐渐增高。

3. 实现自我价值

在大学，并不是每一位大学生都能拥有中学尖子生时代的"荣耀"与"辉煌"，自我价值的失落是普遍存在于大学生中的一种彷徨而苦闷的心理。为此，一部分大学生另辟蹊径，选择兼职道路，试图在这一领域重新寻回那份"自我感觉"，以找到自我价值。

（二）寻找兼职工作

大一期间，各个学校的课程设置一般以公共基础课为主，强度不大，时间也比较充裕。在课余时间，同学们可以做兼职来充实生活，这不仅能积累一些工作经验，还有利于提高应变能力、心理承受能力，拓宽人际关系网，从而丰富人生阅历。

目前，在大学生中比较流行的兼职工作主要有以下六种。

1. 家教

家教工作适合某一门或几门学科功底扎实、善于沟通、讲解能力较好的同学。随着近期小语种学习热潮的迭起，小语种专业的同学找家教会有更多机会。

优点：工作时间固定，工作环境相对安静轻松，且待遇不菲，既可用到自己的知识储备，又可接触社会，锻炼口头表达、思维和应变能力。

缺点：单纯重复以前的知识，对专业学习和动手能力的提高没有太大作用。

应聘途径：经过学校勤工俭学中心介绍，或到学校周边的家教中心寻找工作信息。街边大树上贴的广告不可盲目相信。

2. 礼仪

优点：薪酬较高，接触的人群层次较高，在一定程度上会激发人的上进心；工作前一般要接受严格的形体培训，对自身形象塑造大有益处。

缺点：越是光鲜亮丽的舞台，背后的风险和付出的代价就越大。如果没有足够的安全保障，应持谨慎态度。

3. 促销员

优点：企业多利用周末和假日进行产品促销，一般不与学习时间冲突。与人沟通的能力和耐力能得到很好的锻炼。由于短期促销以在校大学生为主，因此参与其中可以结识很多同龄朋友。

缺点：有的促销活动劳动强度较大，需从早站到晚，要求有一定耐力和体力。

应聘途径：到信誉良好且具有一定规模的大学生兼职中心联系即可。

4. 导游

在旅游业日益发展的背景下，导游逐渐成为大学生兼职"新贵"，在考取导游证之后即可联系旅行社开始带团。

优点：工作时间安排弹性大，可以选择在周末或假期带团，不会与学习时间冲突；报酬较丰厚，还可以在工作中广交朋友。

缺点：工作强度大，有时一天只能休息三四个小时，精力、体力消耗很大，身体素质不好的同学最好不要尝试。

提醒：做导游需先通过考试取得导游证，持证上岗。一般每年12月举行一次全国统一考试。考试分为笔试和面试两部分，笔试由2张试卷组成，中文导游的面试是要求用普通话描述景点特点。

5. 服务生

优点：必胜客、KFC、麦当劳等快餐店品牌形象良好，是认识社会的一个很好的窗口。工作时要求时刻保持微笑，身心自然变得开朗。

缺点：薪水不高，一般为10元/小时；连续工作达4小时会供应一顿免费餐；劳动强度较大，需"马不停蹄"地工作，如果不小心与顾客发生冲突则会被重罚。

应聘途径：必胜客、KFC等快餐门店招计时工一般会在店外贴招聘启事，如有这方面的意向，可以留意周围相关快餐店，也可以登录KFC等的专门网站寻找招聘信息。

6. 实习

大学生在掌握一定的专业知识后便可以积极推销自己，到与专业相关的单位实习。毕竟上大学的目的之一是要找一个好工作，实习就是为实现这最终目的所做的准备。如果所学的是计算机等需要较强实践能力的专业，实习的重要性更是不言而喻。在实践中学习，学以致用，知识会掌握得更加牢固。

（三）警惕兼职骗局

做兼职不仅仅是挣钱的方式，更是大学生接触社会、增长阅历的途径，因此不能被高薪蒙蔽了双眼，要时刻保持清醒的头脑和理智，加强法律意识和自我保护意识，只有这样，才能在兼职途中一帆风顺。

近几年，大学生兼职被骗的案例屡见不鲜，因此对于大学生来说，提高警惕、学会自我保护十分重要。下面介绍几种常见的欺骗大学生的手段及陷阱，以供参考。

1. 黑中介

社会上仍存在个别不规范的中介机构，这些不良中介一般具有以下几种特征：

（1）没有营业执照或营业执照过期。

（2）没有固定的办公场所。

（3）中介非其营业项目，常常在经营其他项目时兼营非法中介。

此类黑中介利用学生涉世未深、求职心切，或夸大事实，或无中生有，以"某某企业急招兼职者"为幌子引诱学生前来报名，收取中介费。学生一旦交完费，"信息"则遥遥无期，或者找几个人做"托"让学生前去联系。几趟下来，学生打工热情锐减并对社会实践感到一片茫然。

应对策略：大学生一定要到有资质、信誉好的正式职介中心找工作。进门时要看该职介所是否有劳动行政部门颁发的《职业介绍许可证》和工商部门颁发的营业执照，具备这两个证的职介所，才可以从事职业介绍的工作。

2. 收取抵押金

有些用人单位在招聘时，往往收取不同金额的抵押金或收取身份证、学生证作为抵押物。通常，在招工广告上，这类骗局以文秘、打印、公关等比较轻松的岗位，或以优厚的报酬来吸引大学生，称求职者只需交一定的保证金或者其他一些费用，如服装费、建档费等即可上班。但往往在学生交钱后，招聘单位又推托说目前职位已满，要学生回家等消息，然后便石沉大海。

应对策略：用人单位私自向求职者收取抵押金属于违法行为。有关法规明确规定，用人单位在招用职工时，不得向求职者收取抵押金，更不能扣留身份证、学生证等证件作为抵押物。大学生在求职时要增强法律意识，以法规为依据，对违法行为予以回绝和揭发。同时，应主动与用人单位或个人签订合同，维护好自己的权益。

3. 娱乐场所高薪

有的娱乐场所以特种行业的高薪来吸引求职者，工种有代客泊车、侍者，有的甚至是不正当交易，年轻学生到这些场所打工，往往容易误入歧途。

应对策略：大学生要根据自身的条件选择适合自己的职业，避免在娱乐场所兼职。

三、大学生实习活动

在校实习，是大学生进入社会，顺利就业的前奏与演习。大学生在校期间，进行一段时间的社会实践，参与结合专业课程的实习实训，对于了解社会，提高心理适应能力，提高心理承受能力，以及增加对社会、对职业岗位、对与人交往的认识，都是非常必要的。

（一）实习的意义

大学生就业是高校的重要问题，大学生利用假期参加社会实习活动，了解社会实际需求，了解专业就业情况，对于增进和激发大学生学习热情、修正职业发展规划都是有益的。因此，实习是大学生在工作前的一段社会实践，对其今后就业具有很重要的意义。

1. 理论与实践相结合

大多数大学生在校期间把主要精力都放在学习和校园生活上，很少有机会外出体验和接触实际的工作环境，所以理论脱离实际成了大学生就业的"软肋"，导致"大学生就业难"的现象愈演愈烈。大学生应该深入社会，加强锻炼，通过实习将自己所掌握的理论知识运用到工作实际中去，帮助认识自己在知识和经验方面的不足，加深对专业知识的理解和巩固。同时，实习还能够帮助大学生增加实践经验，拓宽视野，提高在理论知识的指导下观察、分析和解决问题的实际能力。

2. 完善职业定位

实习有助于大学生更全面地认识自己、了解自己及相关职业，进行正确的职业定位，科学规划自己的职业生涯。对于很多在校生来说，职业的概念很模糊，他们没有系统的职业规划，不清楚自己应该确立一个怎样的职业目标。很多同学即使确立了目标，也往往只是盲目跟随社会潮流，并不知道自己的目标设定是否真正适合自己。我们所期待从事的行业、我们所向往的公司是不是和自己的个性与兴趣契合？这个问题没有人能回答，大学生只有通过自己的亲身实践才能体会。

学生通过实习，有机会接触各种不同性质的工作，也能够到不同的公司去感受不同的文化，从而更清楚地认识到自己适合做什么，什么样的企业是自己喜爱的，哪些知识是有用的等。通过实践的反馈，学生可以进一步修改完善自己的职业规划，同时发挥自己的优势，修正自己的不足，对自己的知识结构做必要补充和调整。

3．为正式就业做准备

借助实习而得到的"职场第一次"的经历，能够使大学生初步完成从理想到现实的心理过渡和从学生到职业人的角色转换。实习的经历对于减轻就业竞争以及初次走上正式的工作岗位后将要经历的现实冲击能够起到不容忽视的缓冲作用，能够为将来尽快适应新的工作岗位打下良好的基础。

实习可以说是求职的一次预演。在当今人才市场处于一种买方市场的状态下，实习岗位的竞争也较之前更加激烈。如果经历过一次实习的考验，无论结果如何，都对自己今后正式的求职有着巨大的帮助，因为这种经历可以帮助大学生熟悉求职的流程，使大学生能够更快地投入到正式求职状态中去。

4．为就业成功增加砝码

从某种角度上讲，实习不但巩固了专业知识，同时还给自己的求职增添了砝码，用人单位更愿意录用具有一定实习经验的应聘者。

（二）寻找实习单位

寻找实习单位，首先要明晰自己的实习意向。为什么要实习？你希望从实习中收获什么？是要见见世面、锻炼自己的能力？还是积累社会经验，抑或是要直接为将来的工作做铺垫？随波逐流是找不到适合自己的实习岗位的。

当前国家和社会对大学生就业颇为关注，已经为在校大学生提供了大量实习信息和机会，很多单位在假期前一个多月就会在校园召开假期实习生招聘会，尤其是假期较长的暑假。因此，大学生只要掌握了搜集实习信息的途径，寻找实习单位其实很简单。

1．寻找实习单位的技巧

（1）大学生不仅要会寻找实习信息，也要懂得发布自己的求职信息。时常在各大 BBS 和求职网站上发布、刊登自己的求职信息，主动出击，往往能够收到意想不到的效果。此外，平时多看这些版面，可以积累到很多相关的经验，增长很多见识，这些都是要慢慢积累的。

（2）大学生要学会利用求职网站的电子邮箱业务。许多求职网站推出了定期发送职位到注册者个人邮箱的服务项目，这个资源不能浪费。定制这些网站的电邮服务，可以节省不少时间，免去了到求职网站反复进行职位搜索的过程。

（3）大学生要敢于挑战，直面实习单位。如果对实习单位很感兴趣的话，不妨直接打电话或者上门询问，要求面谈。另外，如果有些单位没有发布招聘实习生的信息而自己又对其非常感兴趣的话，也可以主动发简历或者电话咨询。

（4）大学生要注重日常人际关系的积累。对人脉关系的使用不能有临时抱佛脚的想法，对那些对自己有帮助的同学、亲戚、朋友，在平常就要经常联系；与院系的老师和外界的沟通也是很重要的，有空也要经常跑跑，和老师们处好关系，这样就不容易错过实习机会。

2. 寻找实习信息的途径

途径一：各大公司网站的有关招聘的主页。

途径二：参加各大公司的学生俱乐部，这些公司会优先将实习信息发布给俱乐部成员。

途径三：各名校 BBS 的求职版经常发布实习信息。

途径四：不错的求职网站会时常刊登实习信息。

途径五：由已经在那里工作或者曾经工作过的朋友、同学、亲戚推荐。

（三）确保实习安全

实习是对大学生业务技能和专业能力的考验，在面对工作中出现的问题时，应该保持冷静的头脑，不断提高业务技能，以不变应万变，防范各种突发情况和实习骗局。同时，要树立危机意识，切莫因疏忽给自己造成终身的遗憾。

由于大学生急于找实习工作，加上涉世未深，因此要特别注意人身、财产、交通等安全问题，要提高警惕，注意识别和防范求职陷阱。在求职以及日常生活过程中应从以下几点做起，保证实习安全。

（1）大学生在求职前要多方面、多渠道地详细了解公司情况及背景，认真确认求职信息的真实性，不能贸然行事。必要时可向当地人才服务机构或学校就业指导中心咨询、核实，也可以直接与该单位的上级主管部门或工商管理部门联系核实。

（2）大学生要警惕卷入任何形式的传销活动，防止钱财被骗，保护好个人的有效证件。在求职过程中，如果遇到需要交纳现金或必须先购买某种产品才能获得实习机会的情况一定要慎重，要做到不缴不知用途的款，不购买自己不清楚的产品，不将证件及信用卡交给该公司保管，不随便签署协议。如发现异常情况，要及时向当地劳动保障监察部门或公安部门报警，寻求法律保护。

（3）大学生填写个人信息要谨慎小心，特别是在网上投寄简历，一定要慎重填写本人基本信息（如本人联系方式、家庭住址及联系方式等）。

（4）大学生在求职过程中要注意人身安全，特别是女生，不要单独到偏僻的地方或隐秘的地方（宾馆、郊区等）参加面试，最好有朋友陪同参加。在求职过程中要随时与老师、同学、家长保持信息畅通。此外，无论哪种形式的面试或预约，一定要给家人、老师或亲朋好友留下要去的招聘单位的详细地址和联系电话（包括固定电话），以备查用。

第五节　校园文体活动

一、体育与育人

大学是学生步入社会之前最后一个学习阶段，也是塑造一个人性格和品质的重要时期。党的教育方针明确指出要"培养德、智、体、美、劳全面发展的社会主义建设者和接班人"。当今世界范围的竞争日趋激烈，对高素质人才的需求更加迫切。高素质人才不仅要具备优秀的思想品德和专业知识技能，还必须拥有健康的体魄和心理素质。体育不仅能促进学生自觉锻炼，强身健体，更重要的是，对于锤炼学生坚强意志，培养团队精神、合作意识和竞争意识有着不可替代的作用。

重视体育，把它摆在与德育、智育同等重要的地位，在许多高水平大学已成为办学理念。北京大学一直秉承着我国著名教育家蔡元培先生的"完全人格、首在体育"的育人思想。在体育教育上坚持"以育人至上、体魄与人格并重"，确立了"游泳、健美操、太极拳"等特色项目，并实现了"自选时间、自选项目、自选教师、自选学期、自主测评"的课程管理模式，使体育课成为学生们最喜欢上的课。高校体育应培育浓厚的体育运动氛围，让体育精神浸润校园。梅贻琦先生在任清华大学教务长时就明确告诉学生："须知体育之目标，不单是造就几个跑多快，跳多高，臂腿多粗的选手，不单是要得若干银盾、锦标，除此之外，也许可以说在此之上，还有发展全人格的一个目标。"清华大学早在20世纪50年代就积极倡导"每天锻炼一小时，健康工作五十年"。如今这已成为全民健身的共识。世界著名科学家、中国科学院资深院士钱伟长先生就是清华大学体育教育的受益者和践行者。1931年，瘦小的钱伟长考入清华大学历史系时，身高才1.49米。在清华大学浓厚的体育氛围和著名体育家马约翰教授的熏陶下，他积极投身体育锻炼。两年后，在全国大学生运动会田径比赛中，钱伟长获得了100米跨栏的前三名。硕士毕业时，钱伟长身高达到了1.65米，摆脱了瘦弱体格，从此养成了终身坚持体育锻炼的习惯，并形成了对体育的独到见解。钱伟长曾深情地怀念马约翰教授："马先生通过体育运动，培养了我们的人格，锻炼了我们的意志。六十多年来，在漫漫人生道路上，使我有勇气承担风雨，有毅力克服困难，有意志不断战胜自我。"他认为，"学校体育的重心，应以全体学生为本，增强学生体魄，让更多的青年学子参与并享受体育运动带来的乐趣"。

二、身心健康是成功的基石

由于应试教育片面追求升学率，我国无论是中学还是家庭都不同程度地存在重智育轻体育、重营养轻锻炼、重技能轻健康的问题，许多学生在补习班里疲于奔命，休息和锻炼严重不足，青少年的耐力、力量、速度等体能指标持续下降，视力不良率居高不下，超重和肥胖青少年的比例明显增加，大学生体质普遍下降，这些已是不争的事实。2012年，由于出现高校学生在参加长跑比赛时猝死事件，部分学校取消校运动会长跑项目。同时，在每年新生入学的军训过程中，训练场上，每天都有不少新生因身体虚弱无法坚持，被扶出场外或送医治疗、抢救；每年毕业时，总有部分学生因体育课不及格或体育锻炼未达标而不能按时毕业。我国大学生体质健康总体状况堪忧。

大学阶段，学生在学习、生活、择业等各个方面都面临诸多挑战和压力，不少学生因学业困难、情感受挫、疾病困扰、经济压力、求职碰壁等各种原因导致心理失衡，产生心理疾病。没有强健的体魄、健康的心理是难以担当重任的。这些问题如果没有得到充分重视并加以解决，将严重影响我国人才培养的质量，甚至影响国家和民族的未来。

三、体育世界五彩缤纷

高校的体育活动由课内、课外两部分构成。体育课作为公共必修课是每个学生必须完成的。学生可以根据自己的兴趣爱好和特长，在球类、武术、艺术体操、田径、游泳等课程中自主选择课程、选择老师、选择时间。因身体疾病不能参加体育训练课的学生，可以申请到专门针对这类特殊情况而开设的体育保健班学习。

课外体育活动的内容、形式更加丰富多彩。由学校组织的一年一度的校运会、体育节是学校的体育盛事，隆重的开幕式热闹非凡，入场式的表演体现出各个学院的专业特色和学生们的非凡创意；体育竞技项目则展示了挑战极限的精彩和竞争的激烈；趣味运动项目则更多地需要团队协作，参与的人数也较多；来自校广播电台鼓舞人心的宣传报道，各学院大本营啦啦队声嘶力竭的助威呐喊，同学们周到温暖的后勤服务等，构成了运动场上一道道亮丽的风景。体育节的比赛项目有健美操、啦啦操、篮球赛、排球赛、足球赛等。另外，学校通过招收高水平运动员，组织优秀体育人才参加省级、国家级的体育比赛，邀请奥运会金牌、银牌运动员来学校举办体育表演、与学生交流互动等活动，有力地促进了学校体育事业的繁荣和发展。除此之外，由学生们自己组建的各种体育俱乐部、运动协会、体育社团，让热爱体育、志趣相投的同学拥有了一片自由发展的天地。

为了鼓励师生参加体育运动，学校投入大量经费建设了室内、室外高水平体育场馆设施，不仅有综合体育楼、综合体育馆，室外塑胶田径场、篮球场、排球场、足球场、网球场、游泳池，还有室内田径馆、篮球馆、排球馆、武术馆、跆拳道馆、体操馆、乒乓球馆、羽毛球馆等，不但能保证体育专业的教学和比赛需要，也能满足师生平时体育锻炼的需要。

四、生命在于运动

从生物学上说，适当的体育运动可以使细胞得到充足的氧气，加快新陈代谢；保持血管及肌肉的弹性，使血液循环顺畅，有利于组织器官的代谢、修复和健壮；通过调整大脑皮层的兴奋与抑制平衡，可以调节心理平衡，消除疲劳，提高抗病能力和恢复身体机能。尤其是户外运动，在沐浴阳光、呼吸空气、拥抱自然中可以提高人体对外界环境的适应能力。此外，运动还能改善大脑的机能，提升睡眠质量，提高学习、工作的效率，促进思维敏捷，增强人体应变能力和耐受能力。

如果活动过少或常常处在静止状态，机体功能就会退化，积累疲劳，累积生理垃圾，最终导致疾病或寿命缩短。许多学生由于不重视体育锻炼，偏爱"宅"生活，在宿舍玩游戏、上网聊天、看片或睡懒觉，作息时间混乱，身心健康受到极大威胁。据有关调查资料表明：平时不运动或很少运动的人，患感冒的概率是经常运动的人的 5 倍；由于偏食、挑食、暴饮暴食又不爱运动，造成体虚、瘦弱或肥胖，诱发低血糖、高血压、心肺疾病猝死的可能性大大增加。

既然体育运动对青年学生的身心都起到了非常重要的作用，那么应该如何进行体育运动呢？

（一）体育运动贵在坚持

把体育运动当作生活中不可缺少的内容，每天抽出 30～60 分钟进行适合于自身的体育运动。养成体育锻炼的习惯，在运动中体验快乐，同时有利于养成持之以恒的良好品质。

常规运动可分为两大类：一类是无氧代谢运动，另一类是有氧代谢运动。无氧运动是指肌肉在得不到持续的氧气供应情况下的激烈运动，如百米赛跑、举重、跳远、跳高等。这种靠肌肉爆发力支撑的运动，比较适合于参加竞技性体育活动的运动员。有氧运动是指能增强人体内氧气的吸入、输送和利用的耐久性运动。它运动强度低、有节奏、时间长，不但对人体没有太大损耗，而且可以提高机体对氧气的利用率，使身体各脏器得到血氧补充。如慢跑、健身步、球类运动、游泳、滑冰、登山、体操、跳舞、骑自行车、打太极拳、跳绳、放风筝、荡秋千、舞剑等，这些运动可以为大多数人所接受。

有氧运动有许多优点：增强血液输送氧气的能力，肺活量和血液总量都会得到提高；改善心脏功能，降低血液中胆固醇含量，防止心脏病的发生；通过不断的运动刺激，防止骨骼中钙质流失，预防骨质疏松症；有效消耗多余的脂肪，是最理想的减肥方法；促进肠胃蠕动，加速营养物质的消化吸收和废物的排泄；提高人体免疫力，预防致癌因素对机体的侵袭；有效改善人的精神状态，使人轻松快乐。

（二）运动无处不在

美国斯坦福大学的德巴斯克教授经研究得出结论：如果每天工作之余能抽出 30 分钟时间进行锻炼，其结果与每天分三次运动、每次仅锻炼 10 分钟的健身作用是相同的。因此，小量运动，不需太多时间，不需特别器械场地，只要让自己运动起来，甩手、踢腿、弯腰、下蹲、转颈、按摩头颈部及四肢、捶背、摩腹、原地跑、跳绳、跳舞、俯卧撑、倒立、叩齿、活动眼肌、爬楼梯等同样可以起到健身作用。如果连续工作、学习，每间隔 1 小时起来活动 10 分钟以上，可以减轻疲劳，增进血氧交换，利于身体健康。

（三）运动的注意事项

一要循序渐进。从简单的运动做起，从小运动量开始，由简入繁、由易到难、由弱到强。二要做好运动前的热身。通过伸展四肢、转腰、压腿、下蹲等拉长参加运动的各部位肌肉，特别是容易受伤的部位的肌肉，预防锻炼中出现损伤。三要适当饮食和补水。体育锻炼不要空腹进行，因为空腹容易出现低血糖。运动前后和运动中都需要适量饮水。运动前 1 小时左右喝一杯牛奶或糖水，可提高血糖浓度，补充能量，增加耐力；运动中可分次少量喝一些水；运动后不要立即大量喝水，不宜喝冷饮。运动锻炼消耗了人体很多能量，运动后应及时补充营养。四要合理安排运动时间，遵循人体的生物钟，避开空气污染时段。无论是身体的适应能力还是体力，均以下午或接近黄昏时分最适宜。人的味觉、视觉、听觉等这时最敏感，全身协调能力强，尤其是心率与血压都较平稳，最适宜参加体育锻炼。对大学生来说，上午课间 9～10 时和下午 4 时，是进行健身锻炼并促进提高学习效率的最佳时间。五要掌握好运动强度。人体的心血管系统功能只有在适度的运动刺激下才能得到改善。运动时间过长会造成筋骨和肌肉酸软，大运动量会导致心律不齐。专家认为，较适宜的运动量应为每天 30～60 分钟的中等强度活动。锻炼快结束前，宜逐步趋缓，不宜"急刹车"，应稍微放松、整理，由紧张的运动状态过渡到安静状态，不要立即蹲、坐或躺下，也不要随即抽烟、洗浴、游泳、就餐等。

第五章

安全教育

当代大学生是祖国的未来、民族的希望，肩负着国家的重任，他们的顺利成长关系到党和国家的前途和命运。大学生正处于人生成长的关键时期，面临着学习、生活、恋爱、升学、就业等一系列的人生重大课题。对大学生进行安全教育，是贯彻落实科学发展观的具体措施，是高校人才培养工作的重要组成部分。通过对大学生进行安全教育，促进大学生主动掌握安全防范知识、确立正确的安全价值观，增强大学生的安全防范意识和避险自救能力，全面提升大学生安全整体素质，为大学生的成长、成才提供保障。

第一节　校园安全事件的分类及防范[①]

一、网络安全

（一）易发生的网络安全事故

1. 散布虚假信息，传播网上谣言

网络谣言是指通过网络介质（例如微博、国外网站、网络论坛、社交网站、聊天软件等）而传播的没有事实依据，带有攻击性、目的性的话语。主要涉及突发事

---

①　徐伟. 大学生入学教育［M］. 北京：北京理工大学出版社，2018.

件、公共卫生领域、食品药品安全领域、政治人物、颠覆传统、离经叛道等内容。

谣言传播具有突发性且流传速度极快，因此对正常的社会秩序易造成不良影响。偷换概念、以偏概全；宁信其有、不信其无，从众心理加速传播。网络谣言尤其是网络政治谣言由于真伪难辨、蛊惑性强，容易带来严重社会问题，甚至引发社会动荡和政局失稳。许多国家把打击网络政治谣言作为谣言治理的重要内容，综合施策、严厉打击。

2. 发表不当言论

由于网络的开放性、虚拟性，上网族可以匿名在网络上表达自己的观点和看法。如果没有较强的社会责任感，大学生就可以在不同的网站随意发表自己的观点。有的宣泄可能会对国家、组织或个人造成伤害。严重的还会触犯国家的法律，造成犯罪。

3. 扮演黑客，进行网络攻击和入侵

大学生是一个具有较高智商的群体，一些大学生制造计算机病毒，在网络上进行发布，对他人电脑进行攻击，侵犯他人隐私，甚至非法牟利，走上犯罪道路。

4. 制作或传播色情淫秽与低俗、庸俗、媚俗的"三俗"不良信息

互联网上存在着大量黄色网站，而在我国上网族中，25 岁以下的青少年就占54.2%，大学生涉世未深和可塑性较强，使得他们成为"网络黄毒的最大受害者，对正处在成长阶段的大学生带来了很大的负面影响。大学生一旦沉迷于这些不良信息，就会不能自拔，进而成为色情网站的"常客"，甚至会利用网络传播这些不良信息。

5. 侵犯他人名誉权、肖像权、隐私权、知识产权等权利

网络隐私权是指公民在网上享有私人生活安宁和私人信息依法受到保护不被他人非法侵犯、知悉、搜集、复制、利用和公开的一种人格权；也指禁止在网上泄露某些个人相关的敏感信息，包括事实、图像以及诽谤的意见等。

互联网上侵犯个人隐私权的形式和方法主要有：通过网络公布他人的隐私、监视他人的电子邮件、获知他人的隐私、滥用网民的个人资料、向网民发送垃圾邮件、利用网络技术获知他人的隐私并利用等。

6. 网络欺骗

网络诈骗是指以非法占有为目的，以计算机网络为工具，虚构事实，隐瞒真相，骗取公私财物，数额较大的行为。

大致分为两类：一类是以互联网为工具，发布虚假信息，骗取特定或不特定的受害人；另一类是以其他有权人的身份，通过互联网进入特定的计算机信息系统，在该系统中进行一定的信息操作，将有权人所有或占有的虚拟财产划拨到自己的账户上。

7. 扰乱网络秩序

（1）恶意投票。比如有些作者为了登上小说网的点击排行榜，雇枪手来投票，从而达到签约的目的。

（2）盗用链接。如一些电影网本身无服务器和影片资源，通过盗用别的网站的链接做无本生意。

（3）恶意刷屏。如在聊天室或者BBS恶意刷屏，使整个屏幕充斥着他的句子或者帖子来达到某种目的，影响网站的正常营业与他人的使用。

（4）利用网络宣传违法信息。现在网络媒体的力量日益强大，很多新闻内幕都率先出自网络，但某些人或组织也通过在知名论坛、博客发布信息来扭曲事实，煽动爱国青年等。

此外，还有传播垃圾邮件，在论坛、贴吧中对他人实施谩骂、侮辱等语言暴力行为。

（二）大学生网络安全问题成因

1. 主观原因

大学生自身心理特点是大学生网络安全问题存在的主观原因。目前我国大学生的年龄跨度基本在18～22岁，这时期的大学生处在一个知识日益更新信息量交流迅速的文化氛围中，对新事物接受快，思维敏捷，容易形成新的观念和看法，使得他们的创造欲增强。但是这一时期的大学生缺乏生活经验，看问题容易掺杂个人感情，容易陷入主观、"想当然"的境地。

在这一心理特点的驱使下，一些大学生认为自己的计算机技术超群，开始挑战突破计算机安全系统，进而导致网络犯罪。大学生自身特点又使得大学生的网络犯罪具有高智能、高隐蔽、高危害性。

2. 客观原因

大学轻松的学习环境使得大学生们有了更多自己可支配利用的时间，一些学生会借上网来消磨时间，这样某些自制力不强的大学生会因此沉迷网络，出现网络安全问题。

目前部分高校对大学生网络安全教育的重视不够，使得大学生们普遍缺乏网络安全意识。安全意识的缺乏无疑容易使接触网络最多的大学生成为网络危害行为的受害者甚至实施者。

网络立法的不完善使得政府相关部门对于网络的管理不太规范，对于一些犯罪分子而言容易有机可乘。

（三）大学生网络安全预防

1. 警惕网络色情聊天、反动宣传等

网络中不乏好色之徒，言语中充满挑逗，这会对大学生的身心造成伤害。也有一些组织或个人利用网络聊天进行反动宣传，拉扰、腐蚀学生，这些都应引起我们的警惕。

2. 去合法网站浏览网页

尽量选择合法的网站。许多非法网站利用人们好奇、歪曲的心理，放置一些不健康甚至是反动的内容，有的还带有病毒，威胁电脑安全。

3. 杜绝浏览色情网站

色情网站不但带有病毒，而且游览色情网站会对青少年的身心健康造成伤害，影响正常的学习生活，其至走向犯罪的道路。

4. 在虚拟社区要把握分寸

浏览虚拟社区时，里面有时会有一些带有攻击性的言论，或者反动、迷信的内容，有学生出于好奇或在网上打抱不平进行留言，容易受到他人的攻击，稍不注意甚至还会触犯法律。

5. 网络购物时，选择合法的、信誉度较高的网站交易

网上购物时必须对该网站的信誉度、安全性、付款方式等进行考察，最好不要直接通过银行卡汇款，而是选择货到付款或通过第三方支付平台（如支付宝）付款，防止财产丢失，或个人账号、密码被盗。

二、同学之间的纠纷及防范

同学们生活、学习在一起，发生纠纷是难免的。人们常说：纠纷是破坏团结的蛀虫。如果不能及时化解矛盾，原本没什么大不了的纠纷往往就有可能酿成治安问题或刑事案件，导致严重后果。

大学生纠纷一般有个人与个人、个人与群体、群体与群体之分，诱因虽然复杂，但多数都是个别学生年轻气盛、争强好胜、感情用事、缺乏忍让精神、不善于处理人际关系和人际矛盾所致，起因大多都是一些生活琐事。大学生往往有主见缺乏空间，有行动缺乏方法，有标新缺乏市场，还有一些因家庭娇生惯养或压抑使之心理

机能出现障碍等。

在校园内，学生宿舍、餐厅、机房、图书馆、阅览室、运动场、实验室、实习车间等公共场所容易产生纠纷。其主要原因有：一是语言粗俗，不分场合；二是玩笑过分，不拘小节；三是胡乱猜疑，嫉妒他人；四是恋爱移情，揭露隐私；五是极端利己，不容他人；六是狂妄自大，目中无人；七是喝酒过量，难以控制。

在遇到纠纷问题时要做到：

（1）诚实谦让，以理服人。在与同学相处中，诚实、谦让是加强团结、增进友谊的基础，也是消除纠纷的灵丹妙药。同学们不要简单地认为虚心、谦让是懦弱的表现，恰恰相反，它是现代人理性、成熟、睿智的表现。

（2）自我约束，宽以待人。大学生要学会自我约束，遵守学校的规章制度，不做违章违纪之事，避免与人发生纠纷；同学们都来自不同的地区、不同的家庭和不同的生活环境，习性大不相同，要学会理解别人、宽容别人，处理好争执。

（3）冷静克制，学会容忍。一旦发生争执，双方都要冷静对待，不可情绪激动，切忌莽撞。对于那些已经发生的口角和小的碰撞，要一笑了之，学会宽容。对于涉及原则或众多同学利益的纠纷，要实事求是地向辅导员和前来处理的工作人员反映情况，协助有关部门妥善处理。

（4）加强沟通，增强信任。长相知，不相疑，只有不相疑才能长相知。一是加强沟通与交流；二是说话和气，尊重对方；三是学会交换意见和建议，消除误会和猜疑，在共同的学习、生活中增强信任，增进友谊。

三、打架斗殴及防范

打架斗殴往往是由偶尔起因不能冷静对待而引起冲动的行为，其行为危害性很大，后果无法预测。校园常见斗殴事件多集中在高年级及毕业前期，主要有经济纠纷、利益争斗、恋爱移情、酗酒等几种情况，涉及校内外人员。由于打架斗殴负面影响较大，侵害后果严重，所以一直是学校重点防范对象，对事对人的处理都非常严厉，其目的就是要控制和消除此类事件的发生，维护学校稳定。大学生应从以下四个方面做好防范：

（1）古话说得好，"一粥一饭当思来之不易，半丝半缕恒念物力维艰"。大学生要珍惜学习机会，发扬勤俭节约、艰苦奋斗的精神，要懂得父母供养自己上学实在不易，钱要计划着花，要尽量节省开支，尽量减少或不到校外上网和就餐。这样既省钱又省时，也大大提高了个人安全系数。

（2）严格遵守《高等学校学生行为准则》和学校各项规章制度，不喝白酒，禁止酗酒。毕业班学生聚餐要有节制，应在老师或辅导员的控制下有序进行，并做到言谈友好，举止文明。

（3）学生在校期间，应该将主要精力集中在学习上，不要过早谈恋爱，更不能因为谈恋爱与同学产生误会，即使有了误会，也应该本着善意的态度相互沟通，绝不能采用武力解决问题。

（4）一旦遇上其他同学打架斗殴，首先要做到不围观、不起哄、不介入；其次要及时向老师或辅导员报告并保护现场，抢救伤员；最后要配合老师和同学制止事态扩大，劝散围观人群，做好善后工作。

四、女大学生安全及防范

（一）女大学生人身安全

女大学生自身力量弱且胆小，对外来侵害难以防范。由于人身安全的特殊性，女大学生人身安全常见的为容易受到性侵害。对女大学生的性侵害不仅使受害人身体受到伤害，而且会使受害人的人格尊严受到侮辱，从而导致精神崩溃，甚至导致自残、自杀等严重后果。

（二）女大学生受侵害的形式和特点

1. 女大学生受性侵害的形式

（1）暴力式侵害。主要是指采取暴力手段，有的还携带凶器，进行威胁，对女大学生进行性侵害的行为。暴力侵害的主体比较复杂，有社会上的犯罪分子混入校园进行强奸犯罪，也有些是内部人员所为。方式有的是以强奸为目的，混入女大学生宿舍或校园内偏僻处伺机作案；也有的是以抢劫、盗窃为目的，见有机可乘或因受害人处置不当而发展为强奸犯罪；还有的是因恋爱破裂或单相思，走向极端，发展为暴力强奸。

（2）流氓滋扰式侵害。主要是指社会上的流氓结伙闯入校园，寻衅滋事，或是校内某些品行不端人员在变态心理的驱使下，对女大学生进行的各种骚扰活动。这些人所采取的侵害方式多为用下流语言调戏、推拉撞摸占便宜、往身上扔烟头、做下流动作等。如在夜间、女大学生孤立无援或处置不当等情况下，也有可能发展为暴力强奸或轮奸。

（3）胁迫式侵害。侵害主体或是利用自己的权势、地位和职务，或是利用受害人有求于己的处境，或是抓住受害人的个人隐私、某些错误等把柄，对其进行精神控制，迫使被害人就范。

（4）社交性侵害。这种犯罪行为的主体多是受害人的相识者。因同事、同学、老乡、邻居等关系与受害者有社会交往，却利用机会或创造机会把正常的社交引向性犯罪。受害人身心受到伤害后，往往还出于各种顾虑不敢揭发。

2. 大学性侵害犯罪的主要特征

（1）作案目标的选择性。虽然女性都可能成为性侵害的目标，但犯罪分子从犯罪意念产生、犯罪得逞的风险以及作案后逃避打击等方面考虑，他们通常选择以下人员为侵害的目标：

①长相漂亮、打扮前卫者。犯罪心理学表明，一个犯罪分子在实施犯罪之前都具有一个犯罪意念，即一个人产生非法需求欲望的动力。根据弗洛伊德的性心理学说，在性犯罪当中，感官刺激是性犯罪的主要犯罪意念。因此，在性侵害中，长相漂亮、打扮前卫的女生要比相貌平平、穿着朴素的女生比例高。

②单纯幼稚、缺乏经验者。大学生往往在社会交往经验方面相当缺乏，只看到了社会美好的一面，忽视了社会阴暗的一面，信守人本为善的信条而对人性丑恶的一面知之甚少。于是在与有着丰富社会阅历的人打交道时就显露出许多单纯幼稚的言行，这恰好成为让那些心怀叵测的人攻击的弱点，容易成为他们的猎物。

③作风轻浮、关系复杂者。现代高校与社会的接触已越来越紧密，社会上的各种诱惑也时时冲击着在校的大学生。面对各类高薪"陪侍"兼职的诱人广告，一些思想过分开放的女大学生开始蠢蠢欲动，她们频频出入那些歌厅、舞厅等高档娱乐场所，结识那些所谓的成功人士，最后却成为被侵害的对象。

（2）作案时间地点的规律性。

①夏天是女大学生容易遭受性侵害的季节。夏天天气炎热，女生夜生活时间延长，外出机会增多。同时，由于夏季气温比较高，女生衣着单薄，裸露部分较多，因而对异性的刺激增多。

②夜晚是女大学生容易遭受性侵害的时间。这是因为夜间光线暗，犯罪分子作案时不容易被人发现。所以，夜间女大学生应尽量减少外出。

③公共场所和僻静处所是女生容易遭受性侵害的地方。

（3）作案手法的多样性。前面我们已经在性侵害的表现形式中谈到了性侵害的各类作案手法，如暴力、胁迫的手段以及通过家教、网恋、求职等，以下两种手法也是性侵害中经常出现的：

①谈恋爱。这种手法具有一定的隐蔽性，一般不容易为被害人所防备。女大学生在选择恋爱对象时，有时不考察对方的人品、修养及内涵，而过多地注重相貌。

②饮酒。这种手法常常发生在熟识的同学、朋友、老乡聚会以及女大学生有求

于人的一些场合。犯罪分子通过与女大学生交往一段时间，取得她们的信任后，在吃饭的场合提出让女大学生喝酒，由于酒精能刺激麻痹人的神经系统，使人的思维过程受到干扰而变得神志不清，自制力下降，从而使犯罪分子轻易得手。

（4）报案时间的滞后性。由于性侵害案件客体的特殊性，涉及被侵害对象人格、名誉的损害，加上中国传统世俗的偏见，所以许多女性在遭到性侵害后都采取延迟报案或不报案的态度，致使犯罪嫌疑人更加肆无忌惮地对其他女性实施加害行为。

（三）女大学生性侵害的防范

在思想上树立防范性侵害意识。在社会中，女性作为性侵害的特殊客体容易遭受侵害。因此女大学生在校内校外的各种活动场合，要随时注意遭受性侵害的可能性，提高自我保护的警觉性，只有树立防范意识，才能对一些预警性的性侵害信息及时采取防卫措施，有效地保护自己。如在社会交往中对朋友、对同伴那些肮脏下流的笑话、淫秽暧昧的语言、挑逗暗示的动作采取强烈的排斥态度，就能及时打消他们的侵害念头，从而防止被害。

在生活上注意仪表言行得体。前面已经谈到，女性性感的时装、大面积的身体暴露会给那些本无意实施强奸的犯罪嫌疑人感官上以极大的刺激，加速他们的犯罪欲望。因此女大学生在校期间的穿着打扮要符合自己的身份，大方得体，不要盲目追赶潮流，浓妆艳抹。在言行举止方面，女大学生要懂得自尊自爱，不要与男性过分亲昵，甚至暧昧。

在防范上关注所处周围环境。性侵害犯罪作为一种特殊的犯罪行为，犯罪嫌疑人往往注重作案环境的选择，以求作案的"成功率"，减少作案风险，所以女大学生对自己的生活、居住环境要加倍关注。晚上尽量不要外出，有事外出也要尽早回来，夜晚外出或在校内行走最好结伴而行。

在观察中谨慎结交新朋友。根据调查表明，有63％的性侵害是发生在相互认识的熟人中间。因此，女大学生在与同学、老乡及朋友（网友）的交往过程中要注意对方交往的目的，留意对方日常言行中表现出来的人品、道德修养。如发现对方时常有过分亲昵、挑逗等预兆性言行时，要及时果断地终止来往。在与朋友交往中应时刻注意观察和提醒自己，不要轻信好话，不要单独跟新朋友去陌生的地方。

有选择地参加社会活动。女大学生应慎重参加如家教类的活动，即使要参加也要通过学校及有关部门去联系，切忌自己通过小广告或者自行推荐去选择服务对象。在参加之前，要对家教对象的基本情况有个大致的了解，不要只图报酬高，嫌手续烦琐而贸然前往。①

五、交通安全及防范

只要有行人、车辆、道路三个交通安全要素存在，就有交通安全问题存在。发生交通事故最主要的原因是思想麻痹、安全意识淡薄、缺乏遵守交通规则的自觉性。学生的交通安全是指学生在校园内和校园外的道路上行走、乘坐交通工具时的人身安全。

（一）校园内容易发生的交通事故

校园内也容易发生交通事故，其诱因如下：

（1）思想麻痹，认为在校园内骑车和行走安全，不会发生意外。

（2）注意力不集中。这是最主要的原因，表现为学生在走路时玩手机或听音乐，或左顾右盼、心不在焉。

（3）在路上进行球类活动。大学生精力旺盛、活泼好动，即使在路上行走也是蹦蹦跳跳、嬉戏打闹，甚至个别学生还在路上进行球类活动，更是增加了发生事故的概率。

（4）骑车速度过快。在校园内，宿舍与教室、图书馆之间有一段距离，不少学生课间或下课时骑自行车在人潮中穿行，有的学生因骑车太快，埋下祸根。

（5）共享车行驶违规操作多，安全意识薄弱。超速驾驶、驾驶共享电动车的时候载人；大学生在驾驶共享电动车的过程中普遍存在超速、超载等违规操作（违规：时速超过 20 千米或有载人行为），这为交通安全埋下了隐患。学生违规操作的另一大原因是安全意识不强，学生不了解电动车限速和超载标准，校方和电动车企业也缺少针对学生交通安全意识的宣讲。

（二）校园外常见的交通事故

（1）行走时发生交通事故。大学们喜欢结伴外出游玩、购物、访友，喜欢去人多热闹的场所。这些地方车流量大，行人多，各种交通标志令人眼花缭乱，与校园相比，交通状况更加复杂，若缺乏通行经验，发生交通事故的概率会很高。个别学生不遵守交通规则，喜欢显能逞强，在马路上追逐打闹、乱闯红灯、随意攀爬隔离桩和护栏，这都是引发交通事故的诱因。

（2）乘坐交通工具时发生交通事故。学生节假日离校返家、社会实践、外出实习和寻找工作等都要乘坐各种长途或短途交通工具。因乘坐交通工具发生交通事故

---

① 刘晓魁，付爱斌. 新编大学生安全教育［M］. 长沙：湖南大学出版社，2018.

的情况时有发生，有时甚至造成群体性伤亡事故。

（3）大学生驾驶共享汽车不同于乘坐公共交通，驾驶车辆受天气条件、身体状况等因素影响，雨雪天气会影响驾驶的视野和刹车性能，身体有恙时或饮酒驾驶时都有可能造成交通事故。同时安全随着共享汽车使用周期的延长，车辆的质量与自身安全性能不达标，方向的把握、视野、刹车性能等都是道路行驶安全的重要因素。

（三）交通安全事故的防范

（1）增强交通安全意识。不管是在校内还是校外，作为一名大学生，遵守交通规则是最起码的要求。若没有交通安全意识，很容易带来生命之忧。

（2）遵守交通规则。外出行走，应走人行道，无人行道时靠右边行走；走路时要集中精力，要"眼观六路，耳听八方"；不与机动车抢道，不突然横穿马路、翻越护栏，过马路时走人行横道；不闯红灯，不进入标有"禁止行人通行""危险"等标志的区域。

（3）安全乘坐交通工具。乘坐市内公共交通工具应等车停稳后依次上车，不抢不挤，上车后不要随意将身体伸出窗外；乘坐长途客车不能贪图便宜，不要乘坐车况不好的车；不乘坐不规范的交通工具，如"摩的"，因为这类交通工具安全隐患大，没有保障；乘坐火车、轮船、飞机时必须遵守相关安全管理规定。

六、消防安全及防范

发生在校园内的火灾，只要同学们了解和掌握一些基本的防火知识，大部分是可以预防的。

（一）造成火灾事故的主要原因

火源有直接火源与间接火源两种。直接火源有明火，如火柴、打火机火焰、香烟点火、烧红的电热丝以及电火花、雷电等，间接火源有加热起火与自燃起火等。对这些火源只要认真对待就能有效预防。发生火灾的主要原因有以下几种：

（1）思想麻痹，安全防火意识淡薄，不遵守消防法规和学校的各项规章制度，对可燃、易燃和助燃物品管理不善造成火灾。

（2）对某些可以自燃或在低温下即可燃烧的物质缺乏认识，重视不够，未及时排除引起燃烧的条件而造成火灾。

（3）用火时未做好防火措施，使火势蔓延到其他地方无法控制而造成火灾。

（4）一些违法分子为达到某种罪恶目的，故意纵火造成火灾。

（二）校园里发生火灾的具体原因

（1）在宿舍内乱拉乱接电线，造成电线短路或因接头接触不良发热而引起火灾。

（2）不按用电规范乱接电路的保险丝，甚至用粗铜线或铁丝代替保险丝，使电路过载或出现故障时保险丝不能及时熔断而造成电线起火。

（3）使用电热器具后忘记关电源就离开房间，使电热器具长时间通电发热而引发火灾。例如，用电热杯烧水，水烧干后没有切断电源，电热杯发热起火。

（4）在宿舍内违规使用大功率电热器，如电炉等，使电线过载发热起火。

（5）在床铺上点蜡烛看书，不慎引燃被褥蚊帐等造成火灾。

（6）未熄灭的火柴、烟头等引燃可燃物而引起火灾。

（7）在宿舍内擅自使用煤炉、液化炉、酒精炉等灶具。

（8）电气设备、电线老化，常年失修，漏电短路起火。

（9）电灯等发热电器离可燃物太近，使可燃物长时间烘烤发热起火。

（10）电气设备、电路的避雷设施失效，遭雷电击中而引起电路电气设备起火。

（11）在楼道拐角处堆放杂物，随意玩火、燃放鞭炮和焚烧垃圾等行为不当引起火灾。

（三）火灾事故的预防

（1）在教室、实验室和实习车间要严格遵循操作规程及管理要求，使用设备仪器时应认真检查电源、管线、火源、辅助仪器设备等是否有异常情况，是否放置得当，对整个操作使用过程是否清楚，只有在各项准备工作做好后，才可以进行实验或其他操作。涉及使用易燃易爆危险品的实验或实习，更要注意防火安全。实验、实习场地应配有足够的灭火器材，并且熟悉其放置地点和使用方法。离开实验、实习场地时，应按规定要求，关闭电源、水源、气源等，清理杂物和垃圾，摆放好各项物品。实验、实习场地的通道要保持畅通无阻，严禁将物品堆放在门口、走廊、过道等通道上。

（2）在宿舍内，应严格遵守宿舍安全管理规定，严禁乱拉乱接电线；禁止使用电炉等大功率电器；禁止随意加大电路保险丝；禁止在宿舍内使用明火照明；禁止将易燃易爆危险品带进宿舍；发现不安全的现象要及时向宿管人员或有关部门报告，尽快消除隐患；要爱护宿舍内的消防设施和灭火器材，掌握正确使用消防器材的方法；宿舍没人时应关掉电器和电源开关。

（四）火灾的扑救与逃生

（1）发现宿舍着火要大声呼喊，尽可能招呼更多的人参与灭火，并迅速拨打119向消防部门报警。同时，派人在起火点附近的路口迎接消防车，使其迅速准确到达火场，及时控制火势蔓延。一般火灾，可用脸盆、水桶等取水浇灭或用棉被等覆盖火苗，然后浇水扑灭；电气火灾应先切断电源再灭火，若附近有消防器材最好使用消防器材灭火。

（2）一旦发生火灾需要逃生，首先要沉着冷静，分辨情况后自救。若火势不大，应尽快离开火场，不要因留恋财物而错过时机；若烟火很大，要放低身体，用湿毛巾或湿手帕等捂住口鼻沿墙角匍匐前进逃离；若身上着火，可就地打滚将火压灭，不能奔跑，也不宜用灭火器直接向人体喷射；若被困于室内要及时发送求救信号，用湿毛巾捂住口鼻，尽可能紧闭门窗，减少空气对流，防范大火窜入。

七、传染病安全与防范

学校是人群高度密集的场所，学生抵抗疾病的能力较弱，加上近年来城市发展迅速，人口流动频繁，很容易引发传染病在校园内的流行和传播。因此，了解校园易发传染病相关知识对于在校大学生具有重要的意义。

（一）我国对传染病的分类管理

《中华人民共和国传染病防治法》根据传染病的危害程度和应采取的监督、监测、管理措施，将传染病分为甲、乙、丙三类，实行分类管理。

1. 甲类传染病

也称强制管理传染病，包括鼠疫和霍乱等。此类传染病发生时，要及时对病人、病原携带者进行隔离，对疫点、疫区进行重点防控。

2. 乙类传染病

又称为严格管理传染病，包括病毒性肝炎、细菌性和阿米巴痢疾、伤寒和副伤寒、艾滋病、淋病、梅毒、脊髓灰质炎、麻疹、百日咳、白喉、流行性脑脊髓膜炎、猩红热、流行性出血热、狂犬病、钩端螺旋体病、布鲁菌病、炭疽、流行性和地方性斑疹伤寒、流行性乙型脑炎、黑热病、疟疾、登革热等。

3. 丙类传染病

又称为监测管理传染病，包括肺结核、血吸虫病、丝虫病、包虫病、麻风病、流行性感冒、流行性腮腺炎、风疹、新生儿破伤风、急性出血性结膜炎，以及除霍乱、痢疾、伤寒和副伤寒以外的感染性腹泻病等。

（二）校园传染病的特点

与社会上常见的传染病相比，校园传染病有以下几个特点。

1. 易感性高

大学生大部分是处于成长期的青少年，由于免疫功能发育尚不完善，因而抵御各种传染病的能力较差，容易感染致病。

2．人群集中，接触密切

学校是社会上一个特殊的公共场所，学生从四面八方汇集到学校，可能把传染源带入学校，相互间接触密切，加之卫生设备、卫生制度不健全和卫生习惯不良等，使传染病极易发生和流行，甚至是暴发。

3．季节性

学校传染病具有明显的季节性，呼吸道传染病在冬春季多发，肠道传染病在夏秋季多发。学校传染病的发生流行与寒暑假有密切关系，寒暑假学生走亲访友、旅游等活动增多，可能将外地的传染源带到本地和学校，在学校中造成传播，引起社会上更广泛的传播。

（三）常见传染病的预防与治疗

针对常见的传染病，要在了解其传播途径和临床表现的基础上，加强预防和治疗。

1．肺结核

肺结核是由结核分枝杆菌引发的肺部感染性疾病，是严重威胁人类健康的疾病。

（1）传播途径。结核菌主要通过呼吸道传染，活动性肺结核患者咳嗽、打喷嚏或大声说话时，会形成以单个结核菌为核心的飞沫悬浮于空气中，从而感染新的宿主。此外，患者咳嗽排出的结核菌干燥后附着在尘土上，形成带菌尘埃，亦可侵入人体而形成感染。

（2）临床表现。肺结核的临床表现主要以午后低热、干咳、咯血、潮热、盗汗、胸痛、气短、消瘦、乏力为主要特征。

（3）预防。首先，要养成良好的生活习惯，不随地吐痰；经过工地或打扫卫生等扬尘环境时，应绕道走或者掩住口鼻；咳嗽时最好用手绢捂住嘴；房间要经常通风换气，保持空气新鲜；经常进行户外活动，增强体质；不抽烟、不酗酒，保证有充足睡眠；膳食营养合理；勤洗澡、勤换衣。其次，控制传染源，切断传染途径。应减少与病人接触，探视病人时要戴口罩；病人的日用品要消毒，室内用紫外线照射，餐具应煮沸，被褥在烈日下暴晒。最后，重视糖尿病患者。糖尿病患者由于体内代谢紊乱，则体抗病能力减低，其肺结核发生率比非糖尿病患者高 2～4 倍。

2．艾滋病

艾滋病，即获得性免疫缺陷综合征（AIDS），是指因为感染了人类免疫缺陷病毒（HIV）而导致免疫缺陷，并发一系列疾病及肿瘤，严重者可导致死亡的综合征。

（1）传播途径。艾滋病的传播主要有四种方式：一是性行为，即与已感染的伴侣发生无保护措施的性行为，包括同性、异性的性接触。二是静脉注射吸毒，即与他人共用被感染者使用过的、未经消毒的注射工具，这是一种非常重要的 HIV 传播途径。三是母婴传播，即在怀孕、生产和母乳喂养过程中，感染 HIV 的母亲可能将病毒传播给胎儿及婴儿。四是血液及血制品传播。握手、拥抱、礼节性亲吻、同吃同饮、共用厕所和浴室、共用办公室等日常生活接触不会传播 HIV。

（2）临床表现。我国将 HIV 感染分为急性期、无症状期和艾滋病期。

急性期：通常发生在初次感染 HIV 后的 2～4 周。临床主要表现为发热、咽痛、恶心、呕吐、腹泻、皮疹、关节痛、淋巴结肿大及神经系统症状。多数患者临床症状轻微，持续 1～3 周后缓解。

①无症状期：可从急性期进入此期，或无明显的急性期症状而直接进入此期。此期持续时间一般为 6～8 年，但也有快速进展和长期不进展者。

②艾滋病期：为感染 HIV 后的最终阶段，此期主要临床表现为 HIV 相关症状、各种机会性感染及肿瘤。

（3）预防。一是洁身自爱，不乱性；二是不与他人共用剃须刀、牙刷等；三是不使用未消毒的器械进行穿耳、文眉；四是怀疑自己或伴侣感染艾滋病病毒时坚持使用避孕套；五是有毒瘾者勿与他人共用注射器；六是使用经严格消毒的注射器及检查、治疗器械；七是输血时使用经艾滋病病毒抗体检验合格的血液。

3. 新型冠状病毒

新型冠状病毒（2019-nCoV，以下简称新冠病毒）属于 β 属冠状病毒，对紫外线和热敏感，乙醚、75％乙醇、含氯消毒剂、过氧乙酸和氯仿等脂溶剂均可有效灭活病毒。人群普遍易感。基于目前的流行病学调查和研究结果，新冠肺炎潜伏期为 1～14 天，多为 3～7 天；发病前 1～2 天和发病初期的传染性相对较强；传染源主要是新冠肺炎确诊病例和无症状感染者；主要传播途径为经呼吸道飞沫和密切接触传播，接触病毒污染的物品也可造成感染，在相对封闭的环境中暴露于高浓度气溶胶情况下存在经气溶胶传播可能；由于在粪便、尿液中可分离到新冠病毒，应当注意其对环境污染可能造成接触传播或气溶胶传播。新冠病毒在流行过程中基因组不断发生变异，目前研究提示部分变异病毒传播力增高，但其潜在致病力和对疫苗效果的影响有待进一步研究①。

学校是人群高度密集的场所，学生抵抗疾病的能力较弱，加上近年来城市化进

---

① 国家卫生健康委员会办公厅《新型冠状病毒肺炎防控方案》（第八版）2021 年 5 月。

程加快，人口流动频繁，传染病很容易在校园内流行与传播。2020年发生的新冠肺炎疫情是国家乃至世界发生的重大突发卫生事件。尽管新冠肺炎病毒在中国已得到有效控制，但它并未离我们远去。

（1）传播途径。

①直接传播：也称飞沫传播，患者打喷嚏、咳嗽、说话时的飞沫，以及呼出的气体在与他人近距离接触时，可通过直接吸入导致感染。

②接触传播：飞沫沉积在物品表面，接触污染手后，再接触口腔、鼻腔、眼睛等黏膜，可导致感染。

③气溶胶传播，飞沫混合在空气中可形成气溶胶，他人吸入后可导致感染。但此项传播途径还未完全明确，有待进一步证实。

（2）感染症状。

新型冠状病毒肺炎患者的症状包括以下方面：

①发热：主要表现为类似普通感冒的发烧。

②乏力：四肢无力。

③干咳：较轻微。

④呼吸逐渐困难：与普通感冒最大的区别。

⑤严重者后期表现为急性呼吸窘迫综合征，如果时间较长或非常严重，则可表现为感染脓毒血症休克、难以纠正的代谢性酸中毒及出凝血功能障碍等。

⑥具有肺炎影像学特征，即早期呈现多发小斑片影及间质改变，以肺外带明显。进而发展为双肺多发磨玻璃影、浸润影，严重者可出现肺实变，胸腔积液少见。

⑦发病早期白细胞总数正常或降低，或淋巴细胞计数减少。

（3）预防。

新型冠状病毒是一种新发病毒，所有人都易感。如何预防新型冠状病毒感染成为越来越多人关注的话题。针对新型冠状病毒的特点和传染病流行规律，有效预防新型冠状病毒感染必须做到以下几点：

①避免去疫情高发区，并且如果有亲戚朋友是住在疫情高发区的，告诉他暂时不要往来了。

②避免去人流密集的场所，如超市、市场等。

③保持室内通风。必要时可以购买空气消毒喷雾除菌剂。

④注意个人卫生。勤洗手，用肥皂或者洗手液洗手，打喷嚏或咳嗽不宜对着他人，用纸巾捂住口鼻。

⑤外出佩戴医用口罩。

⑥可以使用免洗手消毒凝胶擦手，也可以用酒精消毒棉片擦拭玩具、手机等用品。

⑦必要时还可以佩戴抗病毒护目镜。

⑧可以适当口服抗病毒口服液，或者多吃含维C的食物以提高自身免疫力。

⑨多运动，增强体质。

⑩如果出现发烧，咳嗽，感冒等症状时，应及时去定点医院发热门诊就医并且佩戴口罩。

相关链接

公民防疫基本行为准则

1. 勤洗手。手脏后，要洗手；做饭前，餐饮前，便前，护理老人、儿童和病人前，触摸口鼻和眼睛前，要洗手或手消毒；外出返家后，护理病人后，咳嗽或打喷嚏后，做清洁后，清理垃圾后，便后，接触快递后，接触电梯按钮、门把手等公共设施后，要洗手或手消毒。

2. 科学戴口罩。乘电梯时，乘坐公共交通工具时，进入人员密集的公共场所时，应佩戴口罩；出现发热、干咳、乏力、咽痛等症状时，就医时，建议佩戴医用外科口罩或以上级别口罩。口罩需及时更换，每个口罩累计佩戴时间不超过8小时。

3. 注意咳嗽礼仪。咳嗽打喷嚏时，用纸巾捂住口鼻，无纸巾时用手肘代替，注意纸巾不要乱丢。

4. 少聚集。疫情期间，少聚餐聚会，少走亲访友，少参加喜宴丧事，非必要不到人群密集的场所。

5. 文明用餐。不混用餐具，夹菜用公筷，尽量分餐食；食堂就餐时，尽量自备餐具。

6. 遵守1米线。排队、付款、交谈、运动、参观、购物时，要保持1米以上社交距离。

7. 常通风。提倡勤开窗通风，每日开窗通风2~3次，每次20~30分钟。温度适宜时，可使窗户常开。

8. 做好清洁消毒。日常保持房间整洁。处理进口冷冻食品的炊具和台面，病人及访客使用的物品和餐饮具，要及时做好清洁消毒。收取快递时，用75%的酒精或含氯消毒剂等擦拭或喷洒快递外包装，拆封后及时丢弃外包装，并做好手卫生。空调使用前，要对空调壁挂机过滤网、蒸发器表面、进出风口进行清洗和消毒。

9. 保持厕所卫生。马桶冲水前盖马桶盖，经常开窗或开启排气扇，保持存水弯水封。定期清洁消毒厕所内卫生洁具和地面，表面有脏污或霉点时，要及时清洁消毒。

10. 养成健康生活方式。加强身体锻炼，坚持作息规律，保证睡眠充足，保持心态健康；健康饮食，戒烟限酒；做好每日健康监测，有发热、干咳、乏力、咽痛等症状时，及时就医。

11. 核酸检测。按要求配合做好常态化疫情防控和本土疫情处置中的核酸检测，确保"应检尽检"，对自己和家人的健康负责。

12. 疫苗接种。响应国家新冠病毒疫苗接种政策，3 岁以上适龄无接种禁忌人群应接种疫苗，做到"应接尽接"，保护个人健康。

第二节　安全常识

一、基本常识①

（一）必须牢记急救电话

1. 拨打 120 急救电话的 4 个注意

（1）语言精练、准确、清晰。

（2）内容详尽，应包含以下内容：

①地点：尽量详细描述至房门号等。

②人数：告知伤员或患者的人数。

③原因：如果知道疾病或伤害原因，要交待说明。

④症状：明确说明当前病情。

⑤咨询：询问或说明现场可以做哪些处理。

⑥电话：告知自己的电话号码，以便于联系。

（3）对地点、电话号码再次进行确认。

（4）询问可否挂断电话，或者等对方先挂断电话。

范例："请问是 120 吗？我奶奶突然头痛出大汗，很快就昏过去了，现在躺在家里的床上，请你们快点过来救救我奶奶。这里是长沙市岳麓区天马路××社区×栋×门

---

① 田巧萍，赵剡. 你应该知道的急救常识［M］. 武汉：武汉大学出版社，2010.

×××房间，这个是我的手机号码，我叫×××。请问我现在可以做些什么吗?"

2. 打完 120 还要这样做

（1）保证患者安静休息，避免因走动和情绪激动导致病情加重。

（2）继续对患者进行救助和观察，随时注意病情变化和告知120，最好能与120持续保持通话状态。

（3）保持室内通风，改善患者的呼吸，但要注意保暖。

（4）派人前往路口迎接急救车，以免因急救车寻找位置而浪费时间。

（5）如果家里的过道比较狭窄或被堆积物阻挡，立即进行清理，以保证急救通道畅通。

（6）提前准备好住院所需的物品，如以前的病历资料、生活用品和衣物、相关证件或医保卡、必要的医药费等。

（7）不要给患者喂任何食物或水，以免引起呕吐或影响入院后的治疗。

（8）当救护人员到达时，要听从救护人员的指挥，协助救护人员进行抢救和转运。

(二) 需掌握的救命术

1. 需要掌握的救命术——心肺复苏术

当一个人呼吸、心跳都停止的时候，是否意味着这个人已经死亡？是否已经没办法救治？我们又可以做些什么？

其实，当一个人的呼吸、心跳停止后，如果我们能够正确地实施心肺复苏术，他还有可能被救活。因此，心肺复苏术又被称为"救命术"。心肺复苏术是当一个人由于各种原因而导致呼吸和心跳停止后而使呼吸、心跳恢复的一种徒手抢救技术。病人此时的表现是：没有反应，没有呼吸。这个时候利用胸外按压等心肺复苏术进行抢救，可以使病人恢复呼吸和心跳。心律异常、冠心病及其他疾病和外伤等均可能导致心跳骤然停止，如能及时实施心肺复苏术，我们就有希望挽救亲人或朋友的生命。心脏骤停的黄金抢救时间是 4 分钟以内；如超过 15 分钟现场无人救助，则救活的可能性非常小。

2. 心肺复苏术的方法

碰到呼吸、心跳停止的病人，第一步是做出判断，第二步才是进行胸外按压。判断和按压在整个抢救过程中交替反复进行。

（1）判断有无意识。方法：轻拍重唤。

①轻拍：轻拍患者双肩（图 5-1）。

②重唤：大声呼唤伤病员。

（2）尽快拨打120急救电话。拨通120后，清晰地告诉接线员急救地点、受伤人数、受伤原因、伤员症状，并留下自己的电话号码。

（3）开通气道。方法：额头后仰、下巴上提（图5-2）。

图 5-1　轻拍患者双肩　　　　　　　　　图 5-2　开通气道的方法

①仰头（右手掌侧面压住伤员额头，斜向下用力）。

②抬颏（左手食指与中指并拢，轻提下巴偏内侧骨面）。

仰头抬颏，至下巴平面与地面约成90度。

（4）判断有无呼吸。方法：贴近病人，一看二听三感觉（同时进行）（图5-3）。

①看胸廓有无起伏；

②听有无呼吸音；

③感觉有无气流拂过面颊。

时间：5～10秒，通过数数评估时间（如数1001，1002，…，1007，数一个这样的四位数差不多就是1秒）。

图 5-3　判断有无呼吸

（5）胸外按压。如果没有呼吸，则立即进行胸外按压。按压位置在胸部正中，约在胸骨与两乳头连线相交处（图5-4）。方法：掌根贴于胸骨，以掌根为着力点；双肘保持直立不弯曲，与地面垂直（图5-5），以保证用力垂直；腰部或脚尖用力，上半身保持固定姿势；将病人胸廓按下1/3～1/2；每次按压后放松，保证胸廓完全回弹，但掌根、手掌不离开胸壁（图5-6）；连续按压30次（18秒左右）。尽量不中断按压，一直持续到医生赶到。

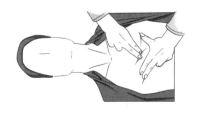

图 5-4　胸外按压的位置

图 5-5 胸外按压（1）

图 5-6 胸外按压（2）

(三) 常备的急救用品

1. 常备急救物品

常用物品：体温计、柱式血压计、镊子、手电筒、剪刀、冰块（如果有冰箱）、急救手册。

防护物品：医用手套、医用口罩。

外伤物品：棉签、创可贴、无菌纱布、弹力绷带、三角巾等。

外用药物：云南白药喷雾剂等。

伤口清洗：生理盐水。

伤口消毒：活力碘、过氧化氢等。

烫伤药：紫花烧伤膏等。

2. 常备急救药品

使用药品前务必阅读药物说明书或咨询医生，用药时需要特别小心。

感冒药：日夜百服宁、康泰克、维 C 银翘片等。

止咳化痰药：复方甘草合剂、咳必清等。

解热镇痛药：阿司匹林、对乙酰氨基酚片、双氯酚酸钠等。

抗生素药：阿莫西林胶囊、诺氟沙星胶囊、甲硝唑等。

抗过敏药：息斯敏、苯海拉明等。

助消化药：吗丁啉、多酶片等。

止泻药：思密达、易蒙停等。

通便药：便乃通、果导片等。

止吐药：胃复安片、乘晕宁等。

3. 特殊对象需备药品

使用时必须遵医嘱。

冠心病药：硝酸甘油片、速效救心丸等。

降压药：硝苯地平片、倍他乐克片等。

哮喘药：沙丁胺醇气雾剂、普米克令舒等。

二、救运方法[①]

（一）徒手搬运

1. 搀扶法

搀扶病人到救治场所（图 5-7）。这种方法适用于病情比较轻、没有骨折，但独立行走比较困难的伤病员。

2. 背驮法

把病人驮在背上（图 5-8），这种方法适用于病情较轻、没有骨折、自己行走很困难，但呼吸正常的伤员。

图 5-7　搀扶

图 5-8　背驮

3. 抱扶法

抱扶法适用于病情较轻、没有骨折、行走困难、体重较轻的伤病员（图 5-9）。

4. 爬行法

在山洞等空间狭小或火灾现场等不方便站立的环境下，绑住伤病员的双手，将其双手挂在救护者的脖子上，救护者带其慢慢爬出（图 5-10）。

---

① 田巧萍，赵剡. 你应该知道的急救常识 [M]. 武汉：武汉大学出版社，2010.

图 5-9　抱扶

图 5-10　爬行

5. 抬轿法

与"抬轿子"游戏一样，两人双手交叉相握，做成一顶无顶篷的"轿子"（图 5-11、图 5-12、图 5-13）。适用于病情较轻、没有骨折、行走困难的伤病员。

图 5-11　抬轿（1）　　　　图 5-12　抬轿（2）　　　　图 5-13　抬轿（3）

6. 平托法

多人同时用双手做成"轿子"，平托住伤员的身体，一人托住伤员头部（图 5-14、图 5-15、图 5-16）。适用于已发生或怀疑发生脊柱损伤、不得已需要搬动的伤病员。

（二）制作简易搬运工具

1. 床板

这是最简便易行的方法。将家中的木床板临时变成运送伤病员的工具，它适合所有伤病员的搬运，对于脊柱损伤和各种骨折的病人尤其好（图 5-17、图 5-18）。

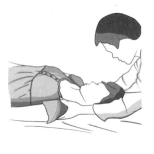

图 5-14　平托（1）

图 5-15　平托（2）

图 5-16　平托（3）

图 5-17　利用木床板搬运（1）

图 5-18　利用木床板搬运（2）

2. 床单或毛毯

床单或毛毯属于软质搬运工具，不适合需要固定的骨折伤病员，其他伤病员可以用这种工具搬运。

具体步骤：将伤病员平放在结实的床单上；左右各两人，将床单边缘向内卷；四人全部抓握牢固后，一人发令，同时抬起。

3. 床单加竹竿

这种方法也不能用来搬运骨折的伤病员，但可以用来搬运其他伤病员。

具体步骤：取一条结实的床单打开，在左右约 1/3 处各放一根粗竹竿→将床单的一边对折，压住同侧的竹竿，同时用另一竹竿压住折边对折，一副轻便的担架就完成了。

4. 编织袋加竹竿

大型号的编织袋都可以与竹竿一起制作成简易担架，用来搬运没有骨折的伤病员，骨折伤病员不能用这种方法抬送。

具体步骤：剪开编织袋的四个角→将竹竿穿过相对的两个剪开的洞，就可做成一副轻便担架。

第三节 应急事件处理

一、电击伤[①]

当一定电流或电能量（静电）通过人体引起损伤、功能障碍甚至死亡，称为"电击伤"，俗称"触电"。雷击也是一种电击伤。

（一）电击伤原因和表现

1. 原因

通常人们遇到的电击多数是220伏的民用电或380伏的工业用电，而不是高压电。多由于误触电源、带电导体、雷电及各种医用电器设备使用不当。值得注意的是，若因医用电器设备造成触电，电击发生在体内，后果更加严重。

2. 表现

轻度电击者可出现短暂的面色苍白、呆滞、对周围失去反应，自觉精神紧张，四肢软弱，全身无力。昏倒者多由于极度惊恐所至。严重者可出现昏迷、心室颤动、瞳孔扩大、呼吸心跳停止而死亡。

（二）自救和救助

1. 自救

如果是自己触电，附近又无人救援，此时需要触电者镇定地进行自救。因为在触电后的最初几秒内，处于轻度触电状态，人的意识并未丧失，理智有序地判断处置是成功解脱的关键。触电后并不像通常想像的那样会把人吸住，只是因为交流电可引起肌肉持续的痉挛收缩，所以手部触电后就会出现一把抓住电源，而且越抓越紧的现象。此时，触电者可用另一只空出的手迅速抓住电线的绝缘处，将电线从手中拉出解脱触电状态。如果触电时电器是固定在墙上的，则可用脚猛力蹬墙同时身体向后倒，借助身体的重量和外力摆脱电源。能够自我解脱的触电者一般不会出现

---

① 黄忠荣，彭程，高尚志. 人体意外自救与救助［M］. 上海：上海科技教育出版社，2011.

诸如耳聋、视力障碍、月经紊乱、轻度性格改变等后遗症。

2．救助

如果发现有人触电，作为救助者必须争分夺秒，充分利用当时当地的现有条件，使触电者迅速脱离电源。绝不可用手直接去拉触电者，这样不仅使触电者再次充当导体增加了电流的损伤，而且使救助者自身的生命安全受到电击的威胁。正确的救助方法是：

（1）立即切断电源或使用其他方法使患者尽快脱离电源。①关闭电源：如触电发生在家中，可迅速采取拔去电源插座，关闭电源开关，拉下电源总闸刀的办法切断电流。②斩断电路：如果在野外郊游，施工时因碰触被刮断在地的电线而触电，可用木柄干燥的大刀、斧头、铁锹等斩断电线，中断电流。③挑开电线：如果人的躯体因触及下垂的电线被击倒，电线与躯体连接很紧密，附近又无法找到电源开关，救助者可站在干燥的木板或塑料等绝缘物上，用干燥的木棒、扁担、竹竿、手杖等绝缘物将接触人身体的电线挑开。④拉开触电者：触电者的手部如果与电线连接紧密，无法挑开，可用大的干燥木棒将触电者拨离触电处。

（2）神志清醒的轻症患者，应卧床休息数日，并对心率、呼吸、血压等情况作严密观察。触电者脱离电源后如出现神志不清，救助者应进行下一步的抢救。

（3）如发现呼吸停止、颈动脉处触不到搏动以及呼吸、心跳停止的症状，立即按照心肺复苏术的要求进行抢救。对呼吸停止的患者给予人工呼吸，对心跳停止的患者给予胸外心脏按压，必要时开胸直接心脏按压，其要领是：①松解影响呼吸的上衣领口和腰带，使其呈仰卧位，头向后仰，清除口腔中的异物，取下义齿以保持呼吸道通畅。②要立即进行口对口人工呼吸和胸外心脏按压，并要坚持不懈地进行，有时须持续数小时，直至复苏成功或尸斑出现，不可轻易放弃。③在对伤员进行心肺复苏的过程中要设法与附近的医院取得联系，以便为伤员争取到更好的抢救条件。④对于雷电击伤的伤员也要采取相同的急救措施。

（4）对症治疗。①头痛、脑水肿、昏迷患者，给予脱水剂如高渗葡萄糖、甘露醇等治疗。②出现血压下降、休克者，给予间羟胺或去氧肾上腺素（新福林）等升压药，同时输液抗休克治疗。③出现酸中毒者，给予碳酸氢钠或乳酸钠治疗。④给予三磷酸腺苷（ATP）、辅酶A、细胞色素C等药物保护心脑功能。⑤应用抗生素预防感染。⑥加强支持疗法治疗，给予高热量、高维生素治疗，保持水电解质平衡。⑦若有电灼伤、软组织伤或骨折等应同时给予相应的治疗。

3．入院治疗

当触电者脱离电源后，应立刻通知救护车，并立刻施行人工呼吸，如遇心跳停止，必须立刻施行心肺复苏术，直至医护人员到场。

二、溺水①

（一）溺水概述

1. 溺水的概念

溺水亦称淹溺，是指人体淹没在水中，呼吸道被水阻塞，氧气不能进入肺内，造成急性缺氧、窒息。如能及时抢救，生命尚可挽回，如延误时机，可在短时间内死亡。

2. 溺水的原因

溺水者多发生在青少年或儿童，常因不慎落水或缺乏游泳知识或丧失游泳能力，也有企图自杀者；意外事故造成淹溺，多见于洪水灾害、轮船沉没或潜水作业、渔民捕鱼时，因天气、环境剧变，防护设备故障等造成。

溺水后患者因紧张、恐惧而主动屏气，致使喉头痉挛，一旦无法屏气而呼吸，大量液体伴有泥沙、杂草涌入鼻口，充满呼吸道，发生窒息缺氧。溺水后吸入的液体，一般有淡水和海水两种，对人体危害不同。

（1）淡水淹溺：淡水是低渗的，故淡水迅速经肺毛细血管进入血液循环，发生血液稀释，血容量急剧增加，血液渗透压迅速下降，导致低钠、低氯血症，红细胞溶血。

（2）海水淹溺：海水是高渗的，吸入肺泡后，体液中大量水分通过血管渗透至肺间质及肺泡内，导致严重的肺水肿；由于血液浓缩，血容量减少，引起高钠、高钙、高镁血症，血压迅速下降。

溺水者的轻重主要取决于溺水量的多少及持续时间的长短。患者表现为面部肿胀、双眼充血、鼻和口腔充满血性泡沫、烦躁不安或昏迷，可伴有抽搐。呼吸频率不规则，双肺布满湿性啰音。心音弱或心律不齐，上腹部膨胀，肢体湿冷。严重者呼吸停止，继之心跳停止死亡。

（二）溺水预防

1. 容易发生溺水的情形

（1）不小心从池边、岸边等处落入水中。

（2）在水中滑倒后，站立不起来。

---

① 胡金泉. 预防医学和急救医学［M］. 北京：中国医药科技出版社，1994.

（3）身上的浮具脱落或破裂漏气，沉入水中。

（4）游泳技术不佳，在水中遇到碰撞等意外，惊慌失措、动作慌乱。

（5）突然呛水，不会调整呼吸。

（6）过于逞强。

（7）入水方式不当。

（8）冒险潜水。

（9）被其他溺水者紧抱不放。

（10）嬉水时，被人按压。

（11）游泳场所设施不当。

（12）酒后游泳。

（13）深水域，有暗礁、暗流、杂草等的水域。

2．安全游泳须知

（1）要清楚自己的身体健康状况。平时四肢容易抽筋者不宜参加游泳或不要到深水区游泳。

（2）要做好下水前的热身准备。如水温太低应先在浅水处用水擦洗身体，待适应水温后再下水游泳。

（3）镶有假牙的应将假牙取下，以防呛水时假牙落入食管或气管。

（4）不要独自一人外出游泳，更不要到不知水情或比较危险且易发生溺水伤亡事故的地方去游泳。

（5）跳水前一定要了解水中状况，确保水深至少3米，并且水下没有杂草、岩石或其他障碍物，跳水时以脚先入水较为安全。

（6）在海边游泳，要沿着与海岸线平行的方向游，游泳技术不精良或体力不充沛者，不要涉水至深处。在海岸做一标记，留意自己是否被冲出太远，及时调整方向，以确保安全。

（三）现场急救

1．溺水后自救

（1）溺水后要保持镇定，尽量将头后仰，口向上，口鼻露出水面后呼吸呼救。

（2）不可以把手上举胡乱打水，以免身体下沉。双手划动，观察施救者扔过来的救生物品，迅速靠上去抓牢。

（3）当施救者游到自己身边时，应配合施救者，仰卧水面，由施救者将自己拖拽到安全地带。

（4）溺水后保存体力、等待救援是最重要的。会游泳的人如肌肉疲劳、抽筋也应采取上述自救办法。

2. 施救溺水者

（1）发现有人溺水要马上拿出手机拨打 120，打完电话迅速投入抢救，但要注意方法。

（2）施救者下水后不要从溺水者的正面靠近，应该从后面或侧面包抄施救，以仰泳的方法把溺水者带到安全处。

（3）救援时最好将溺水者向上托出水面，保证其顺利呼吸，减轻溺水者的危机感和恐惧感，减少挣扎，也利于施救者节省体力，顺利地脱离险境。

三、中暑①

（一）中暑概述

1. 中暑的概念

在夏季高温闷热的环境中，运动的强度大、时间长，运动者出汗过多且不能及时补充水分和盐分，就易发生这种高温疾病。

2. 中暑的原因

气温较高（＞32 ℃）、湿度较大（＞60％）、对高热环境不能充分适应及工作时间长、剧烈运动或训练，又无充分防暑降温措施时，极易发生中暑。此外，在室温较高而无空调时，肥胖、营养不良、年老体弱和慢性疾病病人更易发生中暑。据统计，心肌梗死、脑血管意外等疾病可使中暑发生率增加 10 倍。

（1）环境温度过高。在气温高于 32 ℃、湿度大于 60％，且无风的环境下。人体能从外界环境获取热量，当处于此环境的人群若伴有体弱多病，且体温调节中枢障碍，则会因吸收热量过多而中暑。

（2）产热增加。在夏天进行重体力劳动，或患有发热疾病、甲状腺功能亢进症和应用某些药物（如苯丙胺）时，会使产热增加体温上升而中暑。

（3）散热障碍。环境因素，如湿度大、无风天气、穿透气不良的衣服或身体肥胖等。中枢神经系统或者心血管功能异常，如长期饮酒者、老年人、心功能障碍者等。药物导致，如抗胆碱能药和抗组胺药，它们会影响发汗，阻碍散热。

（4）汗腺功能障碍。人体主要通过皮肤汗腺散热，当出现皮肤烧伤，致使汗腺

---

① 黄文武. 大学体育与健康教程［M］. 长沙：湖南大学出版社，2017.

损伤或者缺乏，则会使热量蓄积散发不出去，进而引起中暑。

3. 中暑的类型

根据发病机制，中暑可以分为以下四种情况：

（1）热痉挛。在高温环境中，因出汗过多，体内丢失大量的矿物质、钙离子等，引起肌肉、神经兴奋性提高，发生肢体和腹壁肌肉的痉挛现象，常见的有对称腓肠肌痉挛。患者体温正常，伴有头痛、恶心、头晕，由于失水，可能发生血压下降。

（2）热衰竭。由于高热引起外周血管扩张，但不伴有内脏血管收缩，流经皮肤、肌肉的血流量大大增加；大量出汗，水盐大量丢失，引起血液浓缩及黏稠度增加；肌糖原代谢增强，使肌细胞内形成高渗状态，使水分进入细胞内。这些均可使有效循环量明显减少，致发生低血容量性休克。机体为了促进散热，心输出量大大增加，使心血管系统的负荷加重，导致心脏功能不全，心脏周围环境衰竭和脑部供血不足。

（3）日热射。由于日光长时间照射头部，红、紫外线穿透颅骨而引起脑膜充血和脑组织损伤。患者表现为呼吸和循环衰竭现象：体温正常或稍高，血压下降，无汗，面色潮红，脑部温度可达 40～42 ℃，头晕、头痛、呕吐，或突然晕倒。

（4）高热中暑。由于长时间在高温、高热或不通风的环境中工作或从事体育锻炼，机体体温调节出现障碍，散热困难，引起体内热量积蓄过多。其实质是由于汗出不来，造成体温升高，引起头晕、头痛、呕吐、皮肤灼热，严重者可出现精神失常、虚脱、抽搐、心律失常、血压下降，甚至昏迷而危及生命。

（二）预防中暑

在炎热的夏天进行运动时，应穿浅色、单薄、宽松的衣服，并应准备解热消暑的冷饮料，如0.1％～0.2％的盐开水等；室内运动时要注意通风；烈日下锻炼要戴白色凉帽保护头部；夏季运动锻炼的时间不宜太长，应有适当的休息时间；运动量大的项目（如长跑）应放在上午或傍晚进行。此外，平时要坚持在较热的环境中锻炼，逐步提高身体的耐热能力。

（三）现场急救

1. 急救步骤

一移。迅速将病人移至阴凉、通风的地方，同时垫高头部，解开衣裤，以利呼吸和散热。

二敷。可用冷水毛巾敷头部，或将冰袋、冰块置于病人头部、腋窝、大腿根部等处。

三促。将病人置于4～18 ℃水中，并按摩四肢皮肤，使皮肤血管扩张，加速血液循环，促进散热。待肛门温度降至 38 ℃时，可停止降温。

四浸。将患者躯体呈 45 度角浸在 18 ℃左右的水中，以浸没乳头为宜。

五擦。4 人同时用毛巾擦浸在水中的患者身体，把皮肤擦红，一般擦 15～30 分钟，即可把体温降至 37～38 ℃，大脑未受严重损害者多能迅速清醒。

六服。取十滴水 2～3 滴，加适量温水灌服，或内服仁丹两三粒，也可起到解暑作用。

2. 一般中暑的处理

给患者降温：尽快将患者移至清凉的地方；用凉的湿毛巾敷前额和躯干，或用湿的大毛巾、床单等将患者包起来；用电风扇、有凉风的电吹风或扇子为其降温。注意：不要用酒精擦拭其身体，不要让其进食或喝水。

四、骨折[①]

(一) 骨折概述

1. 骨折的概念

骨的完整性遭到破坏称为骨折。根据骨折处是否与外界相通，又可分为开放性骨折和闭合性骨折。根据骨折的程度，又可分为完全骨折和不完全骨折。

2. 骨折的原因

运动中身体某部位受到直接或间接暴力撞击时，肌肉因强烈收缩可导致骨折，如踢足球时，小腿被踢造成胫骨骨折。

3. 骨折的症状

伤处剧烈疼痛，活动时加剧，局部肿胀，皮下淤血，功能丧失，肌肉痉挛，骨折部位发生变形，伤肢变短或成畸形。严重骨折时常伴有出血和神经损伤，甚至导致休克。

(二) 应急处理

如果出现休克，应先抗休克，让伤者安静平卧，注意保暖，必要时进行人工呼吸，可掐点和针刺人中、涌泉、百合、十宣等穴位。如果伴有伤口出血，则应立即止血包扎伤口。骨折后不要移动伤肢，应用夹板就地固定，夹板的长宽要合适，其长度必须超过骨折部上下两个关节；没有夹板时可用树枝等代替或将伤肢固定于伤者身上；夹板与皮肤间应垫软物，固定的松紧要合适、牢靠。开放性骨折，外露的

---

① 黄文武. 大学体育与健康教程［M］. 长沙：湖南大学出版社，2017.

骨端不要放回伤口内，以免造成深部感染，固定伤肢后及时将伤者送医院治疗。

（三）骨折的包扎法

1. 绷带包扎法

（1）环形包扎法：包扎时将绷带带头斜放于包扎处，用一拇指压住，将卷带环绕包扎一圈后，再将斜放的带头一个小角反折过来，然后继续环绕包扎，后一圈覆盖前一圈，包扎3～4圈即可（图5-19）。

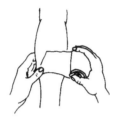

图5-19 环形包扎

（2）螺旋形包扎法：包扎时以环形包扎法开始，然后将卷带向上斜行缠绕，后一圈盖前一圈1/2～2/3即可（图5-20）。

（3）反折螺旋形包扎法：此法适用于包扎前臂、大腿和小腿等肢体粗细差别较大的部位。包扎时从环形包扎法开始，然后用一拇指压住卷带上缘，将其上缘反折（注意要避开伤处）并压住前一圈的1/2～2/3，每圈的折线应互相平行（图5-21）。

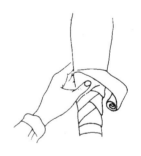

图5-20 螺旋形包扎　　　　**图5-21 反折螺旋形包扎**

（4）"8"字形包扎法：适用于包扎关节部位。有如下两种方法：

①从关节中心开始"8"字形包扎法。先做环形包扎，然后将卷带斜行缠绕，一圈绕关节的上方，一圈绕关节的下方，两圈在关节凹面交叉，反复进行，逐渐远离关节。包扎时每圈压住前一圈的1/2～2/3，最后在关节的上方或下方以环形包扎结束（图5-22）。

②从关节下方开始"8"字形包扎法。先做环形包扎，然后将卷带自下而上、自

上而下来回做"8"字形缠绕并逐渐靠拢关节，最后以环形包扎结束（图 5-23）。

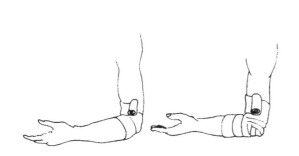

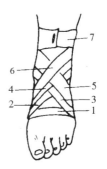

图 5-22 从关节中心开始的"8"字形包扎　　　　图 5-23 从关节下方开始的"8"字形包扎

2. 三角巾包扎法

三角巾包扎法操作简单，使用方便，容易掌握，包扎面积大。三角巾有顶角、底角、斜边和底边等部位名称（图 5-24）。

（1）手部包扎法：三角巾平铺，患手手掌向下，指尖对三角巾的顶角，平放在三角巾的中央，底边横放于腕部，然后将三角巾的顶角向上反折，再将两底向手腕背部交叉围绕一圈，在腕背打结（图 5-25）。

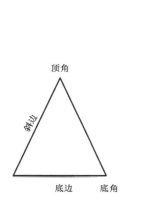

图 5-24 三角巾

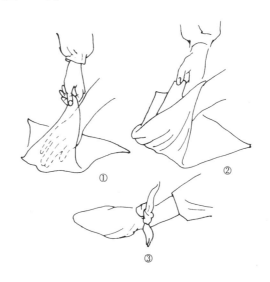

图 5-25 手部包扎

（2）足部包扎法：与手部包扎法基本相同。

（3）头部包扎法：将三角巾的底边置于前额，顶角朝向头后正下，然后将底边从前额绕至头后，在枕后交叉再绕至前额打结，最后把顶角拉紧并向上翻转固定（图 5-26）。

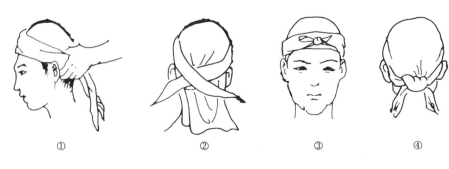

图 5-26　头部包扎

（4）大悬臂带：此法适用于除肱骨与锁骨骨折以外的上肢损伤。将三角巾顶角放在伤肢的肘后，一底角置于健侧的肩上，肘关节屈曲，前臂放在三角巾的中央，将下方的底角上折，包住前臂，在颈后与上方底角打结，最后把肘后的顶角折向前面，用橡皮膏或别针固定（图 5-27）。

（5）小悬臂带：此法适用于小臂骨折。将三角巾叠成四横指宽的宽带，其中央置于伤肢前臂的下 1/3 处，两端在颈后打结（图 5-28）。

图 5-27　大悬臂带　　　　　　　　　　图 5-28　小悬臂带

五、关节脱位

（一）关节脱位的概念

由于外力的作用使关节之间失去正常的联系称关节脱位，俗称"脱臼"。根据脱位的程度，可分为完全脱位和半脱位，前者关节面完全脱离原来位置，后者关节面仅部分错位。

（二）关节脱位的原因

大多数是因为间接外力所致，如摔倒时用手掌撑地，引起肘关节或肩关节脱位。

（三）关节脱位的症状

受伤关节剧烈疼痛、压痛、关节肿胀，失去正常活动功能；受伤肢体出现畸形；与健侧肢体比较不对称。

（四）关节脱位的处理

首先冷敷或喷氯乙烷，然后用夹板跟绷带、三角巾固定伤肢，最后尽快送医院，争取早期复位。

心理健康和情感发展

　　学校非常重视大学生心理健康教育，其中，建立了三级心理健康教育网络体系，包括学院心理健康教育与咨询中心、二级学院成长辅导室和班级朋辈互助队伍。心理健康教育与咨询中心以增强我院学生心理素质为目的，负责开展全院大学生心理健康教育、教学与咨询工作。二级学院成长辅导室围绕本院学生在成长过程中遇到的问题，开展思想提升辅导、学业发展辅导、生活适应辅导、职业发展辅导等。班级朋辈互助队伍主要包括心理部、大学生心理健康协会和班级心理委员，是心理健康知识的"宣传员"、学生心理动态变化的"观察员"和班级心理健康工作的"信息员"。学校为何对健康教育如此重视呢？下面就大学生心理健康和情感发展展开详细介绍。

第一节　心理健康

一、健康新理念

（一）健康的内涵

　　在认识心理健康之前，首先需要了解什么是健康。2016 年 8 月，习近平总书记在全国卫生与健康大会上发表重要讲话，提到了著名免疫学专家冯理达博士的一句话：人们常把健康比作 1，事业、家庭、名誉、财富等就是 1 后面的 0，人生圆满全系于 1 的稳固。健康可说是事业、爱情、幸福和实现人生价值的基础。

人们对健康的认识是随着社会的发展不断变化的。1948 年世界卫生组织成立之初，就提出了"三维健康观"，即"健康不仅仅是没有疾病或不体弱，还包括躯体（或称生理）的健康、心理（或称精神）的健康和社会适应的完满状态"。1990 年，世界卫生组织进一步对健康的定义进行补充，提出了"四维健康观"，即健康不仅包含了生理健康、心理健康、社会适应性健康，还有道德健康。

生理健康，也就是常说的身体健康，指发育正常，没有疾病，有良好的食欲，夜间睡眠质量好，体态、脸色好，精力充沛，能够很好地进行日常工作和学习，消除疲劳快。心理健康又称精神健康，指人的心理处于完好状态，包括正确认识自我、正确认识环境、及时适应环境。社会适应性健康是指人能与家庭和社会人群关系和谐、融洽，既能主动、积极地适应社会的发展，同时又能参与社会服务，为社会的发展做出贡献；具有基本的生活保障或良好的衣、食、住条件，在社会生活中感到和平、安宁。道德健康即个人能够遵守社会公德，自觉履行道德义务，能按照社会规范标准来约束、支配自己的行为，助人为乐，使自己的良好行为与习惯给他人带来快乐和幸福。

四维健康观表明健康的核心理念是平衡、是适度、是和谐。一个人只有在个体身心之间、个体与他人、个体与社会之间达到一种动态平衡状态，才算是健康，任何一个方面失去平衡，就可能成为不健康或亚健康状态。

随着科学技术的飞速发展，机械化、电气化、自动化、信息化程度越来越高。尤其是现代知识经济社会，既节省了人的时间，又提高了人的智力水平，增强了人的劳动强度，尤其是脑力劳动强度。"德智皆于体"，没有健康的身体就不可能掌握大量的知识和适应现代高强度的工作环境，也可以说，没有健康的身体就不能很好地适应高速发展的信息化社会对人身体的需要。

因此，作为当代大学生，应树立全面的健康观，重视生理、心理、社会适应和道德四个层面的健康。

（二）健康的标准

怎样衡量一个人是否健康？从健康的内涵我们可以看到，传统观念认为一个人健康就是没有疾病，这种认识是片面的。

1948 年，世界卫生组织提出了健康的 10 项标准，认为健康除了众所周知的没有病理改变和机能障碍外，还应该具有以下特征：

（1）有充沛的精力，能从容不迫地担负日常工作和生活而不感到过分紧张；

（2）积极乐观，勇于承担责任，心胸开阔；

（3）精神饱满，情绪稳定，善于休息，睡眠良好；

（4）自我控制能力强，善于排除干扰；

（5）应变能力强，能适应外界环境的各种变化；

（6）体重得当，身材匀称；

（7）眼睛炯炯有神，善于观察；

（8）牙齿清洁，无空洞，无痛感，无出血现象；

（9）头发有光泽，无头屑；

（10）肌肉丰富，皮肤富有弹性。

1999 年，世界卫生组织又提出了新的健康标准，即身体健康"五快"和心理健康"三好"，身体健康的"五快"是指吃得快（消化功能好）、便得快（吸收功能好）、走得快（运动功能好）、睡得快（睡眠好）、说得快（思维敏捷）；心理健康"三好"是指个性人格良好（情绪稳定，乐观豁达）、处世能力好（自控能力好，适应变化）、人际关系好（助人为乐、与人为善）。

二、大学生心理健康的标准

（一）心理健康的概念

人们对健康的追求随着时代的发展在逐步提高，心理健康也受到越来越多人的关注。你认为人的心理怎样才算健康？你对心理健康了解多少呢？

1946 年，国际心理卫生大会提出："所谓心理健康是指在身体、人的心理健康不相矛盾的范围内，将个人心境发展成最佳的状态。"2016 年，中华人民共和国卫生与计划生育委员会和中央宣传部等 22 部委联合发文，出台《关于加强心理健康服务的指导意见》，其中提到，心理健康是人在成长和发展过程中，认知合理、情绪稳定、行为适当、人际和谐、适应变化的一种完好状态。

（二）心理健康的标准

心理健康的标准可谓见仁见智，不同国家的心理学家纷纷尝试给出标准，以供人们参考。我国心理学家也提出了中国化的标准：

（1）有适度的安全感，有自尊心，对自我的成就有价值感；

（2）适度地自我批评，不过分夸耀自己也不过分苛责自己；

（3）在日常生活中，具有适度的主动性，不为环境所左右；

（4）理智，现实，客观，与现实有良好的接触，能容忍生活中的打击，无过度的幻想；

（5）适度地接受个人的需要，并具有满足此种需要的能力；

（6）有自知之明，了解自己的动机和目的，能对自己的能力做客观的估计；

（7）能保持人格的完整与和谐，个人的价值观能适应社会的标准，对自己的工作能集中注意力；

（8）有切合实际的生活目标；

（9）具有从经验中学习的能力，能适应环境的需要改变自己；

（10）有良好的人际关系，有爱人的能力和被爱的能力。在不违背社会标准的前提下，能保持自己的个性，既不过分阿谀，也不过分寻求社会赞许，有个人独立的意见，有判断是非的标准。

而针对大学生，心理学家普遍认为心理健康的标准应包括以下几个方面：

（1）智力正常。这是大学生学习、生活与工作的基本心理条件，也是适应周围环境变化所必需的心理保证，因此衡量时，关键在于是否正常地、充分地发挥了效能，即有强烈的求知欲，乐于学习，能够积极参与学习活动。

（2）情绪健康。其标志是情绪稳定和心情愉快。包括的内容有，愉快情绪多于负面情绪，乐观开朗，富有朝气，对生活充满希望；情绪较稳定，善于控制与调节自己的情绪，既能克制又能合理宣泄；情绪反应与环境相适应。

（3）意志健全。意志是人在完成一种有目的的活动时，所进行的选择、决定与执行的心理过程。意志健全者在行动的自觉性、果断性、顽强性和自制力等方面都表现出较高的水平。意志健全的大学生在各种活动中都有自觉的目的性，能适时地做出决定并运用切实有效的方式解决所遇到的问题，在困难和挫折面前，能采取合理的反应方式，能在行动中控制情绪和言而有信，而不是行动盲目、畏惧困难，顽固执拗。

（4）人格完整。人格指的是个体比较稳定的心理特征的总和。人格完整就是指有健全统一的人格，即个人的所想、所说、所做都是协调一致的。人格完整健康的主要标志是：人格结构的各要素都不存在明显的缺陷与偏差；具有清醒的自我意识，不产生自我同一性混乱；以积极进取的人生观作为人格的核心，并以此为中心把自己的需要、目标和行动统一起来。

（5）自我评价正确。正确的自我评价是大学生心理健康的重要条件，大学生应自我观察、自我认定、自我判断和自我评价，做到自知，恰如其分地认识自己，摆正自己的位置，既不以自己在某些方面高于别人而自傲，也不以某些方面低于别人而自惭，能够自我悦纳，喜欢自己，接受自己，自尊、自强、自制、自爱适度，正视现实，积极进取。

（6）人际关系和谐。良好而深厚的人际关系，是事业成功与生活幸福的前提。其表现为：乐于与人交往，既有广泛而深厚的人际关系，又有知心朋友；在交往中保持独立而完整的人格，有自知之明，不卑不亢；能客观评价别人和自己，善取人之长以补己之短，宽以待人，乐于助人，积极的交往态度多于消极态度，交往动机端正。

（7）社会适应正常。个体与客观现实环境保持良好秩序。进行客观观察以取得正确认识，以有效的办法应对环境中的各种困难，不退缩，还要根据环境的特点和自我意识的情况努力进行协调，或改造环境适应个体需要，或改造自我适应环境。

（8）心理行为符合大学生的年龄特征。大学生是处于特定年龄阶段的特殊群体，应具有与其年龄和角色相应的心理行为特征。

需要指出的是，心理健康的标准只是一个参考尺度，不能生搬硬套、机械运用。心理健康是一个连续变化的状态，它不像身体健康可以找到明确的生物学基础，在心理健康与不健康之间，往往无法找到明确的分界线。它具有相对性、连续性、动态性和可逆性。用心理学家岳晓东博士提出过的心理健康"灰色区域理论"（图7-1）来说，如果把心理健康比作白色，不健康比作黑色，那么白色和黑色中间存在着一个巨大的缓冲区域——灰色区域。实际上，大部分人都处在灰色区域。

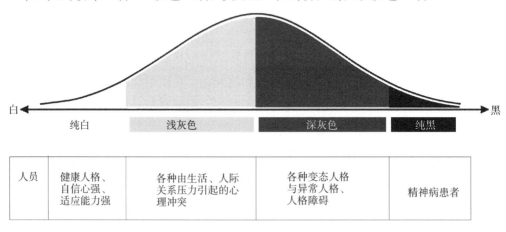

图 7-1

作为青春期的高职大学生，在不同环境、阶段中可能会处在不同的心理状态之下，心理波动频繁也较常见，大部分情况下这种心态会渐渐平复。这说明我们需要时刻保持对自己心理状态的觉察，及时进行自我关怀和调整，积极提升心理品质和素质，才能长久保持良好的心理状态。

那么，如果你知道或怀疑一个人正处于危机之中，你能为他做些什么呢？

（1）不要尝试一个人去解决问题。告诉辅导员、心理老师或其他亲近的老师，分享尽可能多的信息来描述你的担忧。虽然尽可能地保护个人隐私很重要，但在某些时候，安全问题是应当优先考虑的。

（2）和你担心的人谈谈。和你担心的人讨论你忧虑的点。选择一个双方都方便的时间（除非对方一直拖延），尽可能不带偏见地描述你所看到的情况，然后请他回应。你的目标是让他知道你想帮忙，并且与他一起来解决问题。例如，你可以说："我最近注意到你一周中每晚都喝酒，而且通常一次喝好几杯。这看起来和以前的情况有很大的不同，我一直很担心你。你最近还好吗？"这种描述更可能引起积极和合作的回应，而不是像"你最近喝得太多了。你是酒鬼吗？"这样去质问。这些谈话一般是很不容易的，所以你要准备好接受一系列的反应。对方可能会有以下反应：如果对方觉得最近自己很好，他可能会觉得你这么问使他很困惑；生气，也许是因为你的担心没有根据，或者是因为你的话正中靶心；告诉你你的担心是有根据的，并向你讲述他最近的情况；因为感到羞耻而变得防御心很强。

（3）对一定的羞耻感做好准备。羞耻感的问题是非常重要的，因为它常常伴随着心理上的困难，并且常常阻止一个人公开他们内心的挣扎。当一个人没有承担起自己的责任，并且已经为此感到内疚时，羞耻感可能会特别突出。注意到这些，也让对方知道你已经注意到了这些，会放大这种内疚感和羞耻感。如果他们并不对自己的行为感到自豪，他们也可能会感到羞愧，并可能从你的关心中听到谴责。尽可能把意思表达清楚，不管他们因什么而感到挣扎，你都接纳且支持他们。

（4）留心你自己的焦虑状况。要意识到你自己因他人的福祉而产生的焦虑。当我们担心某人时，我们可能会在谈话间带来没有益处的能量，特别是当我们感到压力很大的时候。例如，如果对方看上去有些回避，我们可能会生气，从而使他们更不愿意分享。只要认识到自己对他们状况的焦虑，就能帮助我们更有效地处理。

（5）和对方讨论你可以怎样帮助他们。如果出现危机，与对方讨论他们希望你如何帮助他们。可以选择的方法包括：尽可能多地倾听；如果不需要专业帮助，帮助他们想出一个自主完成的计划来应对危机；对其他可能有帮助的资源进行头脑风暴；提供实际帮助，比如承担一些责任，腾出时间让他们接受治疗；咨询心理咨询师或其他能提供帮助的专业人士；如果他们愿意的话，陪同他们一起去咨询。

三、大学生心理健康的养成

大学生所面临的一个重要任务就是促使心理日益成熟，以便成为一个心理健康的成年人。人的成熟，应具备三个基本条件：一是身体的长成。以个体生理成熟为标志，尤其是以性成熟为重要指标。大学生一般都已具备这种条件。二是心理发展完善。即形成了完善的自我意识，形成了稳定的个性。三是社会化程度的提高。以人的社会成熟为标志，即个体对自己在社会中所处的角色及所担负的社会责任有正确的认识。在这三种条件中，身体成熟是心理成熟的物质基础和依据，社会成熟是心理成熟的必要条件，而社会化程度的提高，取决于个体的社会实践活动。由于大学生在校学习时间长，与社会生活有着某种程度的隔离，对真正的社会生活并没有直接的、深刻的了解，社会实践活动也比较肤浅，因而，大学生的社会成熟期较长，在整个大学时代，都要为这种社会成熟的完成付出努力。

大学生应该有意识地从以下几个方面入手，培养良好的心理素质。

（一）培养良好的兴趣

兴趣是指一个人经常趋向于认识、掌握某种事物，力求参与某项活动，并且有积极情绪色彩的心理倾向。例如，对绘画感兴趣的人，就会把注意力倾向于绘画，在言谈话语中也会表现出心驰神往的情绪。高职大学生培养良好的兴趣要从以下几个方面努力：（1）提高自觉性。充分认识到兴趣是爱好的基础，是人才成长的起点，对于人的创造活动和工作研究具有入门作用。（2）增强兴趣的广度。广泛的兴趣可以使人接触和注意更多的事物，获得广博的知识，使智力得到多方面的发展。（3）培养中心兴趣。中心兴趣能够促使人获得深邃的知识，发展某个方面的特殊才能，使活动富有创造性；能够保持兴趣的稳定性与持久性，使精力专注，持之以恒，从而在事业上有所建树。

（二）培养良好的情绪、情感

情绪是人的自然需要是否得到满足而产生的一种体验；情感则是人的社会需要是否得到满足而产生的一种体验。情绪具有较大的暂时性和情境性，情感则比较稳定持久。按照强度和持续时间，情绪状态可分为激情、心境和热情等形态。高级情感可分为理智感、道德感和美感。

大学生要培养良好的情绪、情感，应充分认识到自身情绪、情感的特点。有人形容青年的情绪、情感是"疾风怒涛式的""狂风暴雨般的"，这种形容是再恰当不过的。青年的情绪和情感总是以极其迅速、极其强烈的方式表现出来，且常常不稳定、变化快，具有两极性特点。处于青年中期的大学生，热情与狂热、兴奋与狂欢、成功与狂妄常常紧密相伴，很容易从一个极端走向另一个极端。如果引导正确，这些情绪和情感就会变成巨大的热情和力量；如果引导错误，就会做出对自己、对学校、对家庭、对社会都不利的事情来。因此，大学生要充分认识自身情绪、情感的特点，提高自觉性，培养良好的情绪、情感，抑制不良的情绪、情感，逐步走向成熟；要善于控制和调整消极的情绪、情感。控制情绪的方法主要有三种：（1）心理宣泄法。将负面情绪通过一定的途径向外转移，如写日记、倾诉、流泪等。（2）注意力转移法。负面情绪出现时，主动离开当下环境，改变环境，促使强烈的情绪平静下来，如听听音乐、参加体育运动、进行自我娱乐、接受大自然的熏陶等；（3）认知改变法。人们的情绪困扰往往是由于不正确的认知即非理性信念所造成的，通过用合理的思维方式代替不合理的思维方式，可以最大限度地减少情绪带来的不良影响。

（三）培养良好的意志

意志是人出于一定的动机，自觉确定目的并支配和调节自己的行动，克服困难、达到目的的心理过程。受意志支配的行动称为"意志行动"。意志行动具有如下三个特点：

（1）人的意志行动有明确的目的性。

（2）人的意志行动是与克服困难相联系的。

（3）意志行动是以随意运动为基础的。

意志是人成才的重要心理条件。马克思写《资本论》，忍受着生活的穷困潦倒，奋斗几十年，终于向世人揭露了资本家剥削工人的秘密，靠的也是顽强的意志。顽强的意志是通向成功大门的钥匙。

大学生培养自己的意志，要在四个方面下功夫：

（1）培养意志的自觉性。要学会在活动中清楚地认识自己行动的目的和社会意义，自觉克服困难、排除干扰、勇往直前。

（2）培养意志的果断性。要学会在活动中适时地下定决心，采取行动，提高思维的判断性和敏捷性，善于当机立断，增强行动的果断性，避免在关键的时候优柔寡断、彷徨摇摆、错过机遇。

（3）培养意志的自制力。要学会在意志行动中正确支配、调节和控制自己的行为或情绪。顺利时，不忘乎所以、停滞不前；困难时，不灰心丧气、半途而废；面对多种动机时，能够分清轻重缓急、主要矛盾和次要矛盾，主动排除干扰，保证达到预定的目的。

（4）培养意志的坚忍性。就是要有在行动中不怕任何困难、不达目的誓不罢休的品质。自制力是克服内心障碍的动力，坚忍性是克服外部困难与障碍的动力。培养坚忍性就是要有持之以恒、孜孜不倦、锲而不舍、敢于战胜困难、长期作战的精神，自觉克服见异思迁、遇到困难就泄气的不成熟心理。

（四）培养良好的性格

性格是人格中最重要的心理特征之一，它是一个人待人处世方面所表现出来的比较稳定的对现实的态度和与之相适应的习惯化的行为方式。"做什么"反映人对现实的态度，"怎样做"反映人的行为方式。由于每个人的社会生活条件不同，社会实践、生活经历不同，人的性格也千差万别。有的人谦虚谨慎，处处严于律己；有的人则自高自大，宽以待己。有的人对人诚实忠厚，与人为善；有的人则尖酸刻薄、冷嘲热讽。有的人刻苦勤奋、勇于创新；有的人则懒散保守、畏缩不前。

大学生要培养良好的性格，就要努力做到以下三点：

（1）提高培养良好性格的自觉性。应该充分认识到良好的性格对于人的正确思考、理智待人处世有很大的作用。大学生要努力把自己培养成一个有自制力、性格果断、坚毅的人。

（2）积极向他人学习。在积极参加集体活动中，要善于向周围的同学学习，特别是向那些性格自信自强、正直坦率、谦虚谨慎、敢于开展批评与自我批评、敢于追求真理的同学学习。

（3）善于听取意见，在实践中防止和克服怯懦、自卑、孤僻、狭隘、忧郁、狂躁等不良性格。

（五）培养积极的价值观

价值观属于人格中的核心成分。价值观是指人对现实生活中各种事物和现象进行评价及取舍时所持的准则。大学生价值观的确立与追求在很大程度上影响着其活动的方向和途径。大学生要十分重视自身价值观的发展，在生活和学习中要注重培养如下正确的、科学的价值观：

（1）要将自己的价值走向与自身成才、崇高的人生目标联系起来；

（2）注意价值走向确立中科学的批判性，防止盲目从众、盲目趋新、盲目选择；

（3）追求主体价值走向的稳定性，防止过强的价值观冲突和多元价值追求的无序。

第二节 情感发展

一、永恒的亲情

（一）不忘父母养育恩

人来到这个世上，生命中扮演的第一个角色就是子女，父母给了我们生命，给了我们最无私的爱，父母教会了我们每一个"第一"，没有父母也就没有我们的世界。在父母的关爱中，我们一天天地成长，而父母却在一天天地老去。最近有一则报道：世界首富比尔·盖茨在飞机上接受意大利《机会》杂志记者的采访。记者问他："最不能等待的事情是什么？"比尔·盖茨没有回答记者所希望听到的"商机"两个字，他说："天下最不能等待的事情莫过于孝敬父母！"所谓"百善孝为先"，这位世界上最成功、最富有的人也同样会把"孝"字写进自己的人生词典里！当面对"同学，你爱自己的父母吗？"这样的问题时，可能大家会异口同声地回答"爱"。可事实上大有出入：妈妈买来的衣服，会抱怨太土气；偶尔妈妈下班回家晚了，耽误了做晚饭，便会大声斥责；平时连给父母打个电话、谈谈心的时间都懒得付出；更不用说在父母的生日、母亲节、父亲节这样充满亲情的日子里为父母准备一顿丰盛的晚餐或是送上一份精美的礼物了！

有人做过这样的估算，现在的大学生，每个月的支出 95％ 以上都是由家庭承担的。我们来估算一下：家长每年为读大学的孩子交纳的学费大概是 5 000 元、生活费大概是 7 200 元（600 元×12 个月）、住宿费约 1 200 元，再加上其他支出，这样一来，平均每年要 14 000 元，大学四年下来就得 56 000 元。这个数字对于一般老百姓而言，无疑是一项沉重的经济负担。

父母为我们的成长付出的血汗太多了！他们的付出是不图回报的。可是，作为子女的我们，真的明白钱为何物吗？知道这些钱来之不易吗？真正理解父母的辛劳吗？感激过父母的付出吗？曾为新中国的创建立下赫赫战功的陈毅元帅，能够挤出时间看望年迈的母亲，并给瘫痪的母亲洗尿裤，而我们又为自己的父母做过什么呢？

父母珍爱子女如珍爱自己的生命，这种关爱无微不至，这种关爱无私无求，正所谓："母年一百岁，常忧八十儿。"我们生日的时候，最先为我们祝福的是父母；我们取得进步的时候，最先给我们鼓励的是父母；我们取得成功的时候，最以我们为自豪和欣慰的是父母;我们遇到不顺心的时候,最为牵挂的依然是父母。舐犊情深,父母之爱,深如大海。

爱是人的本能,感恩和爱是人类最美好的情感。懂得感恩、心中有爱的人,才会体验到内心的快乐与充实,才会真诚地关心身边的每一个人,会珍惜自己的所有。鸦有反哺之义,羊有跪乳之恩,懂得回报,学会关爱,就从感恩父母开始吧!正如孔子所言,"孝悌也者,其为人之本欤"。

(二)学会与父母沟通

有人说:"世上有种结难以解开,它叫心结;世上有扇门难以敞开,它叫心扉;世上有条沟难以逾越,它是代沟。"

不知道从何时起,我们面对父母的时候,多了一些沉默,感觉与父母的关系不再像小时候那样亲密;我们会在自己的抽屉或日记本上加一把锁;妈妈对子女也变得更加好奇了,情不自禁地会偷听电话,想知道电话那头的声音是男生还是女生;不经意间,我们也会听到父母在私下"研究"我们了:"他爸,最近我们儿子好像有什么心事?""今天收到女儿的一封信,我给她的时候,她好像很紧张。"直到有一天,我们突然发现,带锁的日记本被人打开过,异性朋友的来信被偷看了,于是,和父母的冷战便开始了。从此,对疑神疑鬼的妈妈更加抱怨了,父亲和儿子讲不了几句话就抬杠,女儿和妈妈之间的关系也不再亲密无间了。

那么,这种状况产生的原因是什么呢?我们又应该怎样面对和解决呢?

1. 影响与父母沟通的原因

小时候,我们比较幼稚,思想简单,对父母有很强的依赖性,凡事都要说给父母听;父母对我们也倾注了很多的关心和爱护,所以,这一时期父母和子女之间的沟通一般问题不大。渐渐地,我们长大了,随着知识的积累和接触面的扩大,我们开始学会自己观察和思考人生,对一些问题有了自己的看法,有时觉得没有必要什么事都跟父母说,学会自己承担自己解决,所以,与父母的沟通越来越少。

在《中国青年报》的头版曾刊登过一封"辛酸父亲的信",信中讲述了一位父亲在儿子上大学之后,勒紧腰带供儿子学习、吃穿、住行、玩乐,但儿子却越来越少挂念父母,无视父母的辛酸。为父的心痛和无奈,动人心扉。这封信曾在全国引起了轩然大波。

为什么这些不和谐的现象会发生在当代大学生这个让人羡慕的群体中呢?透过现象分析本质,是缺乏有效的沟通。一方面父母没有让孩子看到自己的辛苦和牺牲,没有让孩子理解自己含辛茹苦的意义;另一方面,孩子没有正确对待父母的期望和要求，而父母又过于使用权威，在自己与孩子的心灵之间设下了一道无形的屏障。

影响与父母沟通的原因主要有两点：一是自我心理因素，表现为逆反心理严重。随着成人意识的不断增长，我们开始用自己的眼光观察事物，不愿意被动接受父母的意见、观点，不愿意和父母讨论与自己有关的事情，对父母的批评和劝导往往报以抵触情绪，缺乏主动与父母进行沟通的意愿。二是子女与父母在生活经历、家庭观念、思维方式和行为习惯等方面存在差异，即代沟。这些差异，往往导致两代人在解决问题的方式等方面产生分歧，从而妨碍了他们的沟通。年轻不懂事的孩子总爱跟父母"对着干"，四五十岁的父母也爱跟自己的孩子"较劲儿"，都试图把自己的意见强加给对方，强迫对方接受。孩子的成人意识逐渐增强，自以为是大人了，但心理还不够成熟，一方面希望得到大人的尊重，另一方面对父母又缺少基本的信任，因此，逆反心理很强。

2. 搭建心灵沟通的桥梁

为人子女，为人父母，为人妻子或为人丈夫，这是我们每一个自然人都必须经历的人生过程。所以，理解父母，学会与父母沟通也是当代大学生必须学习的一个人生课题。

（1）正确看待父母的期望。"望子成龙，盼女成凤"是天下父母共同的心愿。每对父母都希望孩子比自己强，长大能有出息，有理想的工作，有幸福的生活，能够出人头地。当我们渐渐长大，有了自己的思想与认识事物的标准时，不同的教育背景和生活阅历，难免让我们与父母产生不同的看法和意见。而父母往往会以自己的社会阅历和生活经验告诫孩子，要把握机会，考入一流大学，进入热门专业，赢在"起跑线"上。其动机都是对孩子的爱心和责任心，所以，作为子女首先应该理解父母。

父母对我们学习上的叮咛、对我们考试分数的唠叨，其实都是一种爱的表达方式。作为子女，不应该过多地计较父母的语言、态度和方式。父母不可能都是教育专家，教育方法难免出现偏差。父母的严厉，是一种焦急的期待，是一种希望的寄托。父母的唠叨，是一种情不自禁的关心，是一种无微不至的关怀。懂得将父母的期望内化为前进的动力，并通过自己的努力让父母感到放心和欣慰，才是我们应该做的。

每个人都有他眼中的世界，都有自己的理念和原则。当我们抱怨父母的不理解时，是否可以从他们的角度想一想？人到中年，要面临更多的责任和压力，老人需要赡养，子女需要培养、教育，生活需要有稳定的经济收入，工作需要永不停息地奋斗和学习，等等。所以，作为子女理应学会体谅父母的压力和辛苦，学会自爱、自制、自立、自强，尽量避免给父母增添不必要的精神负担。

有时候，父母对孩子的期望很容易理想化，容易忽视孩子的个人兴趣、爱好和需要，以为目标定得高一点，孩子学习的动力就会大一点，殊不知压力过大就会变成阻力。当我们感觉父母的期望过高时，就应该主动与父母沟通，把自己的感受和困惑告诉父母，让父母了解自己的真实想法和实际能力，客观地评价期望目标的合理性和实施的可能性。通过与父母的沟通，调整目标，变爱的期望为前进的动力。

（2）真正理解父母的辛酸。当我们逍遥自在地躺在校园的草坪上享受午后的阳光时，是否会想到在家辛苦劳累的父母此时在干什么？当我们随意挥霍钱财的时候，是否会想起父母正在为我们的生活费而精打细算？当我们沉浸在花前月下的时候，是否会想到父母那满脸的期盼？理解父母的人，会经常给父母写信或打电话，及时汇报自己的每一次进步，进行情感沟通，让辛劳的父母感到安慰；不理解父母的人，会把自己和父母的情感仅仅维系在金钱上，父母成了他们名副其实的"衣食父母"，什么时候缺钱了才会想起父母。有一个大学生，因为谈恋爱而花钱如流水。他本来很少跟家里联系，但在谈朋友之后却是催款信一封接一封。家乡人都说孩子懂事了，但他的父母却只能报以苦笑——有谁会相信，面对生活拮据的父母，儿子居然没有半句安慰，还大谈别人的老爸老妈如何大方。

中国自古讲求孝道，孔子言："父母之年，不可不知。一则以喜，一则以惧。"也就是说，父母的身体健康，儿女应时刻挂念在心。"谁言寸草心，报得三春晖？"父母的爱，是我们永远报答不完的，但我们可以为父母做些力所能及又实实在在的事，以此作为对父母亲情的点滴回报。比如：在父母生日的时候，送上自制的贺卡，或用自己的零花钱为父母在电台点首歌或亲自下厨为父母做点他们喜欢吃的东西；平日里，主动帮父母做家务。还有，我们要牢牢记住一点：自己学习的进步和个人素养的提高永远是献给父母最珍贵的回报。

3. 与父母分享快乐和忧伤

分享是沟通的前提，如果我们不将自己的感受与想法与家人分享，就容易产生误解，甚至冲突。一个人的快乐与人分享，就会变成两个人的快乐；一个人的痛苦与人倾诉，就会多一个人与你承担，痛苦也就减少了一半。

电视上曾有这样一个公益广告，主题是"别让你的父母孤独"。一位操劳大半生的母亲，周末辛辛苦苦地做了满桌子的菜，等来的却是一个个不能来吃饭的电话，不能回家的理由或充分或牵强。最终，母亲还是独自吃了一顿无滋无味的饭。最让人心酸的镜头便是结尾处：在漆黑的夜里，空空荡荡的客厅中，母亲独自坐在沙发上，儿女送来的家庭影院早已没有了电视信号，只有那满屏的雪花点在暗夜里闪着幽幽的光……多么震撼人心的场景！其实，父母的要求很简单——当他们有什么烦心事的时候，希望子女能够耐心地听他们唠叨；饭后希望有人给他们端杯热茶；阳光灿烂的时候希望有人陪他们出去散散心、晒晒太阳；子女成家了，希望他们经常回家看看……仅此而已。这些，比起他们对我们的付出又算得了什么呢？孝顺并不一定是物质和金钱的给予，一句话、一杯茶、一封信、一个电话，就足以让他们感动了。

我们对父母还有依赖，那是因为我们还小；父母对我们有了更多依恋那是因为父母老了！在父母的有生之年，请珍惜与父母相处的每一段时光！"找点空闲，找点时间，领着孩子常回家看看；带上笑容，带上祝愿，陪同爱人常回家看看。老人不求儿女为家做多大贡献，一辈子不容易就图个团团圆圆"。

4. 学习与父母沟通的技巧

当我们与父母发生意见分歧时，对话比对抗更重要。没有不疼爱子女的父母，作为子女应该主动与父母沟通，了解父母的生日、父母的童年、父母的爱好，了解自己成长的历程，体会父母对子女的良苦用心。每天跟父母说说学校发生的事，也听听父母工作上的事，在沟通中积累情感，缩小代沟。

沟通绝对不是简简单单的一句话，沟通是一门艺术，是我们需要一生学习的艺术。这里，为了让大家和父母建立良好的沟通，我们提供一些建议。

（1）认清影响与父母沟通的原因，不要只顾抱怨父母不理解自己，而应从自身寻找原因，积极与父母交流沟通；

（2）尊重理解父母是有效沟通的关键和前提，只有体谅父母为自己成长所付出的辛劳，才能消除"逆反心理"；

（3）与父母沟通要把握好时机，主动营造一个平和的氛围，避免谈判式的对立；

（4）虚心倾听父母的建议，付出积极的回应并落实在实际行动上；

（5）尊重理解父母不是无条件地盲从，要敢于坚持自己的正确意见。

血浓于水，父母是我们生命中最亲近的人，没有什么问题是解决不了的，只要我们用心去体会父母的辛酸和忧愁，多动脑筋，选择时机主动与父母沟通，一切问题都会迎刃而解的。

二、珍贵的友情

大学时代是人生中最美好的时代，也是友谊的黄金时代，但很多大学生常常叹息"没有真正的朋友""很少真正的友谊"。有句格言说得好："获得朋友的唯一方法，就是你成为别人的朋友。"因此，仅仅叹息是不够的，希望获得友谊就必须付出努力。

（一）建立友谊

一般说来，大学同学之间的交往表面上无明显冲突，但内心的沟通不足，缺乏真诚关心和理解，总是发出知音难觅的感叹。其实，要处理好同学之间的关系并不难，关键应从自己做起，不要只抓住同学的缺点毛病不放，而应严于律己，宽以待人，主动交往，及时消除误会，解决矛盾。只有关心和理解别人的人，才会得到别人的理解和关心。友谊是相互的，不能光想着向别人索取友谊，而自己却不向别人奉献友谊。

其实，在大学生活中，我们不应当仅要求别人关注自己、理解自己、顺从自己，而应当悉心关注自己周围的同学，真正地去了解、对待周围的一切，如果你这样做了，你就能发现，几乎每一个同学都有不同于自己的独特的个性，无论他们的优点或弱点、智慧或疑惑、喜悦或烦恼、进步或挫折、顺利或困难，都可供你研究学习或需要你关心帮助。

珍视友谊，就应当主动向前半步，将自己的手主动伸向对方，主动地关心同学，把内心的苦恼主动向同学倾吐，缩短双方的心理距离，使对方体会到被信赖、被接纳、被重视。如此，对方也会向你敞开心扉，友谊也就在信任中建立起来了。

（二）维护友谊

友谊的培植与发展不仅需要交往，更需要交往双方的共同努力，双方都应该遵循一定的准则去维持、去发展。

以诚相见、以诚相处是建立和维持朋友情感的首要条件和基础，没有真诚换不来友谊。真挚的友谊不仅表现在雪中送炭、有难同当，还表现为锦上添花、有福共享；表现为出现分歧、隔阂时能够坦诚相见、直言不讳；表现为朋友取得成功，获得荣誉时的真诚祝福、由衷喜悦。切忌使用实用主义的择友原则，有利可图或需要帮忙时，就与之交往，无利可图时就将朋友抛诸脑后，这种交友方式在校园中是应当杜绝的。

人非圣贤，孰能无过？朋友之间因种种原因，难免出现矛盾，发生分歧，产生误解，此时，处理方法尤为重要。处理得好，友谊会更进一层，处理不当，友谊就可能被扼杀。此时要敢于面对矛盾、分歧、误解，不要回避。但切不可草率急躁，应冷静分析，互谅互让，坦诚交谈，主动化解，使友谊得以维系和增进。

三、忠贞的爱情

（一）什么是爱情

不同的人对爱情有不同的理解。如在文学家伊萨可夫斯基眼中，爱情，不是一颗心去敲打另一颗心，而是两颗心共同撞击的火花；在心理学家弗洛姆的眼中，爱情是一个人对另一人的外貌和能力的积极表达，爱情使一个人开始对另一个人关注。《辞海》给爱情的定义是，男女之间相互爱恋的情感。心理学给爱情的定义为，使人能获得强烈的生理和心理享受的稳定而持久的情感。马克思主义爱情本质论认为，爱情是人类自然属性和社会属性的统一。

爱情包括三个部分，即生理部分、心理部分和社会部分。生理部分，也是性爱成分，爱情包括性欲和性感的成分，不等于纯粹的精神之爱。性爱是人生而具有的本能，对人类社会的繁衍生息具有重要作用。心理部分，也是情爱成分，人们对爱情的向往，并不是随意的情绪爆发，而是包括认知成分在内的、伴侣间灵魂吸引而产生的精神相依。情爱更多包含相爱之人彼此间的精神依赖，是道德感、责任感和理智的结合。社会部分，代表着责任与道德，这是爱情的社会要求，在享受爱情甜蜜的过程中，同时也要肩负起爱情所带来的责任与义务，爱情也要符合社会的道德规范。

在爱情中，这三个成分缺一不可。缺乏性爱的爱情是畸形的，但只有性欲没有情爱的爱情不是真正的爱情，情爱才是爱情的根本与核心。不能脱离社会的道德规范去谈爱情，以约束为前提的自由才是真正的自由。当爱情中没有了责任和道德，这样的爱情就如海市蜃楼，随时会破灭。在恋爱中应遵循的道德是：以爱为基础，以高尚情趣为恋爱发展的动力，在恋爱中相互尊重各自的选择、自由与权力。同时信守责任，忠贞专一，以诚相待。

（二）大学生恋爱动机

1. 生理动机

大学生处于青年期，生殖器官已经发育成熟。在性激素的分泌影响下对异性有强烈的好奇与冲动。不论是生理还是心理对异性都有需求，所以性冲动是促使大学生谈恋爱的生理动机。

2. 心理动机

（1）从众心理。大学生恋爱存在普遍性，据统计大约十名大学生中就有六名谈过恋爱，这个比例随着年级的升高有所增加。一个群体中谈恋爱的人占大多数，那么小部分的人就会受到影响。身边的同学都在谈恋爱，而自己却没有谈恋爱，总觉得自己是缺乏魅力，或者会被别人看不起。因为从众心理去谈恋爱是一种极不负责的动机，为了尽快让自己谈到恋爱，可能会盲目寻找对象，因而缺乏感情基础，这段关系可能很快就会结束，给双方造成伤害。

（2）内心空虚。很多大学生难以适应大学的学习方式和生活，告别了紧张的高中时期，来到开放的大学生活，很多学生都难以适应。没有了升学压力，上课也没有老师天天守着，课余时间就宅在寝室里打打游戏、看看小说。很多学生为了摆脱无聊的生活状态，将希望寄托于谈恋爱，有一个人可以陪伴自己。找不到大学时期明确的目标，生活变得空虚和无聊，他们对自己放任自流，于是爱情就以其特有的魅力吸引着这群学生。

（3）归属与爱的心理。恋爱这种亲密关系可以满足大学生强烈的归属与爱的需求。在一段良好的恋爱关系中，双方可以体会到被对方接纳、关心、信赖、理解、承诺，尤其是大学期间的爱情，因为大学时的爱情是最单纯的，不包含任何利益性的动机，所以更容易获得美好的爱情，从而满足归属与爱的需求。

（三）大学生恋爱特点

1. 自主性强

大学生有很强的自主意识，他们不再受父母的控制，也不太受传统道德观念的约束。"恋爱是大学的必修课，没有谈过恋爱的大学生活是不完整的。"大学生普遍认为大学谈恋爱是一件应该做的事情，至少不排斥大学谈恋爱。在选择恋爱对象时，他们会以自己的意志和情感基础为出发点，很少听取其他人的意见。

2. 观念开放、道德淡化

婚前性行为的比例在大学生中逐年升高，大学生对此行为的态度是宽容和理解的，但是很少有学生会关注性行为后的责任问题。有些恋爱中的学生在校园内会做出一些过分亲密的举动，这也说明了大学生的恋爱观念开放，传统道德观念淡化。

3. 爱情承受能力弱

大学生的社会阅历不足，生活经验不够丰富，更重要的是没有经济来源。大学生的爱情大多都处于精神层面，一旦涉及现实问题就很容易破碎。大学生的人生观和价值观还没有系统地形成，对自己的追求并不明确，心理不够成熟和稳定。自己都不成熟稳重，更不可能经营好一段感情。不能妥善地处理好恋爱时遇到的问题和纠纷，从而导致恋爱周期短，成功率低。特别是临近毕业，一大批的情侣因为就业、升学、家庭地位等原因最终分道扬镳。所以大学时期的爱情非常脆弱，既没有法律的保护，又没有责任的约束，"有情人"难以"终成眷属"。

4. 重过程、轻结果

"不求天长地久，只求曾经拥有"，这句话正是现代大学生恋爱态度的写照。大学生有强烈的恋爱动机，但现实中缺乏责任感和理性思考。他们更注重爱的过程而不是爱的结果。如今，大多数大学生将爱情视为一种情感体验、一种生活体验和一个必要的阶段。他们想要的不是幸福的结果，而是把握现实的过程。这种思想也有一定的负面影响，会使大学生在恋爱过程中自律和控制能力下降，使他们无法保持对爱情的坚定信念。有些学生会出现对恋爱的态度轻率，只满足精神追求，不考虑责任义务，容易出现见异思迁、频繁更换对象的后果。真正的爱情是建立在道德的基础之上的，必须承担相应的责任。

(四) 树立正确的恋爱观

1. 志同道合

志同道合是恋爱的前提，两个人要有着共同的兴趣、爱好，人生观、世界观和价值观要相近。和志同道合的人谈恋爱才能保证爱情长久地走下去。这就要求大学生在谈恋爱前要慎重，不要急于求成，前期要多和对方沟通和接触，多了解对方。如果发现双方的三观不一致，兴趣爱好也不相同，共同话题较少，就不要勉强确立恋爱关系。谈恋爱应该是寻找一个志同道合的、白头到老的终身伴侣，而不是为了寻求安慰、排解内心寂寞，一定要多方位考虑，找到与你志同道合的那个人。

2. 相互尊重

在恋爱的过程中，相互尊重是基础。应该给予对方多一份理解、信任和宽容。爱情是互爱的统一，相爱的双方都有自己的独立的精神世界，有自己独立的交友圈，双方既不能完全依附对方，迷失自我，也不能完全占据对方，要求对方以自己为中心。所以相互尊重、理解、宽容和信任在爱情里是难能可贵的品质。爱在很多时候意味着一种付出，要相知、相敬、相让。两个人在一起并不是一件简单的事情，要相互迁就、包容、尊重，才能走得更加长远。

3. 忠诚专一

爱情具有专一性和排他性，对彼此的忠诚专一是恋爱的基本原则。忠诚专一不是一辈子只能爱一个人，而是在爱一个人的时候就要专一。确定恋爱关系后，要把感情放到对方身上，不能朝三暮四，要经得起时间、空间和各种条件的考验。很多大学生没有理解爱情的真谛，把爱情当成游戏，甚至出现了同时和两个人谈恋爱的现象，这是缺乏责任感和道德感的表现。

4. 遵守社会道德

虽然恋爱是两个人的事情，但是两个人的行为表现也会对社会、对他人产生影响。文明的恋爱往往是恋爱双方既相互爱慕、亲近，又举止得体，相互尊重，而绝不是在态度、举止、语言等方面的粗俗和放纵。恋爱中的大学生在公共场所出入，要遵守社会公德，不要对他人生活和社会生活造成不良影响。恋人独处，也要讲文明、讲道德。遵从恋爱道德，就是在现实生活中去维护真正的爱情，这是保持爱情长久的秘密所在。没有道德的护佑，爱情不会长久。

（五）正确看待和处理恋爱问题

1. 坦然面对失恋

失恋，是青年时期最严重的挫折之一。随着年龄的增长，大学生应该对爱情有更多的思考，树立正确的恋爱观，明白恋爱不是大学生活的全部，而只是其中很小的一部分。

正视现实。失恋之苦在于一个"恋"字，爱情是双向、相互的，以双方的爱情为基础，失去任何一方，爱情就会失去平衡，恋爱即告终止。这时失恋的一方无论对另一方爱得有多深，都是不现实的了，有理智的大学生应该正视这一现实。

换位思考。要设身处地地为对方着想。这样做有助于你理解对方终止爱情的原因，有助于你接受失恋这一痛苦的现实并及早走出失恋的阴影。

感情宣泄。不要过分地隐藏或压抑失恋带来的痛苦，要找到适当的方式进行宣泄。通常宣泄的方法有：（1）眼泪缓解法。大哭一场，可以使情绪平静。专家认为，眼泪能把有机体在应激反应过程中产生的某种毒素排出去。（2）运动缓解法。剧烈的体育运动有助于释放激动情绪带来的能量。（3）转移注意力。心情不佳时，可以做些自己感兴趣的事。（4）文饰法。当得不到自己爱的人时，援引合理的理由和事实来解释挫折，从而获得精神上的安慰。（5）倾诉。向可以信任的师长、同学、朋友等诉说自己心中的烦恼，也可以写日记或写信。如果感觉心中的积郁实在太深，无法排解时，还可以找心理咨询师进行心理咨询。

情境转移。失恋后之所以难以摆脱恋情的困扰，就在于生活的方方面面都与昔日的恋人有着千丝万缕的联系。所以，要想摆脱失恋的痛苦，就要换一个崭新的环境，暂时离开曾经熟悉的环境，把自己置身于一个欢乐的环境中去。如多交朋友，多参加集体性的娱乐活动，或者可以找人去逛逛街，出去旅游散心等，这样有助于舒缓心情。由于失恋后有一种空虚感，人一时难以适应，可以用工作或其他方法来充实自己，不让自己有空余的时间胡思乱想。

升华。要尽快把失恋升华为一种奋发向上的动力，尽快投入到学习或者工作中去，切不可因为失恋而一蹶不振，认为生活、人生都失去了意义。要知道，恋爱是生活的重要组成部分，但不是生活的全部。要正确地看待爱情，摆正爱情的位置，处理好爱情与学习、爱情与人生、爱情与婚姻的关系。

2. 合理疏导单恋

单恋，顾名思义即是单方面的爱恋思慕。这是进入恋爱关系前的一个阶段，同时也是恋爱关系终止的一种状态。单恋分为暗恋型和有感单恋型两类。暗恋型简单地说，即是没说出来的喜欢或者爱。这类感情通常是没有回报的，里面往往掺杂了较多的个人自我幻想，且带有偏执成分，一般发生在性格内向的大学生中。有感单恋型，就是对方知道你的感情，但是对方不爱你。当觉得自己处于单恋的时候请不要感到害羞和自卑，这是人正常的一种情感，每个年龄段都有可能发生，只是相对而言，青少年阶段发生的概率更高而已。只要能把这种情感控制在一个适度范围，随着个人的成长和时间的推移，最终都能从这一种爱情幻想中摆脱出来。当你知道自己处于单恋状态时，请坦然面对，告诉自己单恋的人内心的想法。单恋不是心理障碍，只是这种单恋如果没有得到合理的疏导和调节，可能会引发真正的心理障碍，如强迫症，甚至抑郁等。

3. 谨慎婚前性行为

据不完全统计，我国每年人工流产多达 1 300 万人次，其中 25 岁以下女性占一半，大学生成为"人流"主力军，性教育的缺乏是发生这一问题的根本原因。性不是洪水猛兽，不应该对其三缄其口。作为男生，要保护女生，尊重女生的意愿；而作为女生，一定要自尊自爱，珍惜自己的青春年华，以学业为重，理智思考，谨慎从事。

4. 理性恋爱和消费

"再穷不能穷孩子"，当代父母用这种观念诠释大学生的消费观，因此父母对孩子百依百顺，在金钱方面也是如此，只要孩子需要，想方设法给孩子凑齐，这就给恋爱中的大学生提供了一部分经济支持。恋爱中的大学生为博心仪对象一笑，大方消费甚至一掷千金，特别是当生日、情人节到来，更加节衣缩食，甚至有人因此沾上了网贷。恋爱是大学美好的人生体验，但有的大学生却把恋爱和金钱画上了等号，将原本单纯美好的感情束缚在物质的镣铐中，这对大学生成长非常不利。为此，大学生应该依据自己的实际情况，在恋爱和消费方面保持理智，避免因金钱的纠纷导致美好的感情蒙尘甚至成为今后痛苦的回忆。只有脱离物质的爱情才能经得起时间和人性的考验。

(六) 大学生恋爱的利与弊

1. 大学生谈恋爱的积极影响

(1) 有利于大学生内心走向成熟。大学阶段是人树立正确三观、提高明辨是非能力的重要阶段，也是人逐步走向内心成熟的阶段。大学时期谈恋爱可以丰富自己的情感经历，在一定程度上缓解学习和生活所带来的压力，填补大学时期因离开父母亲人所带来的情感空虚。大学时期恋爱，能促进大学生的内心走向成熟。

(2) 有利于大学生提升人际交往能力。恋爱关系也是人际关系的一部分，谈恋爱所要面对和处理的问题远远多于普通同学人际关系问题。在处理恋爱中遇到的矛盾和分歧时，往往可以发现自己的为人处世方法，并不断地完善自己处理问题的方式，更重要的是获得与人亲密相处的直接经验，懂得爱情中相互尊重，了解体贴别人的重要性，唤起责任意识。这些经验都有利于大学生提高人际交往能力，更好地适应复杂多变的人际交往环境。

(3) 有利于大学生遇到志同道合的真爱。大学里有充裕的时间来了解对方、培养感情，大学期间的感情都比较单纯，没有过多地考虑很多社会现实因素，只要两个人之间相互喜欢、三观一致且有共同话题就可谓志同道合了。虽然大学谈恋爱分手的学生占大多数，但还是有一小部分的大学情侣通过重重困难坚持到了最后。能从大学情侣最终变成夫妻，两个人不仅有着坚实的感情基础，还有着共同的生活目标，彼此从大学时期起就共同成长、共同进步，最终携手步入婚姻的殿堂。

2. 大学谈恋爱的消极影响

(1) 分散时间与精力。大学生的自我控制能力较差，而恋爱时"风云变化"的爱情又容易分散大学生的时间与精力。恋爱前大家都把爱情想象得过于美好，恋爱时才发现，爱情是多么痛的领悟！两个人在一起时经常会因为一些鸡毛蒜皮的小事而争吵，不在一起时彼此又饱尝相思之苦。当人烦心或者沉迷于爱情时，是无法把注意力集中到其他事务当中去的，从而很容易就忘记了大学生的本职任务——学习！今天为了和恋爱对象出去玩而翘课，明天因为恋爱对象生气要去陪伴。恋爱中有很多的事情都会分散人的时间和精力，从而让人忽视学业，忽视大学里其他丰富多彩的生活。

(2) 社交范围缩小。爱情具有强烈的专一性和排他性，当两个人恋爱了，这种排他性就非常明显。不容许他人分享对方，你的眼中只能有我，于是两个人的社交圈都在缩小。平时两个人一起去上课，一起下课吃饭，一起出去玩，从此和班上同学、寝室室友的联系越来越少。看似幸福的恋爱生活其实不利于大学生的成长成才。大学生应该拥有广泛而充分的社交活动，应当多与他人接触，广交朋友，积极参加学校和班级活动，为今后步入社会奠定基础，而不能因为恋爱，逐渐与周围的人和事脱节。所以，过早地谈恋爱，尤其是大一新生，是一件得不偿失的事情。相反，不断完善自身条件，追求进步，合适的恋爱对象自然会出现。

（3）影响自我规划。恋爱中的男女很容易被爱情冲昏头脑，做出许多错误的决定，有的决定甚至改变了自己的人生轨迹，让自己后悔不已。谈恋爱时对对方认真负责是一种良好的品质，但是只考虑他人，不考虑自己也是一件愚蠢的事情。大学生的人生充满着无限可能，现在的努力和选择都会直接影响到今后的生活。身为大学生，首先得做好自己的生涯规划，不要因为任何人而降低自己的标准。有些情侣选择大学之后继续深造，于是双方一起努力考研，但是一方考上了，另一方却落榜了。为了爱情，考中的一方放弃了深造机会，选择了与对方一起去同一个城市工作。其实，爱情是经得起考验的，当经历了人生的重重困难后还能在一起，说明没有选错人；这次你为了对方放弃了深造的机会，下次可能还会因为对方放弃更多。一个爱你的人肯定希望你过得越来越好，道路越走越宽广，即使最后两个人没有在一起，也会在心中默默祝福彼此。所以大学生谈恋爱会影响个人的生涯规划，应理智对待。

（4）易走入歧途。大学生的心理承受能力较差，一旦遭受失恋或者别的重大事件很可能做出一些极端的事情，因为失恋等感情问题而自残、自杀、他杀等问题逐年增多。谈恋爱开销很大，经常出去吃吃喝喝，过节还要送礼物给对方，有很多不理性的消费，加上大学生没有赚钱的能力，钱经常不够花，有些学生就会选择校园贷，从而背上巨额的利息，最终无法填补这个空缺。热恋中的大学生容易失去理智，往往将道德、舆论压力抛开，做出一些伤风败俗甚至违法犯罪的事情。

第七章

发展与提升

第一节 学历提升

一、自学考试

（一）什么是自学考试

自学考试的全称是"高等教育自学考试"，是个人自学、社会助学、国家考试相结合的高等教育形式，不受年龄、性别、地域等限制。考生不需要参加入学考试，可根据自己的兴趣爱好选择自己喜欢的专业，学生经过系统的学习后，通过毕业论文的答辩、学位英语考试达到规定成绩符合条件的毕业生，可申请授予学士学位。

（二）自学考试的特点

自学考试具有开放性。《高等教育自学考试暂行条例》规定，中华人民共和国公民不受性别、年龄、民族、种族和已受教育程度的限制，均可参加自学考试。自学考试制度是一种社会化的考试制度和教育形式，是向全社会开放的"没有围墙的大学"，与其他教育形式相比，具有最大的开放性。

自学考试具有很强的灵活性。自学考试以自学为主，没有学制限制，有志者可一边工作一边学习，特别适合在职人员参加，不占用工作的时间，工作、学习矛盾较小。

自学考试是一种教、学、考相对分离的教育形式，命题与辅导、办学与考试等关键环节相互分离，不受社会上不正之风的干扰，考试质量得以保证，因此现在已受到国际上的重视。美国、英国、澳大利亚、加拿大的一些高等学校承认中国自考生的成绩。中国自考生到这些国家的学校学习，可以免试已经通过合格的课程，自学考试毕业生可直接攻读学位。

总之，高等教育自学考试经济实惠，具有投入少、周期短、见效快、效益高等特性，是一条多快好省自学成才的有效途径。

（三）自学考试的途径

无论在哪自考都有两种途径：一条途径是自己买书学习，自学，不过这需要有时间和精力，还要能坚持，因为自考不管哪个专业至少也有十几科，这十几科都要靠自学，付出的努力不亚于高考。另一条途径是报个助学机构或者培训班，这样相对于纯粹自学来说要省心，考试时间、考试安排以及其他注意事项都不用自己操心，而且在助学机构或培训班有老师辅导，通过率会比自己自学要高很多。

（四）自学考试的主要任务

自学考试的主要任务，《高等教育自学考试暂行条例》第二条明确规定：通过国家考试，促进广泛的个人自学和社会助学活动；推进在职专业教育和大学后继续教育；造就和选拔德才兼备的专门人才：提高全民族的思想道德、科学文化素质，适应社会主义现代化建设的需要。

（五）自学考试毕业生的学历文凭及待遇

高等教育自学考试设专科（基础科）、本科学历层次（其中包括专科段接本科段和独立本科段）和中专层次。专业设置由省、自治区、直辖市高等教育自学考试委员会组织相关部门的专家进行论证，提出申请，报全国高等教育自学考试委员会审批。每个专业由全国高等教育自学考试委员会颁布专业考试计划、自学课程考试大纲，并组织编写或指定自学考试教材。目前证书有：本科毕业证书、专科毕业证书、单科合格证书，中专毕业证书，还有部分证书课的专业证书。全日制自考学生修完规定课程并经考试合格，由省、自治区、直辖市高等教育自学考试委员会和主考院校共同颁发毕业证书，国家承认学历，教育部统一上网电子注册，符合条件者可申请学士学位，享受全日制普通高校毕业生的同等待遇。毕业证书在中国教育考试网、中国高等教育学生信息网均可查询，并获得联合国教科文组织及世界许多国家的承认。

《高等教育自学考试暂行条例》第三十一条对毕业生待遇都做了明确的规定：高等教育自学考试专科（基础科）或本科毕业证书获得者，在职人员由所在单位或其上级主管部门本着用其所学、发挥所长的原则，根据工作需要，调整他们的工作；

非在职人员（包括农民）由省、自治区、直辖市劳动人事部门根据需要，在编制和增人指标范围内有计划地择优录用或聘用。第三十二条规定高等教育自学考试毕业证书获得者的工资待遇，非在职人员被录用后，与普通高等学校同类毕业生待遇相同；在职人员的工资待遇低于普通高等学校同类毕业生的，从获得毕业证之日起，按普通高等学校同类毕业生工资标准执行。

自学考试的毕业生可报考全国统招研究生和公务员。当毕业生在未找到正式单位时，其毕业档案可依据考生自愿由档案所在地市教育局自考办（或毕业学校）移交到本人工作所在地人事局人才中心代管，由人才中心按政策办理职称考评、户口迁移及聘干手续。

二、成人高考

（一）什么是成人高考

成人高考是成人高等学校招生全国统一考试的简称，是为我国各类成人高等学校选拔合格新生以进入更高层次学历教育的入学考试。成人高考分专科起点升本科（简称"专升本"）、高中起点升本科（简称"高起本"）和高职（高专）三个层次。成人高考属国民教育系列，被列入国家招生计划，国家承认学历，参加全国招生统一考试，各省、自治区统一组织录取。招生学校包括广播电视大学、职工高等学校、职业技术学院、农民高等学校、管理干部学院、教育学院、独立设置的函授学院和普通高等学校所属的成（继）教院。成人高考的授课方式分为脱产、业余及函授三种形式，考生可根据自身的情况来选择适合自己的学习形式。

成人高考的发展历史可分为三个时期。第一个时期是初创时期。建国初期，为了恢复经济建设，本着教育为工农服务的宗旨，国家决定加强劳动者的业余教育和在职工农干部教育。随后，像高等学校设置的函授部和夜大学，机关、工矿企业所办业余高等学校等如雨后春笋般出现，业余高等教育开始进入起步阶段。第二个时期是重创时期。十年"文革"期间虽然创办了七二一工人大学、五七干校等业余学校，但由于学生闹革命加上后来知识青年上山下乡的高潮，业余高等教育发展十分缓慢。第三个时期是稳步、快速发展时期。随着"四人帮"被打倒和邓小平的复出，我国成人高等教育开始步入正轨，再加上改革开放的推进，多种形式的成人高等学校应运而生。随着成人高考实行全国统一考试，我国成人高等教育学历教育不断走在持续健康发展的道路上。

（二）成人高考与普通高考的区别

同为高等教育重要组成部分的成人高考和普通高考，尽管二者之间有一定的联系，但属性不同决定了二者之间的区别。

成人高考和普通高考的区别可以从以下两个方面来界定：

1. 招生对象

成人高考的招生对象主要是在职成人，而普通高考的招生对象则是普通高中应届毕业生。虽然最近几年成人高考的招生对象发生了变化，即开始加大对中专毕业生的招生力度，与此同时，一些在普通高考中落榜的应届高中毕业生也开始加入到成人高考的队伍当中来，成人高考开始呈现低龄化现象，但我们依然不能把它与普通高考混为一谈，毕竟成人高考的招生主体没有变，依然是那些在职人员。

2. 考试性质

成人高考创立之初是为成人高等教育选拔新生，但随着学历补偿教育的完成，成人高考的性质开始发生转变，改变以往那种选拔精英的传统模式，体现出成人教育终身性和个人发展性的特点，注重水平，够用为度，做到学用一致，能够直接有效地解决实际问题，提高当班人的素质。而普通高考一直扮演着选拔性考试的角色，通过选择优秀高中毕业生进入普通高等学校进行深造，为未来社会培养优秀的带头人和接班人。

三、专升本

除了就业，专升本也是众多专科学生毕业后的选择之一。选择继续深造，不仅能够满足有志于专业研究的学生，同时还能"战略性"地规避目前严峻的就业形势。

(一) 专升本报名条件

（1）遵纪守法，身体状况符合相关要求。

（2）在我省普通高校全日制高职（专科）就读且毕业当年 6 月 30 日前能取得毕业证书，并在中国高等教育学生信息网进行了学历证书电子注册的应届毕业生；或我省普通高校全日制高职（专科）毕业生及在校生（含高校新生）应征入伍，退役后完成高职（专科）学业的退役大学生士兵。

（3）下列人员不得报名：

①在校及入伍期间受到记过及以上纪律处分，且在报名前还没有解除处分的；

②因触犯刑法已被有关部门采取强制措施或正在服刑者；

③因违反国家教育考试规定被给予暂停参加高校招生考试处理且仍处于停考期。

(二) 专升本考前准备

考专升本需要一个较长时间的准备过程，一旦决定考，就要开始制订学习计划，每天按照计划进行复习，直到考试结束。

1. 时间准备

根据众多以往考生的经验，一般情况下专升本是报考自己学习的本专业或相近专业，这样准备复习时间可以短些，大致一个学期。

2. 定位准备

假如决定考专升本，就要考虑报考哪个学校哪个专业。在做出这个判断时，一方面要考虑自己的兴趣爱好和专业特长，另一方面也要上网查阅相关资料，尽可能多地了解有意向的学校的情况。

3. 课程准备

一般情况下，考专升本试卷都是由各招生本科高校自行命题，其中英语、高等数学是公共课，是大部分招生本科高校必考科目。因此，在具体学校和专业没有确定之前，可先复习英语、高等数学这些科目。

（三）长沙航空职业技术学院近几年专升本情况

1. 2021年以前

（1）对口院校和专业比较单一。

各专科学校需提前自己联系协商好对口本科学校，每年签订专升本合作协议，2020年对口怀化学院，2019年对口涉外经济学院，2018年对口吉首大学。

（2）诸多报名条件限制，报名人数不多。

2021年之前，省厅有报名条件限制，选拔推荐范围为各专业成绩平均分排名前20%、非英语专业（音、体、美专业除处）学生必须获得A级证书等等，2020年因疫情选拔推荐范围扩宽至排名前40%。

（3）除2019年对口涉外经济学院录取率达90%以上外，专升本录取率和本科学校总录取率20%基本保持平衡。

（4）免试优待政策只针对入伍退役荣立三等功及以上学生。

2. 2021年实行新政策后

（1）对口院校和专业多样化。湖南省普通高等教育专升本招生信息管理系统会根据学生专业大类自动进行学校和专业匹配，学生可以在系统匹配后的多所学校多个专业中填报自己满意的1所本科高校的1个对应本科专业，填报志愿的前4天考生可查看各高校志愿填报情况。

（2）报名条件放宽，报名人数成倍增加。2018年报名人数为68人，到2021年报名人数已增至283人。

（3）录取率逐年提高。2018 年录取率为 27.9％，而 2021 年录取率已增至 48.4％。

（4）优待政策很多。高职（专科）就读期间（截止毕业当年 3 月 1 日）获得世界技能大赛、中国技能大赛一类赛和全国职业院校技能大赛的一、二、三等奖；全省职业院校技能竞赛一等奖、湖南省职业技能大赛一等奖；中国国际"互联网＋"大学生创新创业大赛金奖、银奖的应届毕业生；退役大学生士兵通过教育厅审核通过都可免试入学。

脱贫家庭（原建档立卡贫困家庭）毕业生，各本科高校都会单列适量招生计划，适当提高录取率（原则上不高于本专业常规录取率 10 个百分点的比例），专项用于招收脱贫家庭高职（专科）毕业生。

第二节　科技创新活动与职业技能竞赛

一、大学生科技创新活动

大学生科技创新活动是指大学生群体在国家、地方有关部门和学校的组织与引导下，依靠教师的指导、帮助，主要利用业余时间自主开展的一种科技学术活动。这种科技学术活动的主体是大学生群体，包括专科生、本科生、硕士生、博士生和博士后在内的整个高校学生群体，活动的对象是科技学术活动，它是大学科技创新活动的重要组成部分，也是国家创新体系不可缺少的组成部分。

多年来，学校高度重视学生科技创新活动在学校素质教育工作中的重要作用，加强指导，加大投入，整体规划，统一部署，为科技创新活动提供了有力保障。在长期实践中明确了校园文化活动以科技活动为主体，学生课外活动以科技活动为中心，以大学生科技学术节和"挑战杯"竞赛为重点，通过积极协调教务处、学工部、研究生院等部门来共同加强对学生科技创新活动的扶持与指导。

二、大学生职业技能竞赛

职业技能竞赛是依据国家职业技能标准，结合生产和经营工作实际开展的、以突出操作技能和解决实际问题能力为重点的、有组织的群众性竞赛活动。全国职业院校技能竞赛是国家深入推进职业教育改革、创新人才选拔和评价机制、提高学生实践能力、促进就业创业能力发展的重要手段和有效途径。全国职业院校技能竞赛既是职业院校办学的方向标，也是市场需求人才类型的航标灯。

随着近年来高职教育的蓬勃发展，大学生职业技能竞赛越来越受到高职院校的重视，同时各高职院校也将学生技能竞赛获奖情况与教师业绩考核及职称晋升挂钩，极大地激发了教师参与学生职业技能竞赛指导的热情和责任感。学生职业技能竞赛项目基本涵盖了高职各专业，参与的学生和指导教师愈来愈多。高职学生的竞技水平不断提升，同时也从侧面反映出职业。回顾近十年的成效，职业院校通过组织学生参加职业技能竞赛，很好地展示和证明了各自的人才培养质量和教学成果，并借助竞赛搭建了交流平台和宣传窗口，参赛学校收获了赛后的积极影响和效应。

三、大学生创新创业大赛

大学生创新创业大赛是一个围绕激发高校学生创新创业热情，提高创新创业思维的比赛集合，目前在高校有很多类别的比赛。比较有影响力的比赛有，教育部主办的中国"互联网＋"大学生创新创业大赛、"创青春"全国大学生创业大赛，还有各行业请示教育部协同举办的竞赛，如中国大学生服务外包创新创业大赛、中国创新创业大赛等。通过创新创业大赛引导各地高校主动响应创新驱动发展战略，把创新创业教育融入人才培养。大赛的举办既充分展示了深化高校创新创业教育改革的阶段性成果，反过来又促进了创新创业教育改革全面发力，加快了创新创业教育与专业教育的有机融合。

第三节 党员发展

一、入党积极分子的确定和培养考察

入党积极分子，是指学习和工作表现好，拥护党的路线、方针、政策，要求进步，积极靠拢党组织，已经提出入党申请的非党同志。

（一）入党积极分子条件

入党积极分子除具备《中国共产党章程》第一章第一条的基本条件外，还应具备以下五条：

（1）拥护党的路线、方针、政策，坚持四项基本原则，思想上政治上同党中央保持一致。

（2）对党有比较明确的认识，积极要求入党，努力实践全心全意为人民服务的宗旨，决心为共产主义奋斗终身。

（3）关心学院的改革和建设，勇于进取，钻研学业，在工作、学习等方面做出成绩。

（4）作风正派，团结同志，遵纪守法，能够开展批评与自我批评，敢于同不良倾向做斗争，在群众中有一定威信。

（5）政治历史清楚。

（二）入党积极分子的确定

（1）支部谈话。党支部收到入党申请书后，应当在一个月内派人同入党申请人谈话，了解基本情况，并做好记录。

（2）确定入党积极分子。党支部要根据入党申请人的表现和觉悟程度，讨论确定入党积极分子。采取党员推荐、群团组织推优等方式产生人选，学生党支部委员会讨论报总支部委员会研究决定，直属党支部委员会研究决定，并报学院党委备案。

未被列为入党积极分子的入党申请人，应由党支部对其进行教育，指出其不足和努力方向。

（三）入党积极分子的培养与考察

（1）指定联系人。党支部指定1~2名正式党员作为入党积极分子培养联系人。培养联系人的主要任务是：

①向入党积极分子介绍党的基本知识。

②了解入党积极分子的政治觉悟、道德品质、现实表现和家庭情况等，做好培养教育工作，引导入党申请人端正入党动机。

③及时向党支部汇报入党积极分子情况。

④向党支部提出能否将入党积极分子列为发展对象的意见。

（2）汇报思想。入党积极分子应自觉接受党组织的教育和监督，主动定期向党支部汇报自己的思想，每季度至少一次。

（3）联系人带培。联系人定期找联系对象谈话，及时了解其思想，肯定成绩，指出不足和努力方向。一般一个季度一次。联系人要做好谈话记录，向党支部汇报联系情况，提出考察意见。

（4）入党积极分子培训。根据《分党校工作条例》，入党积极分子参加分党校入党积极分子培训班学习，对入党积极分子进行马克思列宁主义、毛泽东思想和中国特色社会主义理论体系教育、党的路线方针政策和党的基本知识教育、党的历史、优良传统和作风教育以及社会主义核心价值观教育，使他们懂得党的性质、纲领、宗旨、组织原则和纪律，懂得党员义务和权利，引导他们端正入党动机、确立为共产主义事业奋斗终身的信念。

（5）入党积极分子考察。党支部每半年对入党积极分子进行一次考察，并做好考察记录。考察的主要内容是：对党的基本理论、基本知识的掌握情况；从入党积极分子的学习和工作态度、参加集体活动、遵纪守法、对待个人利益的态度、日常生活中的言行等方面综合考察他们的思想政治素质和道德品质，考察其入党动机是否端正；本职工作和学习的情况。

（6）党支部应当对转入的入党积极分子进行严格审查，对材料完整清楚的入党积极分子接续做好培养考察工作。在经过分党校入党积极分子培训班培训合格后，可连续计算培养考察时间。

二、发展对象的确定和培养考察

（1）研究讨论。对经过一年以上培养教育和考察、基本具备党员条件的入党积极分子，在听取党小组、培养联系人、党员和群众意见的基础上，经团组织推荐，学生党支部委员会讨论报总支部委员会同意，直属党支部委员会讨论同意，并报学院党委备案后，可列为发展对象。

（2）确定入党介绍人。发展对象应当有两名正式党员做入党介绍人。入党介绍人一般由培养联系人担任，也可由党支部指定。

（3）发展对象培养。发展对象参加学院党校培训班，深入学习中国特色社会主义理论、党章、《关于党内政治生活的若干准则》等，按照党员的标准严格要求自己，加强党性修养，继承和发扬党的优良作风，遵循组织程序，自觉接受党组织的教育、考察和管理。

（4）对发展对象进行政治审查。

政治审查的主要内容是：对党的理论和路线、方针、政策的态度；政治历史和在重大政治斗争中的表现；遵纪守法和遵守社会公德情况；直系亲属和与本人关系密切的主要社会关系的政治情况。政治审查的基本方法是：与本人谈话、查阅有关档案材料、找有关单位和人员了解，以及必要的函调、外调。在听取本人介绍和查阅有关材料后，情况清楚的可不再函调、外调。

政治审查必须严肃认真、实事求是，注重本人的一贯表现。审查情况需形成结论性材料。

（5）发展对象进行公示，公示时间为七天。

（6）入党积极分子有下列情况之一的不能确定为发展对象：

①群众座谈会意见或党支部内部意见分歧较大的。

②入党积极分子情况不符合发展对象条件的。

③有违法违纪行为受到相关处分的。

④未经过政治审查或政治审查不合格的。

⑤未经过学院党校培训或党校培训不合格的。

⑥公示阶段，群众举报，经调查确实有问题的。

三、预备党员的接收、审批

（1）支部委员会应当对发展对象进行严格审查，经集体讨论认为合格后，学生党支部报党总支部审核，并报学院党委预审；直属党支部报党委预审。

支部委员会审查内容包括：

①发展对象的认识是否正确，入党动机是否端正，对党的路线、方针、政策的态度如何，以及能否正确对待组织考察。

②本人经历、家庭主要社会关系等情况的填写是否一致，需要进行内查外调的问题，是否附有必要材料，这些材料与本人所述的情况是否一致。

③发展对象的培养、教育和考察记录，党小组或团组织的推荐意见。

学院党委对发展对象的条件、培养教育情况等进行审查，审查结果以书面形式通知党支部，并向审查合格的发展对象发放《中国共产党入党志愿书》（以下简称《入党志愿书》）。

发展对象未来三个月内将离开工作、学习单位的，一般不办理接收预备党员的手续。

（2）入党介绍人指导发展对象填写《入党志愿书》并填写入党介绍人意见。

（3）经基层党委预审合格的发展对象，由支部委员会提交支部大会讨论。

召开讨论接收预备党员的支部大会，有表决权的到会人数必须超过应到会有表决权人数的半数。

（4）支部大会讨论接收预备党员的主要程序是：

①发展对象宣读入党志愿，汇报对党的认识、入党动机、本人履历、家庭和主要社会关系情况，以及需要向党组织说明的问题。

②入党介绍人介绍发展对象有关情况，并对其能否入党表明意见。

③支部委员会报告对发展对象的审查情况，包括推优意见、群众座谈会意见、本职工作和学习表现、政审结论等。

④与会党员（包括预备党员）对发展对象能否入党进行充分的讨论。

⑤支部大会对发展对象能否入党采取无记名投票方式进行表决，赞成人数超过应到会有表决权的正式党员的半数，才能通过接收预备党员的决议。因故不能到会的有表决权的正式党员在支部大会召开前正式向支部提出书面意见的，应统计在票数内。支部大会讨论两个以上同志的入党情况时，必须逐个讨论和表决。讨论时意见分歧较大的应暂缓表决，提交上级组织审议。入党积极分子可以列席讨论接收预备党员的党支部大会。

⑥表决结束后可以请新发展的党员和列席会议的入党积极分子发言谈体会。

（5）党支部应当及时将支部大会决议写入《入党志愿书》，连同本人入党材料等，学生党支部须报党总支部审核，并报党委审批；直属党支部报党委审批。

入党材料包括：入党申请书，入党积极分子培养考察登记表，思想汇报，党校学员登记表，优秀团员作为党的发展对象推荐表（团员中的发展对象推荐表中应注明支部团员应到人数、实到人数和赞成人数及团支部推优决议），发展对象预审报告表，自传，政审材料，群众座谈会记录，入党志愿书。

（6）党总支对发展对象的《入党志愿书》和有关材料进行审核，并及时安排总支委员同发展对象谈话；政治部对直属党支部发展对象的《入党志愿书》和有关材料进行审核，并及时请党委委员同发展对象谈话，做进一步的了解，帮助发展对象提高对党的认识。谈话人应将谈话的情况和自己对能否接收申请人入党的意见如实填写在《入党志愿书》上，并向学院党委汇报。

（7）学院党委审批，须集体讨论和表决。党委主要审议发展对象是否具备党员条件、入党手续是否完备。发展对象符合党员条件、入党手续完备的，批准其为预备党员。党委审批意见写入《入党志愿书》，注明预备期的起止时间，并通知报批的党（总）支部。对未被批准的，所属党（总）支部和政治部做好思想教育工作。

四、预备党员的教育、考察和转正

（1）预备党员必须参加党（总）支部或学院党委组织的入党宣誓仪式，及时编入党支部和党小组，参加组织生活等党内活动。

（2）党组织应当通过党的组织生活、听取本人汇报、个别谈心、集中培训、实践锻炼等方式，对预备党员进行教育和考察。

（3）预备党员要主动向党支部汇报思想。党支部对预备党员情况每季度讨论一次，填写《预备党员考核表》，发现问题及时与本人谈话。

（4）预备党员的预备期为一年。预备期从支部大会通过其为预备党员之日算起。预备党员预备期满，党支部应及时讨论其能否转为正式党员。认真履行党员义务、具备党员条件的，应当按期转为正式党员；需要继续考察和教育的，可以延长一次预备期，延长时间不能少于半年，最长不超过一年；不履行党员义务、不具备党员条件的，取消其预备党员资格。

预备党员转为正式党员、延长预备期、取消预备党员资格，应当经支部大会讨论通过，学生党支部报党总支部审核，并报党委审批；直属党支部报党委审批。

（5）预备党员有下列情况之一的不能按期转为正式党员：

①预备期内未向党组织汇报思想的。

②党支部内部意见分歧较大的。

③有违法违纪行为受到相关处分的。

（6）预备党员转正的程序如下：

①本人向党支部提出书面转正申请。

②党小组提出意见。

③党支部征求党员和群众意见。

④支部委员会审查。

⑤支部大会讨论、表决通过。讨论预备党员转正的支部大会，对到会人数、赞成人数等要求与讨论接收预备党员的支部大会相同。

⑥审批。总支委会讨论审核所属支部预备党员转正，报学院党委审批；党委会直接讨论审批直属党支部预备党员转正。审批结果应当及时通知党支部。

学生党支部所属预备党员转正的材料先报送党总支审核后报政治部，直属党支部直接报送政治部。

需上报的材料包括转正申请（应说明入党一年来的思想、学习、工作等方面情况，特别要写明不足和缺点的改正情况）、《入党志愿书》、思想汇报（每季度一次）、其他说明本人情况的材料（如实习单位的表现情况证明材料）、《预备党员考察表》。

（7）党员的党龄，从预备期满转为正式党员之日算起。

五、其他要求

（一）"入党志愿书"主要栏目的填写要求

（1）入党志愿。本栏应表明发展对象的入党志愿，阐述本人对党的性质、纲领、基本路线、指导思想、宗旨、任务、作风、组织原则和纪律的认识；对入党条件（主要是党员标准）、党员的权利和义务的认识，表明自己的入党动机和态度；汇报自己在思想、学习、工作等方面的表现和不足，明确对自己的要求和今后努力的方向。

（2）入党介绍人意见。本栏应介绍发展对象的思想政治素质和道德品质、入党动机、学习和工作情况、存在的不足。写明意见"×××同志具备共产党员的基本条件，愿意作为入党介绍人介绍其加入中国共产党"。

（3）支部大会通过接收申请人为预备党员的决议。本栏应综合支部大会对发展对象的基本评价。包括：发展对象的思想政治表现、入党动机、本职工作和学习表现等等，特别要明确提出申请人的不足和努力方向；支部大会的表决情况：应到会和实际到会有表决权的党员人数，表决结果，通过决议的日期；支部书记签名。

例：支部大会通过接收申请人为预备党员的决议

中共长沙航空职业技术学院××党支部于××年××月××日召开了全体党员大会，讨论了×××同志的入党问题。与会同志认为，×××同志于××年××月向党组织提出入党申请以后，……。不足之处是：……。希望……。

经支部审查，×××同志个人历史清白，直系亲属和主要社会关系清楚，现实表现符合共产党员的标准。经支部大会充分讨论，表决结果：本支部共有党员××名，其中有表决权的正式党员××名，到会××名，经无记名投票表决，一致同意吸收×××同志为中共预备党员。（××名赞成、××名反对、××名弃权）。

中共××××党支部
支部书记×××
××年××月××日

（4）上级党组织指派专人进行谈话情况和对发展对象入党的意见。本栏主要包括四个方面内容：了解发展对象对党的认识、入党动机、熟悉党员权利和义务的情况；有针对性地对发展对象进行党的基本知识教育情况；了解发展对象的综合表现；对发展对象是否具备党员条件、能否入党表明自己的意见，并提出希望和要求。

例：上级党组织指派专人进行谈话情况和对申请人入党的意见

在审阅×××同志的"入党志愿书"和党支部上报的其他材料并个别征求了党内外同志意见的基础上，××年××月××日同×××同志进行了谈话。通过考察，了解到该同志……。通过和本人谈话进一步了解到，该同志对党……，……。直系亲属和主要社会关系的政治历史及现实表现清楚。该同志的主要缺点是：……。

该同志思想觉悟……，工作中表现……，基本具备了共产党员的标准，符合入党条件，材料完备，手续健全，建议党委讨论审批。

谈话人：×××（盖章）

××年××月××日

（5）支部大会通过预备党员能否转为正式党员的决议。本栏应注明是否同意××同志按期转正。若该同志暂时不符合党员条件，则视情况做出延长预备期或取消预备党员资格的建议。

例：关于×××同志按期转为正式党员的决议

×××同志于××年××月××日入党以来，……。不足之处是：……。希望……。支部大会听取了×××同志的转正申请报告和支委会的意见，并进行了讨论。认为×××同志已具备了共产党员条件，同意按期转正。本支部共有党员××名，其中有表决权的正式党员××名，到会××名，经无记名投票表决，一致同意×××同志按期转为中共正式党员（××名赞成、××名反对、××名弃权）。

中共××××党支部

支部书记×××（签章）

××年××月××日

例：关于延长×××同志预备期的决议

支部大会听取了×××同志的转正申请报告和支委会的意见，并进行了讨论。认为×××同志在预备期期间……。这表明该同志还不完全具备成为一个共产党员的条件。鉴于本人多次向党支部表示，要求进一步接受党组织的教育和考察，经支部大会讨论决定，延长×××同志预备期一年，自××年××月××日至××年××月××日止。

表决结果：本支部共有党员××名，其中有表决权的正式党员××名，到会××名，经无记名投票表决，同意延长×××同志预备期半年（或一年）的××人，不同意的××人。

中共××××党支部

支部书记×××（签章）

××年××月××日

例：关于取消×××同志中共预备党员资格的决议

支部大会认真听取了×××同志的转正申请报告和党小组、支委会对其能否转正的意见。经支部大会讨论，认为×××同志入党前表现较好，但在预备期期间放松了对自己的要求，……。党小组长和支部领导曾多次找他谈心，提出批评，可×××同志……。与会党员一致认为：×××同志已不具备成为一个共产党的条件，应取消其预备党员资格。

表决情况：本支部共有党员××名，实到会党员××名，其中有表决权的正式党员××名，经无记名投票表决，同意取消×××同志预备党员资格的××人，不同意的××人。

中共××××党支部

支部书记×××（签章）

××年××月××日

（二）发展党员工作时间安排

序号	时间	工作内容	负责单位
1	3月	下达党总支、直属党支部年度发展党员计划	政治部
2	3月 9月	上报入党积极分子名单	各党总支 直属党支部
3	4月 10月	上报本学期发展对象名单及具体情况 组织预审（备案审查各总支、直属支部上报的发展对象）	各党总支 直属党支部 政治部
4	5月 11月	政审、填写《入党志愿书》	政治部 各党总支 直属党支部
5	6月 12月	召开支部大会 党委委员或总支委员谈话 党委会审批	党委 政治部 各党总支
6	7月 12月	新党员宣誓	政治部 各党总支
7	12	报次年发展计划	各党总支 直属党支部

第四节 应征入伍

一、应征入伍的条件和程序

目前，大学生应征入伍可分为四类：在校大学生入伍服义务兵役、直招士官、在大学生中招收飞行员和大学毕业生分配到部队工作。

（一）应征入伍的基本条件

年龄及学历：男生：大专、本科在校生，年龄为 17 至 22 周岁；大专毕业生，年龄为 17 至 23 周岁；本科毕业、研究生毕业及研究生在校生，年龄为 17 至 24 周岁。女生：普通高中应届毕业生（含当年度新入高校就读的学生），年龄为 17 至 19 周岁；普通全日制高校在校生及应届毕业生，年龄为 17 至 22 周岁。

身高：男性 160 厘米以上，女性 158 厘米以上。特勤人员：坦克乘员 162～178 厘米，潜水员 168～185 厘米；潜艇及水面舰艇人员 162～182 厘米，空降兵 168 厘米以上，空军航空兵第 34 师专机服务队女服务员 165～172 厘米，特种部队条件兵（含海军陆战队队员）、驻香港澳门部队条件兵 170 厘米以上，北京卫戍区仪仗队队员 180 厘米以上。中央警卫团、公安警卫部队条件兵 170 厘米以上，个别体格条件优秀的应征青年，身高可放宽到 165 厘米。

体重：男性不超过标准体重的 30%，不低于标准体重的 15%。女性不超过标准体重的 20%，不低于标准体重的 15%。标准体重＝（身高－110）千克。

（二）高校应届毕业生应征入伍的基本程序

1. 网上报名阶段

上半年 1 月 10 日至 2 月 15 日，下半年 4 月 1 日至 8 月 15 日，有应征意向的高校毕业生可在夏秋季征兵开始之前登录学信网进行实名注册，然后进行网上报名。填写、打印《应届毕业生预征对象登记表》和《高校毕业生应征入伍学费补偿国家助学贷款代偿申请表》（以下分别简称《登记表》《申请表》），交所在高校征兵工作管理部门。

2. 初检初审阶段

1 月 15 日、7 月 15 日前，毕业班学生和毕业生在高校参加身体初检、政治初审，符合条件者确定为预征对象，高校协助兵役机关将《登记表》和《申请表》审核盖章发给毕业生本人，并完成网上信息确认。初审、初检工作最晚在 1 月 15 日、7 月 15 日前完成。

3．实地应征阶段

1 月 30 日、7 月 30 日前，在学校所在地应征的，结合初审、初检工作同步进行体格检查和政治审查，在放假离校前完成预定兵；在户籍所在地应征入伍的，须持《登记表》和《申请表》到当地县级兵役机关参加实地应征。

4．批准入伍阶段

3 月初、9 月初，学校所在地县（市、区）人民政府征兵办公室或者入学前户籍所在地县（市、区）人民政府征兵办公室为其办理批准入伍手续。

二、大学生入伍的优惠政策

（一）享受优先政策

大学生入伍享受优先报名应征、优先体检政审、优先审批定兵、优先安排使用政策以及体检绿色通道，大学文化程度青年未批准入伍前不得批准高中以下文化程度青年入伍。

（二）享受优待政策

优待金由批准入伍地发放，其家庭享受军属待遇，由户籍所在地负责落实相关优待政策。

（三）大学毕业生可选拔为军官

普通高等学校全日制毕业生应征入伍的士兵可被选拔为军官，选拔军官包括：大学毕业生士兵提干、报考军队院校和保送入学。

1．大学毕业生士兵提干

符合本科以上学历，截至当年 6 月 30 日，入伍一年半以上（服役期间取得学历和学位的应当入伍两年以上），且在推荐的旅（团）级单位工作半年以上等基本条件的，可以列为提干对象；根据规定符合一定条件的，优先列为提干对象。

2．报考军队院校

参加全国普通高等学校统一招生考试，经省招生办公室专科统一录取且取得全日制专科学历的毕业生士兵，可以参加全军统一组织的招生考试，录取的入有关军队院校学习，毕业合格的列入年度生长干部毕业学员分配计划。报考条件、考试组织、录取办法等另行规定。

3．保送入学

大学毕业生士兵参加优秀士兵保送入学对象选拔，年龄放宽 1 岁，同等条件下优先列为优秀士兵保送入学推荐对象，选拔办法按照优秀士兵保送入学有关规定执行。大学毕业生士兵保送入学对象具有本科以上学历的，安排 6 个月任职培训；具有专科学历的，安排 2 年本科层次学历培训。

（四）优先选取为士官

对于符合士官选取条件的士兵，同等条件下具有全日制大专以上学历的要优先选取；师（旅）级单位范围内相同专业岗位的士兵，在任职能力相当的情况下，应优先选取高学历士兵。

（五）保留入学资格或学籍

（1）入伍高校新生可以申请保留入学资格。退役后两年内，可以在退役当年或第 2 年高校新生入学期间，持《保留入学资格通知书》和高校录取通知书，到录取高校办理入学手续。

（2）现役军人入伍前已被普通高等学校录取或者是正在普通高等学校就学的学生服役期间保留入学资格或者学籍，退出现役后两年内允许入学或者复学。

（六）享受学费补偿和国家助学贷款代偿

（1）应届毕业生享受学费补偿和助学贷款代偿。国家对应征入伍服义务兵役的高等学校毕业生在校期间缴纳的学费实行补偿。在校期间获得国家助学贷款的，学费补偿款必须首先用于偿还助学贷款本金及其全部偿还之前产生的利息。国家对每名高校毕业生每学年补偿学费或代偿国家助学贷款本息的金额，最高不超过8 000元。

（2）在校大学生享受学费补偿和助学贷款代偿。国家对应征入伍服义务兵役的高等学校在校生在校期间缴纳的学费实行补偿，对退役后复学的原高校在校生实行学费资助。国家对每名高校在校生应征入伍前在校期间每学年学费补偿或国家助学贷款代偿的金额，按实际缴纳的学费或获得的国家助学贷款金额计算，每人每年最高不超过 8 000 元。

（3）往届毕业生享受学费补偿和助学贷款代偿。简化学费补偿代偿及学费减免程序，将往届毕业生纳入资助范围。

（4）录取未报到新生享受学费补偿和助学贷款代偿。应征入伍服义务兵以前正在高等学校就读的学生（按国家招生规定录取的高等学校新生），服役期间按国家有关规定保留学籍，退役后自愿复学的，国家实行学费减免。

（七）大学生士兵退役后享受升学优惠政策

（1）高职（专科）学生入伍经历可作为毕业实习经历。

（2）退役大学生士兵入学或复学后免修军事技能训练，直接获得学分。

（3）普通高校应届毕业生应征入伍服义务兵役，退役后三年内参加全国硕士研究生招生考试的，初试总分加10分，立二等功及以上的免试（指初试）攻读硕士研究生。

（4）具有高职（高专）学历的，退役后免试入读成人本科，或经过一定考核入读普通本科；服役期间荣立三等功以上奖励的，在完成高职（专科）学业后，免试入读普通本科。

（5）应征入伍的高校毕业生退役后报考政法干警招录培养体制改革试点招生时，教育考试笔试成绩总分加10分。

（八）大学生士兵退役后享受就业安置优惠政策

（1）高校应届毕业生入伍服义务兵役退出现役后一年内，可视同当年的高校应届毕业生，凭用人单位录（聘）用手续，向原就读高校再次申请办理就业报到手续，户档随迁（直辖市按照有关规定执行）。

（2）退役一年内的自主就业退役士兵可按规定免费参加教育培训。

（3）对退役士兵从事个体经营的，除国家限制行业外，三年内限额减免营业税、城市维护建设税、教育费附加和个人所得税，限额标准为每户每年14 400元。

（4）在招录公务员、参照公务员法管理机关（单位）工作人员，招聘事业单位工作人员时，要确保同等条件下优先录用（聘用）符合政府安排工作条件的退役士兵。边疆、民族地区乡镇机关招录公务员时，可拿出一定数量的职位，招录符合职位要求、政府安排工作的退役士兵。退役士兵报考公务员、应聘事业单位职位的，在军队服现役经历视为基层工作经历，服现役年限计算为工龄。财政支付工资的各类工勤辅助岗位遇有空缺时，应当首先用于接收由政府安排的符合岗位条件的退役士兵。

（5）国有、国有控股和国有资本占主导地位企业在新招录职工时应拿出不低于当年新增岗位的10%，在符合政府安排工作条件的退役士兵之间公开竞争，用人单位择优招录。

（6）按照国家规定发给退役金，由安置地的县级以上地方人民政府接收。根据当地的实际情况，可以发给经济补助，安置地的县级以上地方人民政府应当组织其免费参加职业教育、技能培训，经考试考核合格的，发给相应的学历证书、职业资格证书并推荐就业。

（7）参加户籍所在地省级毕业生就业指导机构、原毕业高校就业招聘会，享受重点推荐、就业指导等就业服务。

（8）乡镇补充干部、基层专职武装干部配备时，应注重从退役大学生士兵中招录；对返乡务农的退役大学生士兵，鼓励其通过法定程序积极参与村居"两委"班子的选举。

第八章

职业生涯规划

第一节　职业生涯规划概述

一、职业生涯规划的概念

（一）生涯的概念

美国生涯理论研究者舒伯（Donald E. Super）认为，生涯是生活里各种事态的演进方向和历程，它统合了人一生中的各种职业和生活角色，由此表现出个人独特的自我发展形态。他用"生涯彩虹图"（图 10-1）来阐述这一概念。

舒伯认为，生涯作为一个终其一生所扮演角色的整个过程，它由三个维度构成。

1. 时间维度

时间维度指个人的年龄或生命的过程，或者称为生涯的长度。舒伯按照人的年龄和生命历程划分为成长、探索、建立、维持和退出五个阶段。例如，孔子早年居住在鲁国的时期，可以算作孔子生涯的成长和探索阶段，而晚年居住在鲁国的时期，则可以算作衰退的阶段。

2. 领域维度

领域维度指每个人一生所扮演的各种不同的角色，或者称为生涯的宽度。例如，孔子从 30 岁授徒设教开始，就承担着教育者的角色，学生 3 000 余人，贤者 72 人，之后，教育者的角色就没有间断过；而孔子从 20 岁生子，开始承担家长的角色，在周游列国期间，家长的角色几乎没有履行过。

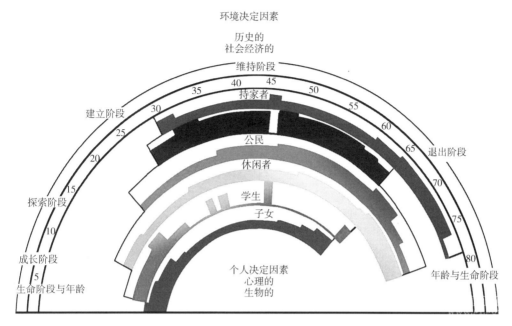

图 10-1 生涯彩虹图

3. 深度维度

深度维度指为个人所扮演的各种角色投入的程度，或者称为生涯的深度，即生涯彩虹图中颜色的深浅。例如，孔子在周游列国期间，依旧在不断地了解各国历史与风土人情，然而此时他作为学习者的投入程度，就远远达不到作为教育者、政治家的投入程度。

生涯彩虹图中将生涯长度、宽度及深度做了立体、直观的呈现，但是仅仅从长度、宽度、深度三个维度来看生涯，还只是以静止的观点来诠释生涯的含义。对于个人来说，我们的生涯还在发展，还没有完结，所以生涯不仅仅是用来静态分析的，我们还在绘制我们生命的彩虹，还要考虑到所处环境的变化，计划性的、非计划性的事件的影响，因为每个人都是在变化的环境中成长起来的。

(二) 职业生涯的概念

1. 职业

职业是指从业人员为获取主要生活来源所从事的社会工作的类别，例如会计、教师等。

2. 职业生涯

职业生涯是指伴随着一个人的职业从开始到结束的历程，也就是在生涯彩虹图中与工作者角色相关的历程。

在生涯彩虹图中，虽然工作者的角色在众多生涯角色中长度最短，但是，从20多岁到60岁左右退休之间的30余年，工作者角色的宽度最宽，颜色也最深，说明在普通人的一生中，从工作中接触到的领域最为广泛，对工作的投入程度也最深入，同时也意味着，工作者的角色对于我们生涯的发展影响最大。

二、职业生涯规划的分类

职业生涯规划按照时间的长短来分类可分为人生规划、长期规划、中期规划与短期规划四种类型。

（一）人生规划

指整个职业生涯的规划，时间长至30年左右，设定整个人生的发展目标，如规划成为一个上市公司董事长。

（二）长期规划

指5～10年的规划，主要设定较长远的目标。如规划35岁时成为一家中型公司的生产部经理，40岁时成为一家集团公司副总经理。

（三）中期规划

指一般为2～5年内的目标与任务。如规划到不同业务部门做经理，规划从大型公司部门经理再到小公司做总经理。

（四）短期规划

指2年以内的规划，主要是确定近期目标，规划近期完成的任务，如对专业知识的学习，2年内掌握哪些业务知识。

三、影响职业生涯规划的因素

（一）性格与职业

性格是人对现实的稳定态度和习惯化行为方式的总和，表现为个体独特的心理特征，如开朗、内向、沉稳持重等。性格是个体人格中具有核心意义的部分，也是与社会联系最密切的人格特征，与职业息息相关。

职业性格是指人们一旦从事某职业后，因为职业需求或者对该职业从业者的普遍要求所形成的较为固定的性格要素集合。研究表明，不同的职业有不同的性格要求。虽然每个人的性格不能百分之百地符合某项职业，但却可以根据自己的职业倾向来培养、发展相应的职业性格。

既然性格对职业的选择以及成功有着重大的影响，那么该如何选择符合自己性格的职业呢？MBTI是目前国际上最为流行的职业人格评估工具。1921年，瑞典心理学家卡尔·荣格（Carl Jungle）的心理学类型理论问世后，美国心理学家凯萨琳·库克·布里格斯（Katharine Cook Briggs）和她的女儿伊莎贝尔·布里格斯·迈尔斯（Isabel Briggs Myers）对荣格的理论进行了优化，于20世纪40年代提出一套性格测验模型。这套理论模型以她们的名字命名，即迈尔斯-布里格斯性格分析指标（MBTI）。MBTI被广泛应用于人格测评、职业发展、人才选拔、团队建设、管理培训、心理咨询和职业咨询等方面的心理测评工具。MBTI人格分析模型和理论的意义在于"解释人与人之间的差异现象"以及优化决策，对决策流程"进行理论性干预"。

（二）兴趣与职业

兴趣是指人们以特定的事物或活动为对象，所产生的积极的、带有倾向性和选择性的态度和情绪。兴趣是人们内心动力和快乐的来源，由内而生，属于内在动机，常常表现为一种自觉自愿、乐此不疲的精神状态。兴趣不是无所事事，不是享受别人的服务，而是主动去做一件事情。

职业兴趣理论是1959年由美国著名的职业指导专家约翰·霍兰德提出的，他认为，人的人格类型、兴趣与职业密切相关，兴趣是人们活动的巨大动力，凡是从事自己感兴趣的职业，都可以提高积极性，促使人们积极地、愉快地从事该职业，且职业兴趣与人格之间存在很大的相关性。

约翰·霍兰德认为在美国的文化中，大多数的人可以归纳为六种类型：实际型（R）、研究型（I）、艺术型（A）、社会型（S）、企业型（E）和传统型（C）。每一种类型的人又有各自不同的特点，如表10-1所示。

表10-1 六种兴趣类型

类型	特点	喜欢的环境
实际型（R）	重视物质，重视现在胜于重视未来；谦和、节俭、谦虚；诚实、有恒心、脚踏实地	需要技术、体力的活动，具体明确、动手操作的工作环境
研究型（I）	重视方法、分析、独立、温和；谨慎、智慧、精细、好奇；批判、内向、理性、保守	需要运用心智能力观察、分析、推理的工作环境

续表

类型	特点	喜欢的环境
艺术型（A）	崇尚幻想、有创意、复杂；无条理、善于表达、直觉；情绪化、不实际、独立、冲动	自由自在、富有创意、需要借助文字、声音、动作或色彩来表达内心想法和美的感受的工作环境
社会型（S）	令人信服、助人、敏锐；善解人意、有同理心、宽宏、合作；有责任心、仁慈、友善、温暖	人际关系广泛、和谐，互助合作的工作环境
企业型（E）	精力充沛、冒险、武断、外向；善于表达、野心、自信；引人注意、乐观、社交、热情	冒险、竞争的环境，能运用权力、影响别人的工作环境
传统型（C）	缺乏弹性、守本分、顺从、抑制、缺乏想象力、有良知、节俭、保守；有条理、谨慎、有恒心、有责任感	注重组织与规划的传统工作环境

从上面六种类型人的特点中，我们可以注意到，每个人是兴趣类型的综合体，只是偏好不同，有些类型人的特点是相似的，如：研究型和艺术型的人都比较独立，实际型和传统型的人都比较节俭和有恒心。兴趣类型没有优劣之分。

（三）能力与职业

能力是指完成一项目标或者任务所体现出来的素质。人们在完成目标或任务的过程中所表现出来的能力有所不同。能力总是能和实践联系在一起的。离开了具体实践既不能表现人的能力，也不能发展人的能力。

任何一种职业都要求从业者具备相应的能力，个人择业、单位招聘都要考虑能力与职业吻合的问题。能力与职业的匹配应遵循以下三个原则。

1. 能力类型与职业类型匹配原则

职业因其工作性质、内容和环境的不同，对从业者有不同的要求，其工作方式和行为特点具有明显的差异性。比如打字员和教师两种职业，打字员要求从业者具有良好的操作能力和技巧，教师要求从业者具有良好的口头表达能力和组织受教育者进行知识学习的能力。

2. 能力水平与职业层次相匹配原则

某一种职业或者职业类型由于所承担的责任、所要求的能力水平不同，还可以划分为不同的层次。比如高校的教师就可以分为讲师、副教授、教授几个层次。

3. 扬长避短原则

每个人都有自己的长处，往往偏重某一种类型，即在某方面能力较突出，同时也会在某些方面稍弱。职业生涯规划时要弄清楚自己的强项和弱项，做到扬长避短。

（四）价值观与职业

1. 价值观的内涵

价值观是指人们在认识各种具体事物价值的基础上，形成的对事物价值的总的看法和根本观点。一方面表现为价值取向、价值追求，凝结为一定的价值目标；另一方面表现为价值尺度和准则，成为判断事物有无价值及价值大小的评价标准。价值观有四个特点，一是多样性，二是稳定性，三是社会历史性，四是可改变性。

2. 价值观与职业的关系

舒伯认为，职业价值观是个人追求的与工作有关的目标，即个人的内在需求及在从事活动时所追求的工作特质或属性，是个人价值观在进行职业选择时的反映。

俗话说："人各有志。"这个"志"表现在职业选择上就是职业价值观，它是一种具有明确的目的性、自觉性和坚定性的职业选择的态度和行为，对一个人的职业目标和择业动机起着决定性的作用。职业价值观决定了人们的职业期望，影响着人们对职业方向和职业目标的选择，决定着人们就业后的工作态度和劳动绩效水平，从而决定了人们的职业发展情况。哪个职业好？哪个岗位适合自己？从事某一项具体工作的目的是什么？这些问题都是职业价值观的具体表现。

3. 价值观与职业选择

由于受家庭环境、教育、兴趣爱好等多方面的影响，不同个体的价值观是不同的，而这种不同会影响人们对职业的选择。在职业选择时考虑到自己的价值观，才会对自己的工作有极高的兴趣和做下去的动力，在实现自己目标的同时，也能为公司做出极大的贡献，实现了自己和公司的双赢；反之，如果在职业选择时忽略了自己的价值观，可能会对工作慢慢失去兴趣，甚至酝酿出不满或愤怒的情绪，或许这对自己和公司都是一场灾难。

职业价值观可分为以下几种类型，每种类型都有适合从事的职业分类（表10-2）。

表 10-2　职业价值观的类型与适合从事的职业

职业价值观类型	特征	适合从事的职业
自由型	不受别人指使，凭自己的能力拥有自己的小"城堡"，不愿受人干涉，想充分施展本领	作家、编剧、演员、心理咨询师
小康型	受尊敬欲望很强，追求虚荣，优越感也很强，渴望能有较高的社会地位和名誉，欲望得不到满足时，由于有过于强烈的自我意识，有时反而很自卑	各类检验、营销、行政岗位职员

续表

职业价值观类型	特征	适合从事的职业
支配型	想当上组织的一把手，飞扬跋扈，无视他人的想法，为所欲为，且视此为无比快乐	行政主管、公务员、自主创业者
自我实现型	对诸如平常的幸福、一般的惯例等毫不关心，一心一意想发挥个性、追求真理；不考虑收入、地位及其他人；非常在意自己的看法，尽力挖掘自己的潜力，施展自己的本领，并视此为有意义的生活	教师、医生、心理咨询师、各类科研人员及技术人员
志愿型	热心公益事业，富于同情心，把他人的痛苦视为自己的痛苦，不愿干表面上哗众取宠的事，把默默地帮助不幸的人视作无比快乐	教师、医生、心理咨询师、护士、福利机构工作者
技术型	认为立足社会的根本在于一技之长，因此他们专研一门技术，认为靠本事吃饭既可靠又稳当	医生、各类工程技术人员

第二节　职业生涯规划的意义

　　职业生涯规划是当今高校的重要话题，职业生涯规划已经成为大学生最为关注的热点之一。职业生涯活动将伴随我们的大半生，拥有成功的职业生涯才能实现完美人生。1953年，有人对耶鲁大学应届毕业生进行了一份问卷调查，"你毕业后的目标是什么？"统计结果只有3％的学生有明确的目标，97％的学生基本上没有明确目标。20年以后，有人去追踪所有参加了问卷调查学生的状况，结论令人十分吃惊，有职业目标的3％的人所拥有的财富总和比那其余97％的人所拥有的财富总和还要多。20年前仅是目标的有与无，20年后却产生了如此巨大的差异！

　　从个人的角度来看，漫漫人生路的核心就是职业生涯。不管是谁，只要是一个正常人，其职业生涯就是一个漫长的过程。他可以遵循传统观念，按部就班，一生只从事一种职业；他也可以根据自己的兴趣爱好、能力、价值观以及工作环境的变化而改变自己的职业甚至行业。但无论你选择哪一种，都一样必须每天为自己的工作而辛劳奔波，刻苦奋斗。因而，人的生命价值，在很大意义上来说，就在于其职业生涯方面所取得的成就和成功。

一、大学生职业生涯规划对大学生个人的意义

（一）帮助大学生确定职业发展的目标

一个大学生一旦有了自己的职业生涯规划，就会进行个人的自我全面定位，了解自己的特点和兴趣，根据自身条件如能力、性格和社会资源等，运用适当的方法进行分析和评估，进而确定自己的事业目标，如选择何种职业，在什么地方和单位从事何种职业，担任什么职务等。大学生有了职业目标和方向，就能更好地开发潜能，成功的概率显然更高。

（二）促进大学生抓住工作的重点，努力工作

大学生制定好了自己个人的职业生涯规划，不但明确了在事业上的具体目标，同时也给自己树立了一个标靶，令其在工作方面更有针对性，有助于合理地安排自己生活、学习和工作的时间，善于分析各项工作的轻重缓急，抓住工作重点，使自己奋勇前进。

（三）能够激发大学生个人发挥潜能

有了职业生涯规划，使自己更有远见，更有责任感。如果一个大学生没有制定好职业生涯规划，那么他就很容易陷入生活中的各种事务带来的烦恼，导致精力分散，无法全神贯注地工作，也很难充分发挥自己的才干。其实，一个人的潜在能力是无限的，需要我们充分地挖掘。天赋也不是与生俱来的，只有善于激发自己的潜能，努力学习，才能使自己的能力得到锻炼和提升。职业生涯规划能够帮助我们集中精力，发挥个人的潜能。

二、大学生职业生涯规划对社会整体的意义

（一）能够缓解社会的就业问题

进入高等教育大众化阶段后，上大学不再需要"千军万马过独木桥"，相对多数人享有接受高等教育的权利，大学生不再是计划经济体制下的"宠儿"。大学毕业生供给紧缺的时代已经一去不复返了，大学生就业基本趋于市场化。大学生必须认清楚当前的就业形势，面对现实，积极应对，及时规划自己的职业生涯，树立正确的价值观以及就业观，管理好自己的职业生涯，使自己有较强的适应性。

（二）引领社会就业风气的改善

制定职业生涯规划的过程其实也是一个探索的过程，在这个探索过程中，大学

生会形成自己所特有的认识，如先就业再择业，到基层、农村去，终身学习等，而这些良好的观念无疑也会对周边的人产生积极的影响，营造出一种良好的竞争氛围，从而改善整个社会的就业观念以及就业风气。

总之，每个大学生都应该真正地了解职业生涯规划及其意义，尽早地规划自己的职业生涯，为自己的全面发展，为实现自己心中的理想而努力奋斗。

第三节　如何做好职业生涯规划

一、大学生职业生涯规划的基本步骤

大学生职业生涯规划的基本步骤是：

（一）自我认知

自我认知包括对自己的兴趣、特长、性格以及能力的认知，也包括对自己的学识、技能、智商、情商的测试，以及对自己思维方式、道德水准的评价等。自我评估的目的是认识自己、了解自己，从而对自己的职业和职业生涯目标做出合理的选择。

（二）外部环境认知

对外部环境认知，主要是评估周边各种环境因素对自己职业生涯发展的影响。在制定个人的职业生涯规划时，要充分了解所处环境的特点，掌握职业环境的发展变化情况，明确自己在这个环境中的地位以及环境对自己提出的要求和创造的条件等。只有对环境因素充分了解和把握，才能做到在复杂的环境中避害趋利，使职业生涯规划具有实际意义。环境因素评估主要包括：组织环境、政治环境、社会环境、经济环境。

（三）确定职业发展目标

在准确地对自我认知和外部环境认知做出了评估之后，我们可以确定适合自己的、有实现可能的职业发展目标。在确定职业发展的目标时要注意自己性格、兴趣、特长与选定职业的匹配，更重要的是考察自己所处的内外环境与职业目标是否相适应，不能妄自菲薄，也不能好高骛远。合理、可行的职业生涯目标的确立决定了职业发展中的行为和结果，是制定职业生涯规划的关键。

（四）职业决策

在职业目标确定后，向哪一条路线发展，如是走技术路线，还是管理路线，是走技术＋管理即技术管理路线，还是先走技术路线再走管理路线等，此时要做出选择。发展路线不同，对职业发展的要求也不同。因此，在职业生涯规划中，必须对发展路线做出抉择，才能及时调整自己的学习、工作以及各种行动措施，才能沿着预定的方向前进。

（五）制定职业生涯行动计划与措施

在确定了职业生涯的终极目标并选定职业发展的路线后，行动便成了关键的环节。这里所指的行动，是指落实目标的具体措施，主要包括工作、培训、教育、轮岗等方面的措施。对应自己的行动计划可将职业目标进行分解，即分解为短期目标、中期目标和长期目标。其中短期目标又可分为日目标、周目标、月目标、年目标，中期目标一般为三至五年，长期目标为五至十年。分解后的目标有利于跟踪检查，同时可以根据环境变化制定和调整短期行动计划，并针对具体计划目标采取有效措施。

（六）评估与回馈

影响职业生涯规划的因素很多，有的变化因素是可以预测的，而有的变化因素难以预测。在此状态下，要使职业生涯规划行之有效，就必须不断地对职业生涯规划执行情况进行评估。首先，要对年度目标的执行情况进行总结，确定哪些目标已按计划完成，哪些目标还未完成。其次，对未完成目标进行分析，找出未完成原因及发展障碍，制订相应解决障碍的对策及方案。最后，依据评估结果对下年的计划进行修订与完善。如果有必要，也可考虑对职业目标和路线进行修正，但一定要谨慎考虑。

二、大学生进行职业生涯规划时常见的问题及对策

目前，大学生职业生涯规划存在着一些明显的问题，比如，人学生的职业规划意识淡薄，忽视了职业规划；社会不够重视，高校在职业生涯规划教育上相对落后；职业生涯规划方法过于简单，缺乏准确的自我定位等。因此，需针对上述问题采取切实可行的解决措施。

（一）常见问题

1. 职业规划意识薄弱

当前，我国大部分学生不具备较强的职业规划意识，具体表现在以下几个方面。

首先，在大学阶段中，大部分学生都没有接受过专业教育培训。在高等教育中，在职业规划、就业指导等相关课程设置上重视不够，这使得大学生的职业规划理论知识匮乏，在临近毕业时，才会给予职业规划高度重视，加大就业选择难度。其次，大学生对社会发展岗位需求了解片面。大部分大学生将更多的时间和精力放在学校中，参与社会实践的机会比较少，对就业指导关注度低，因而不具备较强的危机意识，无法形成满足社会就业发展的职业规划意识。即便部分学生具有职业规划意识，也只停留在表面，无法发挥应有的价值。

2. 职业规划能力有待提升

只有参与到各种实践活动中，才能有效提高职业规划的实用性和有效性。当前部分大学生在制定职业生涯规划过程中，比较注重职业定位和职业价值，没有思考怎样和社会发展充分结合，也没有通过亲自参与社会实践来考察职业规划的可行性，制定的职业规划无法满足社会就业发展要求，不能给就业提供指导。

3. 缺少完善的职业生涯规划教育体系

结合当前我国高校职业规划教育情况来说，大部分学校没有形成一套完善的职业规划教育体系，只是在职业规划教育过程中比较强调理论教学。在实际教学中，存在阶段性教学状况，将大学一年级的新生当作教学重点对象，而对于大二、大三的学生，没有开展职业规划教育课程，即便开设职业规划教育课程，也只注重就业政策的讲解或开展学校招聘、就业信息公开等活动，和真正意义上的大学生职业生涯规划教学要求相差甚远。此外，由于大学生职业生涯规划教学正处于起步阶段，教学形式比较单一，主要以讲座或者大班集体教学模式为主，采用灌输式教学方法，影响最终教学效果。

（二）对策

1. 提高学生职业生涯规划意识

学校应提前组织开展职业生涯规划教育，让学生能够了解职业生涯规划的意义，强化学生职业生涯规划意识，优化组织框架，提高学生就业素养。

2. 积极参与实践，接触、适应职场和社会

大学生不仅要切实提升个人的综合素质，还必须积极主动地参加校内举办的各种实践活动，如暑期社会实践活动，主动接触社会、了解社会、适应社会，和社会建立初步的认识。还可以进入企业单位进行实习，在实践中总结职业对个人素质的基本要求，并在此基础上进行自我剖析，将自我发现和自我发展与对社会职场的认知有机地结合起来，科学、合理地调整、制定职业生涯规划，从而为日后进入职场

和社会奠定坚实的基础。

3. 适当调整教学结构

课堂是学生学习理论知识、信息反馈的主要场所，应打造高效的职业生涯规划课堂。首先，保证理论知识讲解的全面性，教师应掌握丰富的专业知识，还要做到灵活运用知识。其次，适当改革课堂结构，设置开学初期至毕业期全方位的职业生涯规划教育模式。最后，加强学生信息反馈体系建设。建立完善的职业生涯规划档案，对学生学习与实践情况进行追踪监管，定期整理，给后续职业生涯规划教育活动的开展提供数据参考。

附 录

新时代爱国主义教育实施纲要

　　爱国主义是中华民族的民族心、民族魂，是中华民族最重要的精神财富，是中国人民和中华民族维护民族独立和民族尊严的强大精神动力。爱国主义精神深深植根于中华民族心中，维系着中华大地上各个民族的团结统一，激励着一代又一代中华儿女为祖国发展繁荣而自强不息、不懈奋斗。中国共产党是爱国主义精神最坚定的弘扬者和实践者，90多年来，中国共产党团结带领全国各族人民进行的革命、建设、改革实践是爱国主义的伟大实践，写下了中华民族爱国主义精神的辉煌篇章。党的十八大以来，以习近平同志为核心的党中央高度重视爱国主义教育，固本培元、凝心铸魂，做出一系列重要部署，推动爱国主义教育取得显著成效。当前，中国特色社会主义进入新时代，中华民族伟大复兴正处于关键时期。新时代加强爱国主义教育，对于振奋民族精神、凝聚全民族力量，决胜全面建成小康社会，夺取新时代中国特色社会主义伟大胜利，实现中华民族伟大复兴的中国梦，具有重大而深远的意义。

一、总体要求

　　1. 指导思想。坚持以马克思列宁主义、毛泽东思想、邓小平理论、"三个代表"重要思想、科学发展观、习近平新时代中国特色社会主义思想为指导，增强"四个意识"，坚定"四个自信"，做到"两个维护"，着眼培养担当民族复兴大任的时代新人，始终高扬爱国主义旗帜，着力培养爱国之情、砥砺强国之志、实践报国之行，使爱国主义成为全体中国人民的坚定信念、精神力量和自觉行动。

　　2. 坚持把实现中华民族伟大复兴的中国梦作为鲜明主题。伟大事业需要伟大精神，伟大精神铸就伟大梦想。要把国家富强、民族振兴、人民幸福作为不懈追求，着力扎紧全国各族人民团结奋斗的精神纽带，厚植家国情怀，培育精神家园，引导人们坚持中国道路、弘扬中国精神、凝聚中国力量，为实现中华民族伟大复兴的中国梦提供强大精神动力。

3. 坚持爱党爱国爱社会主义相统一。新中国是中国共产党领导的社会主义国家，祖国的命运与党的命运、社会主义的命运密不可分。当代中国，爱国主义的本质就是坚持爱国和爱党、爱社会主义高度统一。要区分层次、区别对象，引导人们深刻认识党的领导是中国特色社会主义最本质特征和最大制度优势，坚持党的领导、坚持走中国特色社会主义道路是实现国家富强的根本保障和必由之路，以坚定的信念、真挚的情感把新时代中国特色社会主义一以贯之进行下去。

4. 坚持以维护祖国统一和民族团结为着力点。国家统一和民族团结是中华民族根本利益所在。要始终不渝坚持民族团结是各族人民的生命线，巩固和发展平等团结互助和谐的社会主义民族关系，引导全国各族人民像爱护自己的眼睛一样珍惜民族团结，维护全国各族人民大团结的政治局面，巩固和发展最广泛的爱国统一战线，不断增强对伟大祖国、中华民族、中华文化、中国共产党、中国特色社会主义的认同，坚决维护国家主权、安全、发展利益，旗帜鲜明反对分裂国家的图谋、破坏民族团结的言行，筑牢国家统一、民族团结、社会稳定的铜墙铁壁。

5. 坚持以立为本、重在建设。爱国主义是中华儿女最自然、最朴素的情感。要坚持从娃娃抓起，着眼固本培元、凝心铸魂，突出思想内涵，强化思想引领，做到润物无声，把基本要求和具体实际结合起来，把全面覆盖和突出重点结合起来，遵循规律、创新发展，注重落细落小落实、日常经常平常，强化教育引导、实践养成、制度保障，推动爱国主义教育融入贯穿国民教育和精神文明建设全过程。

6. 坚持立足中国又面向世界。一个国家、一个民族，只有开放兼容，才能富强兴盛。要把弘扬爱国主义精神与扩大对外开放结合起来，尊重各国历史特点、文化传统，尊重各国人民选择的发展道路，善于从不同文明中寻求智慧、汲取营养，促进人类和平与发展的崇高事业，共同推动人类文明发展进步。

二、基本内容

7. 坚持用习近平新时代中国特色社会主义思想武装全党、教育人民。习近平新时代中国特色社会主义思想是马克思主义中国化最新成果，是党和人民实践经验和集体智慧的结晶，是中国特色社会主义理论体系的重要组成部分，是全党全国人民为实现中华民族伟大复兴而奋斗的行动指南，必须长期坚持并不断发展。要深刻理解习近平新时代中国特色社会主义思想的核心要义、精神实质、丰富内涵、实践要求，不断增强干部群众的政治意识、大局意识、核心意识、看齐意识，坚决维护习近平总书记党中央的核心、全党的核心地位，坚决维护党中央权威和集中统一领导。要紧密结合人们生产生活实际，推动习近平新时代中国特色社会主义思想进企业、进农村、进机关、进校园、进社区、进军营、进网络，真正使党的创新理论落地生根、开花结果。要在知行合一、学以致用上下功夫，引导干部群众坚持以习近平新时代中国特色社会主义思想为指导，展现新气象、激发新作为，把学习教育成果转化为爱国报国的实际行动。

8. 深入开展中国特色社会主义和中国梦教育。中国特色社会主义集中体现着国家、民族、人民的根本利益。要高举中国特色社会主义伟大旗帜，广泛开展理想信念教育，用党领导人民进行伟大社会革命的成果说话，用改革开放以来社会主义现代化建设的伟大成就说话，用新时代坚持和发展中国特色社会主义的生动实践说话，用中国特色社会主义制度的优势说话，在历史与现实、国际与国内的对比中，引导人们深刻认识中国共产党为什么"能"、马克思主义为什么"行"、中国特色社会主义为什么"好"，牢记红色政权是从哪里来的、新中国是怎么建立起来的，倍加珍惜我们党开创的中国特色社会主义，不断增强道路自信、理论自信、制度自信、文化自信。要深入开展中国梦教育，引导人们深刻认识中国梦是国家的梦、民族的梦，也是每个中国人的梦，深刻认识中华民族伟大复兴绝不是轻轻松松、敲锣打鼓就能实现的，要付出更为艰巨、更为艰苦的努力，争做新时代的奋斗者、追梦人。

9. 深入开展国情教育和形势政策教育。要深入开展国情教育，帮助人们了解我国发展新的历史方位、社会主要矛盾的变化，引导人们深刻认识到，我国仍处于并将长期处于社会主义初级阶段的基本国情没有变，我国是世界上最大发展中国家的国际地位没有变，始终准确把握基本国情，既不落后于时代，也不脱离实际、超越阶段。要深入开展形势政策教育，帮助人们树立正确的历史观、大局观、角色观，了解世界正经历百年未有之大变局，我国仍处于发展的重要战略机遇期，引导人们清醒认识国际国内形势发展变化，做好我们自己的事情。要发扬斗争精神，增强斗争本领，引导人们充分认识伟大斗争的长期性、复杂性、艰巨性，敢于直面风险挑战，以坚忍不拔的意志和无私无畏的勇气战胜前进道路上的一切艰难险阻，在进行伟大斗争中更好弘扬爱国主义精神。

10. 大力弘扬民族精神和时代精神。以爱国主义为核心的民族精神和以改革创新为核心的时代精神，是凝心聚力的兴国之魂、强国之魂。要聚焦培养担当民族复兴大任的时代新人，培育和践行社会主义核心价值观，广泛开展爱国主义、集体主义、社会主义教育，提高人们的思想觉悟、道德水准和文明素养。要唱响人民赞歌、展现人民风貌，大力弘扬中国人民在长期奋斗中形成的伟大创造精神、伟大奋斗精神、伟大团结精神、伟大梦想精神，生动展示人民群众在新时代的新实践、新业绩、新作为。

11. 广泛开展党史、国史、改革开放史教育。历史是最好的教科书，也是最好的清醒剂。要结合中华民族从站起来、富起来到强起来的伟大飞跃，引导人们深刻认识历史和人民选择中国共产党、选择马克思主义、选择社会主义道路、选择改革开放的历史必然性，深刻认识我们国家和民族从哪里来、到哪里去，坚决反对历史虚无主义。要继承革命传统，弘扬革命精神，传承红色基因，结合新的时代特点赋予新的内涵，使之转化为激励人民群众进行伟大斗争的强大动力。要加强改革开放教育，引导人们深刻认识改革开放是党和人民大踏步赶上时代的重要法宝，是坚持和发展中国特色社会主义的必由之路，是决定当代中国命运的关键一招，也是决定实现"两个一百年"奋斗目标、实现中华民族伟大复兴的关键一招，凝聚起将改革开放进行到底的强大力量。

12. 传承和弘扬中华优秀传统文化。对祖国悠久历史、深厚文化的理解和接受，是爱国主义情感培育和发展的重要条件。要引导人们了解中华民族的悠久历史和灿烂文化，从历史中汲取营养和智慧，自觉延续文化基因，增强民族自尊心、自信心和自豪感。要坚持古为今用、推陈出新，不忘本来、辩证取舍，深入实施中华优秀传统文化传承发展工程，推动中华文化创造性转化、创新性发展。要坚守正道、弘扬大道，反对文化虚无主义，引导人们树立和坚持正确的历史观、民族观、国家观、文化观，不断增强中华民族的归属感、认同感、尊严感、荣誉感。

13. 强化祖国统一和民族团结进步教育。实现祖国统一、维护民族团结，是中华民族的不懈追求。要加强祖国统一教育，深刻揭示维护国家主权和领土完整、实现祖国完全统一是大势所趋、大义所在、民心所向，增进广大同胞心灵契合、互信认同，与分裂祖国的言行开展坚决斗争，引导全体中华儿女为实现民族伟大复兴、推进祖国和平统一而共同奋斗。深化民族团结进步教育，铸牢中华民族共同体意识，加强各民族交往交流交融，引导各族群众牢固树立"三个离不开"思想，不断增强"五个认同"，使各民族同呼吸、共命运、心连心的光荣传统代代相传。

14. 加强国家安全教育和国防教育。国家安全是安邦定国的重要基石。要加强国家安全教育，深入学习宣传总体国家安全观，增强全党全国人民国家安全意识，自觉维护政治安全、国土安全、经济安全、社会安全、网络安全和外部安全。要加强国防教育，增强全民国防观念，使关心国防、热爱国防、建设国防、保卫国防成为全社会的思想共识和自觉行动。要深入开展增强忧患意识、防范化解重大风险的宣传教育，引导广大干部群众强化风险意识，科学辨识风险、有效应对风险，做到居安思危、防患未然。

三、新时代爱国主义教育要面向全体人民、聚焦青少年

15. 充分发挥课堂教学的主渠道作用。培养社会主义建设者和接班人，首先要培养学生的爱国情怀。要把青少年作为爱国主义教育的重中之重，将爱国主义精神贯穿于学校教育全过程，推动爱国主义教育进课堂、进教材、进头脑。在普通中小学、中职学校，将爱国主义教育内容融入语文、道德与法治、历史等学科教材编写和教育教学中，在普通高校将爱国主义教育与哲学社会科学相关专业课程有机结合，加大爱国主义教育内容的比重。创新爱国主义教育的形式，丰富和优化课程资源，支持和鼓励多种形式开发微课、微视频等教育资源和在线课程，开发体现爱国主义教育要求的音乐、美术、书法、舞蹈、戏剧作品等，进一步增强吸引力感染力。

16. 办好学校思想政治理论课。思想政治理论课是爱国主义教育的主阵地。要紧紧抓住青少年阶段的"拔节孕穗期"，理直气壮开好思想政治理论课，引导学生把爱国情、强国志、报国行自觉融入坚持和发展中国特色社会主义事业、建设社会主义现代化强国、实现中华民族伟大复兴的奋斗之中。按照政治强、情怀深、思维新、视野广、自律严、人格正的要求，加强思想政治理论课教师队伍建设，让有信仰的人讲信仰，让有爱国情怀的人讲爱国。推动思想政治理论课改革创新，发挥学生主体作用，采取互动式、启发式、交流式教学，增强思想性理论性和亲和力针对性，在教育灌输和潜移默化中，引导学生树立国家意识、增进爱国情感。

17. 组织推出爱国主义精品出版物。针对不同年龄、不同成长阶段，坚持精品标准，加大创作力度，推出反映爱国主义内容的高质量儿童读物、教辅读物，让广大青少年自觉接受爱国主义熏陶。积极推荐爱国主义主题出版物，大力开展爱国主义教育读书活动。结合青少年兴趣点和接受习惯，大力开发并积极推介体现中华文化精髓、富有爱国主义气息的网络文学、动漫、有声读物、网络游戏、手机游戏、短视频等。

18. 广泛组织开展实践活动。大中小学的党组织、共青团、少先队、学生会、学生社团等，要把爱国主义内容融入党日团日、主题班会、班队会以及各类主题教育活动之中。广泛开展文明校园创建，强化校训校歌校史的爱国主义教育功能，组织开展丰富多彩的校园文化活动。组织大中小学生参观纪念馆、展览馆、博物馆、烈士纪念设施，参加军事训练、冬令营夏令营、文化科技卫生"三下乡"、学雷锋志愿服务、创新创业、公益活动等，更好地了解国情民情，强化责任担当。密切与城市社区、农村、企业、部队、社会机构等的联系，丰富拓展爱国主义教育校外实践领域。

19. 在广大知识分子中弘扬爱国奋斗精神。我国知识分子历来有浓厚的家国情怀和强烈的社会责任感。深入开展"弘扬爱国奋斗精神、建功立业新时代"活动，弘扬"两弹一星"精神、载人航天精神等，大力组织优秀知识分子学习宣传，引导新时代知识分子把自己的理想同祖国的前途、把自己的人生同民族的命运紧密联系在一起，立足本职、拼搏奋斗、创新创造，在新时代做出应有的贡献。广泛动员和组织知识分子深入改革开放前沿、经济发展一线和革命老区、民族地区、边疆地区、贫困地区，开展调研考察和咨询服务，深入了解国情，坚定爱国追求。

20. 激发社会各界人士的爱国热情。社会各界的代表性人士具有较强示范效应。要坚持信任尊重团结引导，增进和凝聚政治共识，夯实共同思想政治基础，不断扩大团结面，充分调动社会各界人士的爱国热情和社会担当。通过开展职业精神职业道德教育、建立健全相关制度规范、发挥行业和舆论监督作用等，引导社会各界人士增强道德自律、履行社会责任。坚持我国宗教的中国化方向，加强宗教界人士和信教群众的爱国主义教育，引导他们热爱祖国、拥护社会主义制度、拥护中国共产党的领导，遵守国家法律法规和方针政策。加强"一国两制"实践教育，引导人们包括香港特别行政区同胞、澳门特别行政区同胞、台湾同胞和海外侨胞增强对国家的认同，自觉维护国家统一和民族团结。

四、丰富新时代爱国主义教育的实践载体

21. 建好用好爱国主义教育基地和国防教育基地。各级各类爱国主义教育基地，是激发爱国热情、凝聚人民力量、培育民族精神的重要场所。要加强内容建设，改进展陈方式，着力打造主题突出、导向鲜明、内涵丰富的精品陈列，强化爱国主义教育和红色教育功能，为社会各界群众参观学习提供更好服务。健全全国爱国主义教育示范基地动态管理机制，进一步完善落实免费开放政策和保障机制，根据实际情况，对爱国主义教育基地免费开放财政补助进行重新核定。依托军地资源，优化结构布局，提升质量水平，建设一批国防特色鲜明、功能设施配套、作用发挥明显的国防教育基地。

22. 注重运用仪式礼仪。认真贯彻执行国旗法、国徽法、国歌法，学习宣传基本知识和国旗升挂、国徽使用、国歌奏唱礼仪。在全社会广泛开展"同升国旗、同唱国歌"活动，让人们充分表达爱国情感。各级广播电台、电视台每天定时在主频率、主频道播放国歌。国庆期间，各级党政机关、人民团体、大型企事业单位、全国城乡社区和爱国主义教育基地等，要组织升国旗仪式并悬挂国旗。鼓励居民家庭在家门前适当位置悬挂国旗。认真组织宪法宣誓仪式、入党入团入队仪式等，通过公开宣誓、重温誓词等形式，强化国家意识和集体观念。

23. 组织重大纪念活动。充分挖掘重大纪念日、重大历史事件蕴含的爱国主义教育资源，组织开展系列庆祝或纪念活动和群众性主题教育。抓住国庆节这一重要时间节点，广泛开展"我和我的祖国"系列主题活动，通过主题宣讲、大合唱、共和国故事汇、快闪、灯光秀、游园活动等形式，引导人们歌唱祖国、致敬祖国、祝福祖国，使国庆黄金周成为爱国活动周。充分运用"七一"党的生日、"八一"建军节等时间节点，广泛深入组织各种纪念活动，唱响共产党好、人民军队好的主旋律。在中国人民抗日战争胜利纪念日、烈士纪念日、南京大屠杀死难者国家公祭日期间，精心组织公祭、瞻仰纪念碑、祭扫烈士墓等，引导人们牢记历史、不忘过去，缅怀先烈、面向未来，激发爱国热情、凝聚奋进力量。

24. 发挥传统和现代节日的涵育功能。大力实施中国传统节日振兴工程，深化"我们的节日"主题活动，利用春节、元宵、清明、端午、七夕、中秋、重阳等重要传统节日，开展丰富多彩、积极健康、富有价值内涵的民俗文化活动，引导人们感悟中华文化、增进家国情怀。结合元旦、"三八"国际妇女节、"五一"国际劳动节、"五四"青年节、"六一"国际儿童节和中国农民丰收节等，开展各具特色的庆祝活动，激发人们的爱国主义和集体主义精神。

25. 依托自然人文景观和重大工程开展教育。寓爱国主义教育于游览观光之中，通过宣传展示、体验感受等多种方式，引导人们领略壮美河山，投身美丽中国建设。系统梳理传统文化资源，加强考古发掘和整理研究，保护好文物古迹、传统村落、民族村寨、传统建筑、农业遗迹、灌溉工程遗产、工业遗迹，推动遗产资源合理利用，健全非物质文化遗产保护制度，推进国家文化公园建设。推动文化和旅游融合发展，提升旅游质量水平和文化内涵，深入挖掘旅游资源中蕴含的爱国主义内容，防止过度商业行为和破坏性开发。推动红色旅游内涵式发展，完善全国红色旅游经典景区体系，凸显教育功能，加强对讲解员、导游等从业人员的管理培训，加强对解说词、旅游项目等的规范，坚持正确的历史观和历史标准。依托国家重大建设工程、科学工程等，建设一批展现新时代风采的主题教育基地。

五、营造新时代爱国主义教育的浓厚氛围

26. 用好报刊广播影视等大众传媒。各级各类媒体要聚焦爱国主义主题，创新方法手段，适应分众化、差异化传播趋势，使爱国主义宣传报道接地气、有生气、聚人气，有情感、有深度、有温度。把爱国主义主题融入贯穿媒体融合发展，打通网上网下、版面页面，推出系列专题专栏、新闻报道、言论评论以及融媒体产品，加强县级融媒体中心建设，生动讲好爱国故事、大力传播主流价值观。制作刊播爱国主义优秀公益广告作品，在街头户外张贴悬挂展示标语口号、宣传挂图，生动形象做好宣传。坚持正确舆论导向，对虚无历史、消解主流价值的错误思想言论，及时进行批驳和辨析引导。

27. 发挥先进典型的引领作用。大力宣传为中华民族和中国人民做出贡献的英雄，宣传革命、建设、改革时期涌现出的英雄烈士和模范人物，宣传时代楷模、道德模范、最美人物和身边好人，宣传具有爱国情怀的地方先贤、知名人物，以榜样的力量激励人、鼓舞人。广泛开展向先进典型学习活动，引导人们把敬仰和感动转化为干事创业、精忠报国的实际行动。做好先进模范人物的关心帮扶工作，落实相关待遇和礼遇，在全社会大力营造崇尚英雄、学习英雄、捍卫英雄、关爱英雄的浓厚氛围。

28. 创作生产优秀文艺作品。把爱国主义作为常写常新的主题，加大现实题材创作力度，为时代画像、为时代立传、为时代明德，不断推出讴歌党、讴歌祖国、讴歌人民、讴歌劳动、讴歌英雄的精品力作。深入实施中国当代文学艺术创作工程、重大历史题材创作工程等，加大对爱国主义题材文学创作、影视创作、词曲创作等的支持力度，加强对经典爱国歌曲、爱国影片的深入挖掘和创新传播，唱响爱国主义正气歌。文艺创作和评论评奖要具有鲜明爱国主义导向，倡导讲品位、讲格调、讲责任，抵制低俗、庸俗、媚俗，坚决反对亵渎祖先、亵渎经典、亵渎英雄，始终保持社会主义文艺的爱国底色。

29. 唱响互联网爱国主义主旋律。加强爱国主义网络内容建设，广泛开展网上主题教育活动，制作推介体现爱国主义内容、适合网络传播的音频、短视频、网络文章、纪录片、微电影等，让爱国主义充盈网络空间。实施爱国主义数字建设工程，推动爱国主义教育基地、红色旅游与网络传播有机结合。创新传播载体手段，积极运用微博微信、社交媒体、视频网站、手机客户端等传播平台，运用虚拟现实、增强现实、混合现实等新技术新产品，生动活泼开展网上爱国主义教育。充分发挥"学习强国"学习平台在爱国主义宣传教育中的作用。加强网上舆论引导，依法依规

进行综合治理，引导网民自觉抵制损害国家荣誉、否定中华优秀传统文化的错误言行，汇聚网上正能量。

30. 涵养积极进取开放包容理性平和的国民心态。加强宣传教育，引导人们正确把握中国与世界的发展大势，正确认识中国与世界的关系，既不妄自尊大也不妄自菲薄，做到自尊自信、理性平和。爱国主义是世界各国人民共有的情感，实现世界和平与发展是各国人民共同的愿望。一方面要弘扬爱国主义精神，另一方面要培养海纳百川、开放包容的胸襟，大力宣传坚持和平发展合作共赢、构建人类命运共同体、共建"一带一路"等重要理念和倡议，激励广大人民同各国人民一道共同创造美好未来。对每一个中国人来说，爱国是本分，也是职责，是心之所系、情之所归。倡导知行合一，推动爱国之情转化为实际行动，使人们理性表达爱国情感，反对极端行为。

31. 强化制度和法治保障。把爱国主义精神融入相关法律法规和政策制度，体现到市民公约、村规民约、学生守则、行业规范、团体章程等的制定完善中，发挥指引、约束和规范作用。在全社会深入学习宣传宪法、英雄烈士保护法、文物保护法等，广泛开展法治文化活动，使普法过程成为爱国主义教育过程。严格执法司法、推进依法治理，综合运用行政、法律等手段，对不尊重国歌国旗国徽等国家象征与标志，对侵害英雄烈士姓名、肖像、名誉、荣誉等行为，对破坏污损爱国主义教育场所设施，对宣扬、美化侵略战争和侵略行为等，依法依规进行严肃处理。依法严惩暴力恐怖、民族分裂等危害国家安全和社会稳定的犯罪行为。

六、加强对新时代爱国主义教育的组织领导

32. 各级党委和政府要承担起主体责任。各级党委和政府要负起政治责任和领导责任，把爱国主义教育摆上重要日程，纳入意识形态工作责任制，加强阵地建设和管理，抓好各项任务落实。进一步健全党委统一领导、党政齐抓共管、宣传部门统筹协调、有关部门各负其责的工作格局，建立爱国主义教育联席会议制度，加强工作指导和沟通协调，及时研究解决工作中的重要事项和存在问题。广大党员干部要以身作则，牢记初心使命，勇于担当作为，发挥模范带头作用，做爱国主义的坚定弘扬者和实践者，同违背爱国主义的言行做坚决斗争。

33. 调动广大人民群众的积极性主动性。爱国主义教育是全民教育，必须突出教育的群众性。各级工会、共青团、妇联和文联、作协、科协、侨联、残联以及关工委等人民团体和群众组织，要发挥各自优势，面向所联系的领域和群体广泛开展爱国主义教育。组织动员老干部、老战士、老专家、老教师、老模范等到广大群众特别是青少年中讲述亲身经历，弘扬爱国传统。坚持热在基层、热在群众，结合人们生产生活，把爱国主义教育融入到新时代文明实践中心建设、学雷锋志愿服务、精神文明创建之中，体现到百姓宣讲、广场舞、文艺演出、邻居节等群众性活动之中，引导人们自我宣传、自我教育、自我提高。

34. 求真务实注重实效。爱国主义教育是思想的洗礼、精神的熏陶。要坚持目标导向、问题导向、效果导向，坚持虚功实做、久久为功，在深化、转化上下功夫，在具象化、细微处下功夫，更好地体现时代性、把握规律性、富于创造性。坚持从实际出发，务实节俭开展教育、组织活动，杜绝铺张浪费，不给基层和群众增加负担，坚决反对形式主义、官僚主义。

各地区各部门要根据本纲要制定贯彻落实的具体措施，确保爱国主义教育各项任务要求落到实处。

中国人民解放军和中国人民武装警察部队按照本纲要总的要求，结合部队实际制定具体规划、做出安排部署。

普通高等学校学生管理规定

（教育部令第 41 号）

第一章　总　则

第一条　为规范普通高等学校学生管理行为，维护普通高等学校正常的教育教学秩序和生活秩序，保障学生合法权益，培养德、智、体、美等方面全面发展的社会主义建设者和接班人，依据教育法、高等教育法以及有关法律、法规，制定本规定。

第二条　本规定适用于普通高等学校、承担研究生教育任务的科学研究机构（以下称学校）对接受普通高等学历教育的研究生和本科、专科（高职）学生（以下称学生）的管理。

第三条　学校要坚持社会主义办学方向，坚持马克思主义的指导地位，全面贯彻国家教育方针；要坚持以立德树人为根本，以理想信念教育为核心，培育和践行社会主义核心价值观，弘扬中华优秀传统文化和革命文化、社会主义先进文化，培养学生的社会责任感、创新精神和实践能力；要坚持依法治校，科学管理，健全和完善管理制度，规范管理行为，将管理与育人相结合，不断提高管理和服务水平。

第四条　学生应当拥护中国共产党领导，努力学习马克思列宁主义、毛泽东思想、中国特色社会主义理论体系，深入学习习近平总书记系列重要讲话精神和治国理政新理念新思想新战略，坚定中国特色社会主义道路自信、理论自信、制度自信、文化自信，树立中国特色社会主义共同理想；应当树立爱国主义思想，具有团结统一、爱好和平、勤劳勇敢、自强不息的精神；应当增强法治观念，遵守宪法、法律、法规，遵守公民道德规范，遵守学校管理制度，具有良好的道德品质和行为习惯；应当刻苦学习，勇于探索，积极实践，努力掌握现代科学文化知识和专业技能；应当积极锻炼身体，增进身心健康，提高个人修养，培养审美情趣。

第五条　实施学生管理，应当尊重和保护学生的合法权利，教育和引导学生承担应尽的义务与责任，鼓励和支持学生实行自我管理、自我服务、自我教育、自我监督。

第二章　学生的权利与义务

第六条　学生在校期间依法享有下列权利：

（一）参加学校教育教学计划安排的各项活动，使用学校提供的教育教学资源；

（二）参加社会实践、志愿服务、勤工助学、文娱体育及科技文化创新等活动，获得就业创业指导和服务；

（三）申请奖学金、助学金及助学贷款；

（四）在思想品德、学业成绩等方面获得科学、公正评价，完成学校规定学业后获得相应的学历证书、学位证书；

（五）在校内组织、参加学生团体，以适当方式参与学校管理，对学校与学生权益相关事务享有知情权、参与权、表达权和监督权；

（六）对学校给予的处理或者处分有异议，向学校、教育行政部门提出申诉，对学校、教职员工侵犯其人身权、财产权等合法权益的行为，提出申诉或者依法提起诉讼；

（七）法律、法规及学校章程规定的其他权利。

第七条　学生在校期间依法履行下列义务：

（一）遵守宪法和法律、法规；

（二）遵守学校章程和规章制度；

（三）恪守学术道德，完成规定学业；

（四）按规定缴纳学费及有关费用，履行获得贷学金及助学金的相应义务；

（五）遵守学生行为规范，尊敬师长，养成良好的思想品德和行为习惯；

（六）法律、法规及学校章程规定的其他义务。

第三章　学籍管理

第一节　入学与注册

第八条　按国家招生规定录取的新生，持录取通知书，按学校有关要求和规定的期限到校办理入学手续。因故不能按期入学的，应当向学校请假。未请假或者请假逾期的，除因不可抗力等正当事由以外，视为放弃入学资格。

第九条　学校应当在报到时对新生入学资格进行初步审查，审查合格的办理入学手续，予以注册学籍；审查发现新生的录取通知、考生信息等证明材料与本人实际情况不符，或者有其他违反国家招生考试规定情形的，取消入学资格。

第十条　新生可以申请保留入学资格。保留入学资格期间不具有学籍。保留入学资格的条件、期限等由学校规定。

新生保留入学资格期满前应向学校申请入学，经学校审查合格后，办理入学手续。审查不合格的，取消入学资格；逾期不办理入学手续且未有因不可抗力延迟等正当理由的，视为放弃入学资格。

第十一条　学生入学后，学校应当在 3 个月内按照国家招生规定进行复查。复查内容主要包括以下方面：

（一）录取手续及程序等是否合乎国家招生规定；

（二）所获得的录取资格是否真实、合乎相关规定；

（三）本人及身份证明与录取通知、考生档案等是否一致；

（四）身心健康状况是否符合报考专业或者专业类别体检要求，能否保证在校正常学习、生活；

（五）艺术、体育等特殊类型录取学生的专业水平是否符合录取要求。

复查中发现学生存在弄虚作假、徇私舞弊等情形的，确定为复查不合格，应当取消学籍；情节严重的，学校应当移交有关部门调查处理。

复查中发现学生身心状况不适宜在校学习，经学校指定的二级甲等以上医院诊断，需要在家休养的，可以按照第十条的规定保留入学资格。

复查的程序和办法，由学校规定。

第十二条　每学期开学时，学生应当按学校规定办理注册手续。不能如期注册的，应当履行暂缓注册手续。未按学校规定缴纳学费或者有其他不符合注册条件的，不予注册。

家庭经济困难的学生可以申请助学贷款或者其他形式资助，办理有关手续后注册。

学校应当按照国家有关规定为家庭经济困难学生提供教育救助，完善学生资助体系，保证学生不因家庭经济困难而放弃学业。

第二节　考核与成绩记载

第十三条　学生应当参加学校教育教学计划规定的课程和各种教育教学环节（以下统称课程）的考核，考核成绩记入成绩册，并归入学籍档案。

考核分为考试和考查两种。考核和成绩评定方式，以及考核不合格的课程是否重修或者补考，由学校规定。

第十四条　学生思想品德的考核、鉴定，以本规定第四条为主要依据，采取个人小结、师生民主评议等形式进行。

学生体育成绩评定要突出过程管理，可以根据考勤、课内教学、课外锻炼活动和体质健康等情况综合评定。

第十五条　学生每学期或者每学年所修课程或者应修学分数以及升级、跳级、留级、降级等要求，由学校规定。

第十六条　学生根据学校有关规定，可以申请辅修校内其他专业或者选修其他专业课程；可以申请跨校辅修专业或者修读课程，参加学校认可的开放式网络课程学习。学生修读的课程成绩（学分），学校审核同意后，予以承认。

第十七条　学生参加创新创业、社会实践等活动以及发表论文、获得专利授权等与专业学习、学业要求相关的经历、成果，可以折算为学分，计入学业成绩。具体办法由学校规定。

学校应当鼓励、支持和指导学生参加社会实践、创新创业活动，可以建立创新创业档案、设置创新创业学分。

第十八条　学校应当健全学生学业成绩和学籍档案管理制度，真实、完整地记载、出具学生学业成绩，对通过补考、重修获得的成绩，应当予以标注。

学生严重违反考核纪律或者作弊的，该课程考核成绩记为无效，并应视其违纪或者作弊情节，给予相应的纪律处分。给予警告、严重警告、记过及留校察看处分的，经教育表现较好，可以对该课程给予补考或者重修机会。

学生因退学等情况中止学业，其在校学习期间所修课程及已获得学分，应当予以记录。学生重新参加入学考试、符合录取条件，再次入学的，其已获得学分，经录取学校认定，可以予以承认。具体办法由学校规定。

第十九条　学生应当按时参加教育教学计划规定的活动。不能按时参加的，应当事先请假并获得批准。无故缺席的，根据学校有关规定给予批评教育，情节严重的，给予相应的纪律处分。

第二十条　学校应当开展学生诚信教育，以适当方式记录学生学业、学术、品行等方面的诚信信息，建立对失信行为的约束和惩戒机制；对有严重失信行为的，可以规定给予相应的纪律处分，对违背学术诚信的，可以对其获得学位及学术称号、荣誉等做出限制。

第三节　转专业与转学

第二十一条　学生在学习期间对其他专业有兴趣和专长的，可以申请转专业；以特殊招生形式录取的学生，国家有相关规定或者录取前与学校有明确约定的，不得转专业。

学校应当制定学生转专业的具体办法，建立公平、公正的标准和程序，健全公示制度。学校根据社会对人才需求情况的发展变化，需要适当调整专业的，应当允许在读学生转到其他相关专业就读。

休学创业或退役后复学的学生，因自身情况需要转专业的，学校应当优先考虑。

第二十二条 学生一般应当在被录取学校完成学业。因患病或者有特殊困难、特别需要，无法继续在本校学习或者不适应本校学习要求的，可以申请转学。有下列情形之一，不得转学：

（一）入学未满一学期或者毕业前一年的；

（二）高考成绩低于拟转入学校相关专业同一生源地相应年份录取成绩的；

（三）由低学历层次转为高学历层次的；

（四）以定向就业招生录取的；

（五）研究生拟转入学校、专业的录取控制标准高于其所在学校、专业的；

（六）无正当转学理由的。

学生因学校培养条件改变等非本人原因需要转学的，学校应当出具证明，由所在地省级教育行政部门协调转学到同层次学校。

第二十三条 学生转学由学生本人提出申请，说明理由，经所在学校和拟转入学校同意，由转入学校负责审核转学条件及相关证明，认为符合本校培养要求且学校有培养能力的，经学校校长办公会或者专题会议研究决定，可以转入。研究生转学还应当经拟转入专业导师同意。

跨省转学的，由转出地省级教育行政部门商转入地省级教育行政部门，按转学条件确认后办理转学手续。须转户口的由转入地省级教育行政部门将有关文件抄送转入学校所在地的公安机关。

第二十四条 学校应当按照国家有关规定，建立健全学生转学的具体办法；对转学情况应当及时进行公示，并在转学完成后 3 个月内，由转入学校报所在地省级教育行政部门备案。

省级教育行政部门应当加强对区域内学校转学行为的监督和管理，及时纠正违规转学行为。

第四节 休学与复学

第二十五条 学生可以分阶段完成学业，除另有规定外，应当在学校规定的最长学习年限（含休学和保留学籍）内完成学业。

学生申请休学或者学校认为应当休学的，经学校批准，可以休学。休学次数和期限由学校规定。

第二十六条　学校可以根据情况建立并实行灵活的学习制度。对休学创业的学生，可以单独规定最长学习年限，并简化休学批准程序。

第二十七条　新生和在校学生应征参加中国人民解放军（含中国人民武装警察部队），学校应当保留其入学资格或者学籍至退役后 2 年。

学生参加学校组织的跨校联合培养项目，在联合培养学校学习期间，学校同时为其保留学籍。

学生保留学籍期间，与其实际所在的部队、学校等组织建立管理关系。

第二十八条　休学学生应当办理手续离校。学生休学期间，学校应为其保留学籍，但不享受在校学习学生待遇。因病休学学生的医疗费按国家及当地的有关规定处理。

第二十九条　学生休学期满前应当在学校规定的期限内提出复学申请，经学校复查合格，方可复学。

第五节　退　学

第三十条　学生有下列情形之一，学校可予退学处理：

（一）学业成绩未达到学校要求或者在学校规定的学习年限内未完成学业的；

（二）休学、保留学籍期满，在学校规定期限内未提出复学申请或者申请复学经复查不合格的；

（三）根据学校指定医院诊断，患有疾病或者意外伤残不能继续在校学习的；

（四）未经批准连续两周未参加学校规定的教学活动的；

（五）超过学校规定期限未注册而又未履行暂缓注册手续的；

（六）学校规定的不能完成学业、应予退学的其他情形。

学生本人申请退学的，经学校审核同意后，办理退学手续。

第三十一条　退学学生，应当按学校规定期限办理退学手续离校。退学的研究生，按已有毕业学历和就业政策可以就业的，由学校报所在地省级毕业生就业部门办理相关手续；在学校规定期限内没有聘用单位的，应当办理退学手续离校。

退学学生的档案由学校退回其家庭所在地，户口应当按照国家相关规定迁回原户籍地或者家庭户籍所在地。

第六节　毕业与结业

第三十二条　学生在学校规定学习年限内，修完教育教学计划规定内容，成绩合格，达到学校毕业要求的，学校应当准予毕业，并在学生离校前发给毕业证书。

符合学位授予条件的，学位授予单位应当颁发学位证书。

学生提前完成教育教学计划规定内容，获得毕业所要求的学分，可以申请提前毕业。学生提前毕业的条件，由学校规定。

第三十三条　学生在学校规定学习年限内，修完教育教学计划规定内容，但未达到学校毕业要求的，学校可以准予结业，发给结业证书。

结业后是否可以补考、重修或者补作毕业设计、论文、答辩，以及是否颁发毕业证书、学位证书，由学校规定。合格后颁发的毕业证书、学位证书，毕业时间、获得学位时间按发证日期填写。

对退学学生，学校应当发给肄业证书或者写实性学习证明。

第七节　学业证书管理

第三十四条　学校应当严格按照招生时确定的办学类型和学习形式，以及学生招生录取时填报的个人信息，填写、颁发学历证书、学位证书及其他学业证书。

学生在校期间变更姓名、出生日期等证书需填写的个人信息的，应当有合理、充分的理由，并提供有法定效力的相应证明文件。学校进行审查，需要学生生源地省级教育行政部门及有关部门协助核查的，有关部门应当予以配合。

第三十五条　学校应当执行高等教育学籍学历电子注册管理制度，完善学籍学历信息管理办法，按相关规定及时完成学生学籍学历电子注册。

第三十六条　对完成本专业学业同时辅修其他专业并达到该专业辅修要求的学生，由学校发给辅修专业证书。

第三十七条　对违反国家招生规定取得入学资格或者学籍的，学校应当取消其学籍，不得发给学历证书、学位证书；已发的学历证书、学位证书，学校应当依法予以撤销。对以作弊、剽窃、抄袭等学术不端行为或者其他不正当手段获得学历证书、学位证书的，学校应当依法予以撤销。

被撤销的学历证书、学位证书已注册的，学校应当予以注销并报教育行政部门宣布无效。

第三十八条　学历证书和学位证书遗失或者损坏，经本人申请，学校核实后应当出具相应的证明书。证明书与原证书具有同等效力。

第四章　校园秩序与课外活动

第三十九条　学校、学生应当共同维护校园正常秩序，保障学校环境安全、稳定，保障学生的正常学习和生活。

第四十条　学校应当建立和完善学生参与管理的组织形式，支持和保障学生依法、依章程参与学校管理。

第四十一条　学生应当自觉遵守公民道德规范，自觉遵守学校管理制度，创造和维护文明、整洁、优美、安全的学习和生活环境，树立安全风险防范和自我保护意识，保障自身合法权益。

第四十二条　学生不得有酗酒、打架斗殴、赌博、吸毒，传播、复制、贩卖非法书刊和音像制品等违法行为；不得参与非法传销和进行邪教、封建迷信活动；不得从事或者参与有损大学生形象、有悖社会公序良俗的活动。

学校发现学生在校内有违法行为或者严重精神疾病可能对他人造成伤害的，可以依法采取或者协助有关部门采取必要措施。

第四十三条　学校应当坚持教育与宗教相分离原则。任何组织和个人不得在学校进行宗教活动。

第四十四条　学校应当建立健全学生代表大会制度，为学生会、研究生会等开展活动提供必要条件，支持其在学生管理中发挥作用。

学生可以在校内成立、参加学生团体。学生成立团体，应当按学校有关规定提出书面申请，报学校批准并施行登记和年检制度。

学生团体应当在宪法、法律、法规和学校管理制度范围内活动，接受学校的领导和管理。学生团体邀请校外组织、人员到校举办讲座等活动，需经学校批准。

第四十五条　学校提倡并支持学生及学生团体开展有益于身心健康、成长成才的学术、科技、艺术、文娱、体育等活动。

学生进行课外活动不得影响学校正常的教育教学秩序和生活秩序。

学生参加勤工助学活动应当遵守法律、法规以及学校、用工单位的管理制度，履行勤工助学活动的有关协议。

第四十六条　学生举行大型集会、游行、示威等活动，应当按法律程序和有关规定获得批准。对未获批准的，学校应当依法劝阻或者制止。

第四十七条　学生应当遵守国家和学校关于网络使用的有关规定，不得登录非法网站和传播非法文字、音频、视频资料等，不得编造或者传播虚假、有害信息；不得攻击、侵入他人计算机和移动通信网络系统。

第四十八条　学校应当建立健全学生住宿管理制度。学生应当遵守学校关于学生住宿管理的规定。鼓励和支持学生通过制定公约，实施自我管理。

第五章　奖励与处分

第四十九条　学校、省（区、市）和国家有关部门应当对在德、智、体、美等方面全面发展或者在思想品德、学业成绩、科技创造、体育竞赛、文艺活动、志愿服务及社会实践等方面表现突出的学生，给予表彰和奖励。

第五十条　对学生的表彰和奖励可以采取授予"三好学生"称号或者其他荣誉称号、颁发奖学金等多种形式，给予相应的精神鼓励或者物质奖励。

学校对学生予以表彰和奖励，以及确定推荐免试研究生、国家奖学金、公派出国留学人选等赋予学生利益的行为，应当建立公开、公平、公正的程序和规定，建立和完善相应的选拔、公示等制度。

第五十一条　对有违反法律法规、本规定以及学校纪律的学生，学校应当给予批评教育，并可视情节轻重，给予如下纪律处分：

（一）警告；

（二）严重警告；

（三）记过；

（四）留校察看；

（五）开除学籍。

第五十二条　学生有下列情形之一，学校可以给予开除学籍处分：

（一）违反宪法，反对四项基本原则、破坏安定团结、扰乱社会秩序的；

（二）触犯国家法律，构成刑事犯罪的；

（三）受到治安管理处罚，情节严重、性质恶劣的；

（四）代替他人或者让他人代替自己参加考试、组织作弊、使用通信设备或其他器材作弊、向他人出售考试试题或答案牟取利益，以及其他严重作弊或扰乱考试秩序的；

（五）学位论文、公开发表的研究成果存在抄袭、篡改、伪造等学术不端行为，情节严重的，或者代写论文、买卖论文的；

（六）违反本规定和学校规定，严重影响学校教育教学秩序、生活秩序以及公共场所管理秩序的；

（七）侵害其他个人、组织合法权益，造成严重后果的；

（八）屡次违反学校规定受到纪律处分，经教育不改的。

第五十三条　学校对学生做出处分，应当出具处分决定书。处分决定书应当包括下列内容：

（一）学生的基本信息；

（二）做出处分的事实和证据；

（三）处分的种类、依据、期限；

（四）申诉的途径和期限；

（五）其他必要内容。

第五十四条　学校给予学生处分，应当坚持教育与惩戒相结合，与学生违法、违纪行为的性质和过错的严重程度相适应。学校对学生的处分，应当做到证据充分、依据明确、定性准确、程序正当、处分适当。

第五十五条　在对学生做出处分或者其他不利决定之前，学校应当告知学生做出决定的事实、理由及依据，并告知学生享有陈述和申辩的权利，听取学生的陈述和申辩。

处理、处分决定以及处分告知书等，应当直接送达学生本人，学生拒绝签收的，可以以留置方式送达；已离校的，可以采取邮寄方式送达；难于联系的，可以利用学校网站、新闻媒体等以公告方式送达。

第五十六条　对学生做出取消入学资格、取消学籍、退学、开除学籍或者其他涉及学生重大利益的处理或者处分决定的，应当提交校长办公会或者校长授权的专门会议研究决定，并应当事先进行合法性审查。

第五十七条　除开除学籍处分以外，给予学生处分一般应当设置 6 到 12 个月期限，到期按学校规定程序予以解除。解除处分后，学生获得表彰、奖励及其他权益，不再受原处分的影响。

第五十八条　对学生的奖励、处理、处分及解除处分材料，学校应当真实完整地归入学校文书档案和本人档案。

被开除学籍的学生，由学校发给学习证明。学生按学校规定期限离校，档案由学校退回其家庭所在地，户口应当按照国家相关规定迁回原户籍地或者家庭户籍所在地。

第六章　学生申诉

第五十九条　学校应当成立学生申诉处理委员会，负责受理学生对处理或者处分决定不服提起的申诉。

学生申诉处理委员会应当由学校相关负责人、职能部门负责人、教师代表、学生代表、负责法律事务的相关机构负责人等组成，可以聘请校外法律、教育等方面专家参加。

学校应当制定学生申诉的具体办法，健全学生申诉处理委员会的组成与工作规则，提供必要条件，保证其能够客观、公正地履行职责。

第六十条　学生对学校的处理或者处分决定有异议的，可以在接到学校处理或者处分决定书之日起 10 日内，向学校学生申诉处理委员会提出书面申诉。

第六十一条　学生申诉处理委员会对学生提出的申诉进行复查，并在接到书面申诉之日起 15 日内做出复查结论并告知申诉人。情况复杂不能在规定限期内做出结论的，经学校负责人批准，可延长 15 日。学生申诉处理委员会认为必要的，可以建议学校暂缓执行有关决定。

学生申诉处理委员会经复查，认为做出处理或者处分的事实、依据、程序等存在不当，可以做出建议撤销或变更的复查意见，要求相关职能部门予以研究，重新提交校长办公会或者专门会议做出决定。

第六十二条　学生对复查决定有异议的，在接到学校复查决定书之日起 15 日内，可以向学校所在地省级教育行政部门提出书面申诉。

省级教育行政部门应当在接到学生书面申诉之日起 30 个工作日内，对申诉人的问题给予处理并做出决定。

第六十三条　省级教育行政部门在处理因对学校处理或者处分决定不服提起的学生申诉时，应当听取学生和学校的意见，并可根据需要进行必要的调查。根据审查结论，区别不同情况，分别做出下列处理：

（一）事实清楚、依据明确、定性准确、程序正当、处分适当的，予以维持；

（二）认定事实不存在，或者学校超越职权、违反上位法规定做出决定的，责令学校予以撤销；

（三）认定事实清楚，但认定情节有误、定性不准确，或者适用依据有错误的，责令学校变更或者重新做出决定；

（四）认定事实不清、证据不足，或者违反本规定以及学校规定的程序和权限的，责令学校重新做出决定。

第六十四条　自处理、处分或者复查决定书送达之日起，学生在申诉期内未提出申诉的视为放弃申诉，学校或者省级教育行政部门不再受理其提出的申诉。

处理、处分或者复查决定书未告知学生申诉期限的，申诉期限自学生知道或者应当知道处理或者处分决定之日起计算，但最长不得超过 6 个月。

第六十五条　学生认为学校及其工作人员违反本规定，侵害其合法权益的；或者学校制定的规章制度与法律法规和本规定抵触的，可以向学校所在地省级教育行政部门投诉。

教育主管部门在实施监督或者处理申诉、投诉过程中，发现学校及其工作人员有违反法律、法规及本规定的行为或者未按照本规定履行相应义务的，或者学校自行制定的相关管理制度、规定，侵害学生合法权益的，应当责令改正；发现存在违法违纪的，应当及时进行调查处理或者移送有关部门，依据有关法律和相关规定，追究有关责任人的责任。

第七章 附 则

第六十六条 学校对接受高等学历继续教育的学生、港澳台侨学生、留学生的管理，参照本规定执行。

第六十七条 学校应当根据本规定制定或修改学校的学生管理规定或者纪律处分规定，报主管教育行政部门备案（中央部委属校同时抄报所在地省级教育行政部门），并及时向学生公布。

省级教育行政部门根据本规定，指导、检查和监督本地区高等学校的学生管理工作。

第六十八条 本规定自 2017 年 9 月 1 日起施行。原《普通高等学校学生管理规定》（教育部令第 21 号）同时废止。其他有关文件规定与本规定不一致的，以本规定为准。

高等学校学生行为准则

一、志存高远，坚定信念。努力学习马克思列宁主义、毛泽东思想、邓小平理论和"三个代表"重要思想，面向世界，了解国情，确立在中国共产党领导下走社会主义道路、实现中华民族伟大复兴的共同理想和坚定信念，努力成为有理想、有道德、有文化、有纪律的社会主义新人。

二、热爱祖国，服务人民。弘扬民族精神，维护国家利益和民族团结。不参与违反四项基本原则、影响国家统一和社会稳定的活动。培养同人民群众的深厚感情，正确处理国家、集体和个人三者利益关系，增强社会责任感，甘愿为祖国为人民奉献。

三、勤奋学习，自强不息。追求真理，崇尚科学；刻苦钻研，严谨求实；积极实践，勇于创新；珍惜时间，学业有成。

四、遵纪守法，弘扬正气。遵守宪法、法律法规，遵守校纪校规；正确行使权利，依法履行义务；敬廉崇洁，公道正派；敢于并善于同各种违法违纪行为作斗争。

五、诚实守信，严于律己。履约践诺，知行统一；遵从学术规范，恪守学术道德，不作弊，不剽窃；自尊自爱，自省自律；文明使用互联网；自觉抵制黄、赌、毒等不良诱惑。

六、明礼修身，团结友爱。弘扬传统美德，遵守社会公德，男女交往文明；关心集体，爱护公物，热心公益；尊敬师长，友爱同学，团结合作；仪表整洁，待人礼貌；豁达宽容，积极向上。

七、勤俭节约，艰苦奋斗。热爱劳动，珍惜他人和社会劳动成果；生活俭朴，杜绝浪费；不追求超越自身和家庭实际的物质享受。

八、强健体魄，热爱生活。积极参加文体活动，提高身体素质，保持心理健康；磨砺意志，不怕挫折，提高适应能力；增强安全意识，防止意外事故；关爱自然，爱护环境，珍惜资源。

国家教育考试违规处理办法

第一章　总　则

第一条　为规范对国家教育考试违规行为的认定与处理，维护国家教育考试的公平、公正，保障参加国家教育考试的人员（以下简称考生）、从事和参与国家教育考试工作的人员（以下简称考试工作人员）的合法权益，根据《中华人民共和国教育法》及相关法律、行政法规，制定本办法。

第二条　本办法所称国家教育考试是指普通和成人高等学校招生考试、全国硕士研究生招生考试、高等教育自学考试等，由国务院教育行政部门确定实施，由经批准的实施教育考试的机构承办，面向社会公开、统一举行，其结果作为招收学历教育学生或者取得国家承认学历、学位证书依据的测试活动。

第三条　对参加国家教育考试的考生以及考试工作人员、其他相关人员，违反考试管理规定和考场纪律，影响考试公平、公正行为的认定与处理，适用本办法。

对国家教育考试违规行为的认定与处理应当公开公平、合法适当。

第四条　国务院教育行政部门及地方各级人民政府教育行政部门负责全国或者本地区国家教育考试组织工作的管理与监督。

承办国家教育考试的各级教育考试机构负责有关考试的具体实施，依据本办法，负责对考试违规行为的认定与处理。

第二章　违规行为的认定与处理

第五条　考生不遵守考场纪律，不服从考试工作人员的安排与要求，有下列行为之一的，应当认定为考试违纪：

（一）携带规定以外的物品进入考场或者未放在指定位置的；

（二）未在规定的座位参加考试的；

（三）考试开始信号发出前答题或者考试结束信号发出后继续答题的；

（四）在考试过程中旁窥、交头接耳、互打暗号或者手势的；

（五）在考场或者教育考试机构禁止的范围内，喧哗、吸烟或者实施其他影响考场秩序的行为的；

（六）未经考试工作人员同意在考试过程中擅自离开考场的；

（七）将试卷、答卷（含答题卡、答题纸等，下同）、草稿纸等考试用纸带出考场的；

（八）用规定以外的笔或者纸答题或者在试卷规定以外的地方书写姓名、考号或者以其他方式在答卷上标记信息的；

（九）其他违反考场规则但尚未构成作弊的行为。

第六条 考生违背考试公平、公正原则，在考试过程中有下列行为之一的，应当认定为考试作弊：

（一）携带与考试内容相关的材料或者存储有与考试内容相关资料的电子设备参加考试的；

（二）抄袭或者协助他人抄袭试题答案或者与考试内容相关的资料的；

（三）抢夺、窃取他人试卷、答卷或者胁迫他人为自己抄袭提供方便的；

（四）携带具有发送或者接收信息功能的设备的；

（五）由他人冒名代替参加考试的；

（六）故意销毁试卷、答卷或者考试材料的；

（七）在答卷上填写与本人身份不符的姓名、考号等信息的；

（八）传、接物品或者交换试卷、答卷、草稿纸的；

（九）其他以不正当手段获得或者试图获得试题答案、考试成绩的行为。

第七条 教育考试机构、考试工作人员在考试过程中或者在考试结束后发现下列行为之一的，应当认定相关的考生实施了考试作弊行为：

（一）通过伪造证件、证明、档案及其他材料获得考试资格、加分资格和考试成绩的；

（二）评卷过程中被认定为答案雷同的；

（三）考场纪律混乱、考试秩序失控，出现大面积考试作弊现象的；

（四）考试工作人员协助实施作弊行为，事后查实的；

（五）其他应认定为作弊的行为。

第八条 考生及其他人员应当自觉维护考试秩序，服从考试工作人员的管理，不得有下列扰乱考试秩序的行为：

（一）故意扰乱考点、考场、评卷场所等考试工作场所秩序；

（二）拒绝、妨碍考试工作人员履行管理职责；

（三）威胁、侮辱、诽谤、诬陷或者以其他方式侵害考试工作人员、其他考生合法权益的行为；

（四）故意损坏考场设施设备；

（五）其他扰乱考试管理秩序的行为。

第九条　考生有第五条所列考试违纪行为之一的，取消该科目的考试成绩。

考生有第六条、第七条所列考试作弊行为之一的，其所报名参加考试的各阶段、各科成绩无效；参加高等教育自学考试的，当次考试各科成绩无效。

有下列情形之一的，可以视情节轻重，同时给予暂停参加该项考试 1 至 3 年的处理；情节特别严重的，可以同时给予暂停参加各种国家教育考试 1 至 3 年的处理：

（一）组织团伙作弊的；

（二）向考场外发送、传递试题信息的；

（三）使用相关设备接收信息实施作弊的；

（四）伪造、变造身份证、准考证及其他证明材料，由他人代替或者代替考生参加考试的。

参加高等教育自学考试的考生有前款严重作弊行为的，也可以给予延迟毕业时间 1 至 3 年的处理，延迟期间考试成绩无效。

第十条　考生有第八条所列行为之一的，应当终止其继续参加本科目考试，其当次报名参加考试的各科成绩无效；考生及其他人员的行为违反《中华人民共和国治安管理处罚法》的，由公安机关进行处理；构成犯罪的，由司法机关依法追究刑事责任。

第十一条　考生以作弊行为获得的考试成绩并由此取得相应的学位证书、学历证书及其他学业证书、资格资质证书或者入学资格的，由证书颁发机关宣布证书无效，责令收回证书或者予以没收；已经被录取或者入学的，由录取学校取消录取资格或者其学籍。

第十二条　在校学生、在职教师有下列情形之一的，教育考试机构应当通报其所在学校，由学校根据有关规定严肃处理，直至开除学籍或者予以解聘：

（一）代替考生或者由他人代替参加考试的；

（二）组织团伙作弊的；

（三）为作弊组织者提供试题信息、答案及相应设备等参与团伙作弊行为的。

第十三条　考试工作人员应当认真履行工作职责，在考试管理、组织及评卷等工作过程中，有下列行为之一的，应当停止其参加当年及下一年度的国家教育考试工作，并由教育考试机构或者建议其所在单位视情节轻重分别给予相应的行政处分：

（一）应回避考试工作却隐瞒不报的；

（二）擅自变更考试时间、地点或者考试安排的；

（三）提示或暗示考生答题的；

（四）擅自将试题、答卷或者有关内容带出考场或者传递给他人的；

（五）未认真履行职责，造成所负责考场出现秩序混乱、作弊严重或者视频录像资料损毁、视频系统不能正常工作的；

（六）在评卷、统分中严重失职，造成明显的错评、漏评或者积分差错的；

（七）在评卷中擅自更改评分细则或者不按评分细则进行评卷的；

（八）因未认真履行职责，造成所负责考场出现雷同卷的；

（九）擅自泄露评卷、统分等应予保密的情况的；

（十）其他违反监考、评卷等管理规定的行为。

第十四条　考试工作人员有下列作弊行为之一的，应当停止其参加国家教育考试工作，由教育考试机构或者其所在单位视情节轻重分别给予相应的行政处分，并调离考试工作岗位；情节严重，构成犯罪的，由司法机关依法追究刑事责任：

（一）为不具备参加国家教育考试条件的人员提供假证明、证件、档案，使其取得考试资格或者考试工作人员资格的；

（二）因玩忽职守，致使考生未能如期参加考试的或者使考试工作遭受重大损失的；

（三）利用监考或者从事考试工作之便，为考生作弊提供条件的；

（四）伪造、变造考生档案（含电子档案）的；

（五）在场外组织答卷、为考生提供答案的；

（六）指使、纵容或者伙同他人作弊的；

（七）偷换、涂改考生答卷、考试成绩或者考场原始记录材料的；

（八）擅自更改或者编造、虚报考试数据、信息的；

（九）利用考试工作便利，索贿、受贿、以权徇私的；

（十）诬陷、打击报复考生的。

第十五条　因教育考试机构管理混乱、考试工作人员玩忽职守，造成考点或者考场纪律混乱，作弊现象严重；或者同一考点同一时间的考试有 1/5 以上考场存在雷同卷的，由教育行政部门取消该考点当年及下一年度承办国家教育考试的资格；高等教育自学考试考区内一个或者一个以上专业考试纪律混乱，作弊现象严重，由高等教育自学考试管理机构给予该考区警告或者停考该考区相应专业 1 至 3 年的处理。

对出现大规模作弊情况的考场、考点的相关责任人、负责人及所属考区的负责人，有关部门应当分别给予相应的行政处分；情节严重，构成犯罪的，由司法机关依法追究刑事责任。

第十六条　违反保密规定，造成国家教育考试的试题、答案及评分参考（包括副题及其答案及评分参考，下同）丢失、损毁、泄密，或者使考生答卷在保密期限内发生重大事故的，由有关部门视情节轻重，分别给予责任人和有关负责人行政处分；构成犯罪的，由司法机关依法追究刑事责任。

盗窃、损毁、传播在保密期限内的国家教育考试试题、答案及评分参考、考生答卷、考试成绩的，由有关部门依法追究有关人员的责任；构成犯罪的，由司法机关依法追究刑事责任。

第十七条　有下列行为之一的，由教育考试机构建议行为人所在单位给予行政处分；违反《中华人民共和国治安管理处罚法》的，由公安机关依法处理；构成犯罪的，由司法机关依法追究刑事责任：

（一）指使、纵容、授意考试工作人员放松考试纪律，致使考场秩序混乱、作弊严重的；

（二）代替考生或者由他人代替参加国家教育考试的；

（三）组织或者参与团伙作弊的；

（四）利用职权，包庇、掩盖作弊行为或者胁迫他人作弊的；

（五）以打击、报复、诬陷、威胁等手段侵犯考试工作人员、考生人身权利的；

（六）向考试工作人员行贿的；

（七）故意损坏考试设施的；

（八）扰乱、妨害考场、评卷点及有关考试工作场所秩序后果严重的。

国家工作人员有前款行为的，教育考试机构应当建议有关纪检、监察部门，根据有关规定从重处理。

第三章　违规行为认定与处理程序

第十八条　考试工作人员在考试过程中发现考生实施本办法第五条、第六条所列考试违纪、作弊行为的，应当及时予以纠正并如实记录；对考生用于作弊的材料、工具等，应予暂扣。

考生违规记录作为认定考生违规事实的依据，应当由 2 名以上监考员或者考场巡视员、督考员签字确认。

考试工作人员应当向违纪考生告知违规记录的内容，对暂扣的考生物品应填写收据。

第十九条　教育考试机构发现本办法第七条、第八条所列行为的，应当由 2 名以上工作人员进行事实调查，收集、保存相应的证据材料，并在调查事实和证据的基础上，对所涉及考生的违规行为进行认定。

考试工作人员通过视频发现考生有违纪、作弊行为的，应当立即通知在现场的考试工作人员，并应当将视频录像作为证据保存。教育考试机构可以通过视频录像回放，对所涉及考生违规行为进行认定。

第二十条　考点汇总考生违规记录，汇总情况经考点主考签字认定后，报送上级教育考试机构依据本办法的规定进行处理。

第二十一条　考生在普通和成人高等学校招生考试、高等教育自学考试中，出现第五条所列考试违纪行为的，由省级教育考试机构或者市级教育考试机构做出处理决定，由市级教育考试机构做出的处理决定应报省级教育考试机构备案；出现第六条、第七条所列考试作弊行为的，由市级教育考试机构签署意见，报省级教育考试机构处理，省级教育考试机构也可以要求市级教育考试机构报送材料及证据，直接进行处理；出现本办法第八条所列扰乱考试秩序行为的，由市级教育考试机构签署意见，报省级教育考试机构按照前款规定处理，对考生及其他人员违反治安管理法律法规的行为，由当地公安部门处理；评卷过程中发现考生有本办法第七条所列考试作弊行为的，由省级教育考试机构做出处理决定，并通知市级教育考试机构。

考生在参加全国硕士研究生招生考试中的违规行为，由组织考试的机构认定，由相关省级教育考试机构或者受其委托的组织考试的机构做出处理决定。

在国家教育考试考场视频录像回放审查中认定的违规行为，由省级教育考试机构认定并做出处理决定。

参加其他国家教育考试考生违规行为的处理由承办有关国家教育考试的考试机构参照前款规定具体确定。

第二十二条　教育行政部门和其他有关部门在考点、考场出现大面积作弊情况或者需要对教育考试机构实施监督的情况下，应当直接介入调查和处理。

发生第十四、十五、十六条所列案件，情节严重的，由省级教育行政部门会同有关部门共同处理，并及时报告国务院教育行政部门；必要时，国务院教育行政部门参与或者直接进行处理。

第二十三条　考试工作人员在考场、考点及评卷过程中有违反本办法的行为的，考点主考、评卷点负责人应当暂停其工作，并报相应的教育考试机构处理。

第二十四条　在其他与考试相关的场所违反有关规定的考生，由市级教育考试机构或者省级教育考试机构做出处理决定；市级教育考试机构做出的处理决定应报省级教育考试机构备案。

在其他与考试相关的场所违反有关规定的考试工作人员，由所在单位根据市级教育考试机构或者省级教育考试机构提出的处理意见，进行处理，处理结果应当向提出处理的教育考试机构通报。

第二十五条　教育考试机构在对考试违规的个人或者单位做出处理决定前，应当复核违规事实和相关证据，告知被处理人或者单位做出处理决定的理由和依据；被处理人或者单位对所认定的违规事实认定存在异议的，应当给予其陈述和申辩的机会。

给予考生停考处理的，经考生申请，省级教育考试机构应当举行听证，对作弊的事实、情节等进行审查、核实。

第二十六条　教育考试机构做出处理决定应当制作考试违规处理决定书，载明被处理人的姓名或者单位名称、处理事实根据和法律依据、处理决定的内容、救济途径以及做出处理决定的机构名称和做出处理决定的时间。

考试违规处理决定书应当及时送达被处理人。

第二十七条　考生或者考试工作人员对教育考试机构做出的违规处理决定不服的，可以在收到处理决定之日起 15 日内，向其上一级教育考试机构提出复核申请；对省级教育考试机构或者承办国家教育考试的机构做出的处理决定不服的，也可以向省级教育行政部门或者授权承担国家教育考试的主管部门提出复核申请。

第二十八条　受理复核申请的教育考试机构、教育行政部门应对处理决定所认定的违规事实和适用的依据等进行审查，并在受理后 30 日内，按照下列规定作出复核决定：

（一）处理决定认定事实清楚、证据确凿，适用依据正确，程序合法，内容适当的，决定维持；

（二）处理决定有下列情况之一的，决定撤销或者变更：

1. 违规事实认定不清、证据不足的；

2. 适用依据错误的；

3. 违反本办法规定的处理程序的。

做出决定的教育考试机构对因错误的处理决定给考生造成的损失，应当予以补救。

第二十九条　申请人对复核决定或者处理决定不服的，可以依法申请行政复议或者提起行政诉讼。

第三十条　教育考试机构应当建立国家教育考试考生诚信档案，记录、保留在国家教育考试中作弊人员的相关信息。国家教育考试考生诚信档案中记录的信息未经法定程序，任何组织、个人不得删除、变更。

国家教育考试考生诚信档案可以依申请接受社会有关方面的查询，并应当及时向招生学校或单位提供相关信息，作为招生参考条件。

第三十一条　省级教育考试机构应当及时汇总本地区违反规定的考生及考试工作人员的处理情况，并向国家教育考试机构报告。

第四章　附　则

第三十二条　本办法所称考场是指实施考试的封闭空间；所称考点是指设置若干考场独立进行考务活动的特定场所；所称考区是指由省级教育考试机构设置，由若干考点组成，进行国家教育考试实施工作的特定地区。

第三十三条　非全日制攻读硕士学位全国考试、中国人民解放军高等教育自学考试及其他各级各类教育考试的违规处理可以参照本办法执行。

第三十四条　本办法自发布之日起施行。此前教育部颁布的各有关国家教育考试的违规处理规定同时废止。

学生伤害事故处理办法

（教育部令第 12 号）

第一章 总 则

第一条 为积极预防、妥善处理在校学生伤害事故，保护学生、学校的合法权益，根据《中华人民共和国教育法》、《中华人民共和国未成年人保护法》和其他相关法律、行政法规及有关规定，制定本办法。

第二条 在学校实施的教育教学活动或者学校组织的校外活动中，以及在学校负有管理责任的校舍、场地、其他教育教学设施、生活设施内发生的，造成在校学生人身损害后果的事故的处理，适用本办法。

第三条 学生伤害事故应当遵循依法、客观公正、合理适当的原则，及时、妥善地处理。

第四条 学校的举办者应当提供符合安全标准的校舍、场地、其他教育教学设施和生活设施。教育行政部门应当加强学校安全工作，指导学校落实预防学生伤害事故的措施，指导、协助学校妥善处理学生伤害事故，维护学校正常的教育教学秩序。

第五条 学校应当对在校学生进行必要的安全教育和自护自救教育；应当按照规定，建立健全安全制度，采取相应的管理措施，预防和消除教育教学环境中存在的安全隐患；当发生伤害事故时，应当及时采取措施救助受伤害学生。

学校对学生进行安全教育、管理和保护，应当针对学生年龄、认知能力和法律行为能力的不同，采用相应的内容和预防措施。

第六条 学生应当遵守学校的规章制度和纪律；在不同的受教育阶段，应当根据自身的年龄、认知能力和法律行为能力，避免和消除相应的危险。

第七条 未成年学生的父母或者其他监护人（以下称为监护人）应当依法履行监护职责，配合学校对学生进行安全教育、管理和保护工作。

学校对未成年学生不承担监护职责，但法律有规定的或者学校依法接受委托承担相应监护职责的情形除外。

第二章　事故与责任

第八条　学生伤害事故的责任，应当根据相关当事人的行为与损害后果之间的因果关系依法确定。

因学校、学生或者其他相关当事人的过错造成的学生伤害事故，相关当事人应当根据其行为过错程度的比例及其与损害后果之间的因果关系承担相应的责任。当事人的行为是损害后果发生的主要原因，应当承担主要责任；当事人的行为是损害后果发生的非主要原因，承担相应的责任。

第九条　因下列情形之一造成的学生伤害事故，学校应当依法承担相应的责任：

（一）学校的校舍、场地、其他公共设施，以及学校提供给学生使用的学具、教育教学和生活设施、设备不符合国家规定的标准，或者有明显不安全因素的；

（二）学校的安全保卫、消防、设施设备管理等安全管理制度有明显疏漏，或者管理混乱，存在重大安全隐患，而未及时采取措施的；

（三）学校向学生提供的药品、食品、饮用水等不符合国家或者行业的有关标准、要求的；

（四）学校组织学生参加教育教学活动或者校外活动，未对学生进行相应的安全教育，并未在可预见的范围内采取必要的安全措施的；

（五）学校知道教师或者其他工作人员患有不适宜担任教育教学工作的疾病，但未采取必要措施的；

（六）学校违反有关规定，组织或者安排未成年学生从事不宜未成年人参加的劳动、体育运动或者其他活动的；

（七）学生有特异体质或者特定疾病，不宜参加某种教育教学活动，学校知道或者应当知道，但未予以必要的注意的；

（八）学生在校期间突发疾病或者受到伤害，学校发现，但未根据实际情况及时采取相应措施，导致不良后果加重的；

（九）学校教师或者其他工作人员体罚或者变相体罚学生，或者在履行职责过程中违反工作要求、操作规程、职业道德或者其他有关规定的；

（十）学校教师或者其他工作人员在负有组织、管理未成年学生的职责期间，发现学生行为具有危险性，但未进行必要的管理、告诫或者制止的；

（十一）对未成年学生擅自离校等与学生人身安全直接相关的信息，学校发现或者知道，但未及时告知未成年学生的监护人，导致未成年学生因脱离监护人的保护而发生伤害的；

（十二）学校有未依法履行职责的其他情形的。

第十条 学生或者未成年学生监护人由于过错，有下列情形之一，造成学生伤害事故，应当依法承担相应的责任：

（一）学生违反法律法规的规定，违反社会公共行为准则、学校的规章制度或者纪律，实施按其年龄和认知能力应当知道具有危险或者可能危及他人的行为的；

（二）学生行为具有危险性，学校、教师已经告诫、纠正，但学生不听劝阻、拒不改正的；

（三）学生或者其监护人知道学生有特异体质，或者患有特定疾病，但未告知学校的；

（四）未成年学生的身体状况、行为、情绪等有异常情况，监护人知道或者已被学校告知，但未履行相应监护职责的；

（五）学生或者未成年学生监护人有其他过错的。

第十一条 学校安排学生参加活动，因提供场地、设备、交通工具、食品及其他消费与服务的经营者，或者学校以外的活动组织者的过错造成的学生伤害事故，有过错的当事人应当依法承担相应的责任。

第十二条 因下列情形之一造成的学生伤害事故，学校已履行了相应职责，行为并无不当的，无法律责任：

（一）地震、雷击、台风、洪水等不可抗的自然因素造成的；

（二）来自学校外部的突发性、偶发性侵害造成的；

（三）学生有特异体质、特定疾病或者异常心理状态，学校不知道或者难于知道的；

（四）学生自杀、自伤的；

（五）在对抗性或者具有风险性的体育竞赛活动中发生意外伤害的；

（六）其他意外因素造成的。

第十三条 下列情形下发生的造成学生人身损害后果的事故，学校行为并无不当的，不承担事故责任；事故责任应当按有关法律法规或者其他有关规定认定：

（一）在学生自行上学、放学、返校、离校途中发生的；

（二）在学生自行外出或者擅自离校期间发生的；

（三）在放学后、节假日或者假期等学校工作时间以外，学生自行滞留学校或者自行到校发生的；

（四）其他在学校管理职责范围外发生的。

第十四条　因学校教师或者其他工作人员与其职务无关的个人行为，或者因学生、教

师及其他个人故意实施的违法犯罪行为，造成学生人身损害的，由致害人依法承担相应的责任。

第三章　事故处理程序

第十五条　发生学生伤害事故，学校应当及时救助受伤害学生，并应当及时告知未成年学生的监护人有条件的，应当采取紧急救援等方式救助。

第十六条　发生学生伤害事故，情形严重的，学校应当及时向主管教育行政部门及有关部门报告；属于重大伤亡事故的，教育行政部门应当按照有关规定及时向同级人民政府和上一级教育行政部门报告。

第十七条　学校的主管教育行政部门应学校要求或者认为必要，可以指导、协助学校进行事故的处理工作，尽快恢复学校正常的教育教学秩序。

第十八条　发生学生伤害事故，学校与受伤害学生或者学生家长可以通过协商方式解决；双方自愿，可以书面请求主管教育行政部门进行调解。成年学生或者未成年学生的监护人也可以依法直接提起诉讼。

第十九条　教育行政部门收到调解申请，认为必要的，可以指定专门人员进行调解，并应当在受理申请之日起60日内完成调解。

第二十条　经教育行政部门调解，双方就事故处理达成一致意见的，应当在调解人员的见证下签订调解协议，结束调解；在调解期限内，双方不能达成一致意见，或者调解过程中一方提起诉讼，人民法院已经受理的，应当终止调解。调解结束或者终止，教育行政部门应当书面通知当事人。

第二十一条　对经调解达成的协议，一方当事人不履行或者反悔的，双方可以依法提起诉讼。

第二十二条　事故处理结束，学校应当将事故处理结果书面报告主管的教育行政部门；重大伤亡事故的处理结果，学校主管的教育行政部门应当向同级人民政府和上一级教育行政部门报告。

第四章　事故损害的赔偿

第二十三条　对发生学生伤害事故负有责任的组织或者个人，应当按照法律法规的有关规定，承担相应的损害赔偿责任。

第二十四条　学生伤害事故赔偿的范围与标准，按照有关行政法规、地方性法规或者最高人民法院司法解释中的有关规定确定。

教育行政部门进行调解时，认为学校有责任的，可以依照有关法律法规及国家有关规定，提出相应的调解方案。

第二十五条　对受伤害学生的伤残程度存在争议的，可以委托当地具有相应鉴定资格的医院或者有关机构，依据国家规定的人体伤残标准进行鉴定。

第二十六条　学校对学生伤害事故负有责任的，根据责任大小，适当予以经济赔偿但不承担解决户口、住房、就业等与救助受伤害学生、赔偿相应经济损失无直接关系的其他事项。

学校无责任的，如果有条件，可以根据实际情况，本着自愿和可能的原则，对受伤害学生给予适当的帮助。

第二十七条　因学校教师或者其他工作人员在履行职务中的故意或者重大过失造成的学生伤害事故，学校予以赔偿后，可以向有关责任人员追偿。

第二十八条　未成年学生对学生伤害事故负有责任的，由其监护人依法承担相应的赔偿责任。

学生的行为侵害学校教师及其他工作人员以及其他组织、个人的合法权益，造成损失的，成年学生或者未成年学生的监护人应当依法予以赔偿。

第二十九条　根据双方达成的协议、经调解形成的协议或者人民法院的生效判决，应当由学校负担的赔偿金，学校应当负责筹措；学校无力完全筹措的，由学校的主管部门或者举办者协助筹措。

第三十条　县级以上人民政府教育行政部门或者学校举办者有条件的，可以通过设立学生伤害赔偿准备金等多种形式，依法筹措伤害赔偿金。

第三十一条　学校有条件的，应当依据保险法的有关规定，参加学校责任保险。

教育行政部门可以根据实际情况，鼓励中小学参加学校责任保险。

提倡学生自愿参加意外伤害保险。在尊重学生意愿的前提下，学校可以为学生参加意外伤害保险创造便利条件，但不得从中收取任何费用。

第五章　事故责任者的处理

第三十二条　发生学生伤害事故，学校负有责任且情节严重的，教育行政部门应当根据有关规定，对学校的直接负责的主管人员和其他直接责任人员，分别给予相应的行政处分；有关责任人的行为触犯刑律的，应当移送司法机关依法追究刑事责任。

第三十三条　学校管理混乱，存在重大安全隐患的，主管的教育行政部门或者其他有关部门应当责令其限期整顿；对情节严重或者拒不改正的，应当依据法律法规的有关规定，给予相应的行政处罚。

第三十四条　教育行政部门未履行相应职责，对学生伤害事故的发生负有责任的，由有关部门对直接负责的主管人员和其他直接责任人员分别给予相应的行政处分；有关责任人的行为触犯刑律的，应当移送司法机关依法追究刑事责任。

第三十五条　违反学校纪律，对造成学生伤害事故负有责任的学生，学校可以给予相应的处分；触犯刑律的，由司法机关依法追究刑事责任。

第三十六条　受伤害学生的监护人、亲属或者其他有关人员，在事故处理过程中无理取闹，扰乱学校正常教育教学秩序，或者侵犯学校、学校教师或者其他工作人员的合法权益的，学校应当报告公安机关依法处理；造成损失的，可以依法要求赔偿。

第六章　附　则

第三十七条　本办法所称学校，是指国家或者社会力量举办的全日制的中小学（含特殊教育学校）、各类中等职业学校、高等学校。本办法所称学生是指在上述学校中全日制就读的受教育者。

第三十八条　幼儿园发生的幼儿伤害事故，应当根据幼儿为完全无行为能力人的特点，参照本办法处理。

第三十九条　其他教育机构发生的学生伤害事故，参照本办法处理。

在学校注册的其他受教育者在学校管理范围内发生的伤害事故，参照本办法处理。

第四十条　本办法自 2002 年 9 月 1 日起实施，原国家教委、教育部颁布的与学生人身安全事故处理有关的规定，与本办法不符的，以本办法为准。

参考文献

[1] 王耀远，罗明. 大学生入学教育［M］. 西安：西安电子科技大学出版社，2017.

[2] 谢珊. 新编大学生职业生涯规划与就业指导［M］. 北京：中国轻工业出版社，2017.

[3] 林和平. 大学学习与生活［M］. 福州：福建人民出版社，2015.

[4] 黄伟. 校园文化概论［M］. 海口：南海出版公司，2005.

[5] 俞涛. 大学生行为指导与训练［M］. 上海：上海大学出版社，2006.

[6] 梁忠义，李守福. 职业教育［M］. 长春：吉林教育出版社，2000.

[7] 王辉珠. 现代职业教育学概论［M］. 西安：西北大学出版社，2015.

[8] 林霞. 职业教育与就业指导［M］. 上海：复旦大学出版社，2008.

[9] 李向东，卢双盈. 职业教育学新编［M］. 北京：高等教育出版社，2005.

[10] 李伟，潘世华，陈晓如. 大学生专业技能与职业指导［M］. 长沙：湖南大学出版社，2017.

[11] 郭凤莲. 大学生职业生涯规划［M］. 长沙：湖南大学出版社，2017.

[12] 李颖，韩仕军，宋采德. 职业素养［M］. 天津：天津科学技术出版社，2018.

[13] 李伟，吴金春. 专业技能与职业指导［M］. 长沙：湖南大学出版社，2018.

[14] 肖行定. 大学生学习生活指南［M］. 武汉：华中科技大学出版社，2012.

[15] 边洁，张刚，陈传忠. 大学生学习方法指南［M］. 哈尔滨：哈尔滨工业大学出版社，2003.

[16] 刘晓魁，付爱斌. 新编大学生入学教育［M］. 长沙：湖南大学出版社，2018.

[17] 阶梯式学习法课题组. 习惯第一：北大清华学生学习习惯研究［M］. 北京：中国书籍出版社，2007.

[18] 陈承贵. 大学生入学教育［M］. 长沙：湖南大学出版社，2018.

[19] 陈琦，刘儒德. 当代教育心理学［M］. 北京：北京师范大学出版社，2007.

[20] 周彤，姜艳，马兰芳. 职业心理素养［M］. 南京：南京师范大学出版社，2017.

[21] 王林毅，杜安平. 大学生身心健康指导［M］. 北京：清华大学出版社，2011.

［22］朱伟新. 大学生入学教育读本［M］. 北京：中国人民大学出版社，2016.

［23］吴勇军，李久昌. 高职新生入学教育读本［M］. 郑州：河南科学技术出版社，2018.

［24］樊富珉. 结构式团体辅导与咨询应用实例［M］. 北京：高等教育出版社，2017.

［25］王静，王皓. 以特色成长辅导室为平台的成长教育模式探索［J］. 现代企业教育，2014（24）.

［26］尤长山. 高校自考助学问题研究［M］. 沈阳：辽宁大学出版社，2013.

［27］东方治. 大学生入党培训教材［M］. 北京：国家行政学院出版社，2011.

［28］李琳，杨杰，李君. 当代大学教育管理研究［M］. 沈阳：东北大学出版社，2007.

［29］杨海涛. 大学生创新创业大赛与人才培养模式的关系分析［J］. 经营管理者，2017（08）.

［30］陈盛. 大学生职业技能竞赛的德育内涵与目标实现［J］. 常州信息职业技术学院学报，2017（0 6）.

［31］吴庆伟. 中国成人高考创新研究［D］. 武汉：华中师范大学，2013-05-01.

［32］曹强胜. 大学生入学教育［M］. 长沙：湖南大学出版社，2017.